RÉGION ET DÉVELOPPEMENT

n° 55-2022

Varia

L'Harmattan

REVUE RÉGION ET DÉVELOPPEMENT

Revue fondée en 1995 par Gilbert Benhayoun et Maurice Catin

Revue semestrielle référencée dans ECONLIT et dans IDEAS (REPEC)

Site web : www.regionetdeveloppement.org

ISSN 2117-0843

5-7, rue de l'Ecole-Polytechnique, 75005 Paris

http://www.editions-harmattan.fr

ISBN : 978-2-140-25401-7

EAN : 9782140254017

Région et Développement

n° 55-2022

Varia

Région et Développement

n° 55-2022

www.regionetdeveloppement.org

Les institutions influencent-elles la relation entre le développement financier et la croissance économique ?

Magloire LANHA*

Résumé - La présente étude examine l'effet du développement financier sur la croissance économique, en mettant en évidence des effets de seuil selon la qualité des institutions, sur un large panel de 171 pays développés et en développement. L'analyse mobilise des données sur les six dimensions de la qualité des institutions entre 2004 et 2018. L'approche méthodologique repose sur la méthode des panels à transition lisse PSTR, complétée par celle des GMM en système. Les résultats obtenus montrent de manière très significative une relation non linéaire entre le développement financier et la croissance économique, conditionnée par la qualité institutionnelle. Il apparaît en particulier que le développement financier favorise la croissance économique dans les pays disposant de « bonnes » institutions, tandis que la « malédiction financière » prévaut dans les pays où la qualité des institutions est altérée.

Classification JEL
O43, E02, O11.

Mots-clés
Développement financier
Qualité des institutions
Croissance économique
Modèle PSTR
GMM en système

* Laboratoire de Microéconomie du Développement (LAMIDEV), Faculté des Sciences économiques et de Gestion, Université d'Abomey-Calavi, Bénin ; magloire.lanha@uac.bj

INTRODUCTION

Depuis les travaux fondateurs de Mac Kinnon (1973) et Shaw (1973), qui suggèrent que la libéralisation financière est un facteur de croissance important dans bon nombre de pays en développement, le lien entre le développement financier et la croissance économique a fait l'objet de nombreuses contributions dans la littérature économique, tant sur le plan théorique qu'empirique. Les canaux de transmission entre le développement financier et la croissance économique ont été particulièrement mis en évidence à travers les travaux théoriques. Par exemple, Bencivenga et Smith (1991) montrent que les intermédiaires financiers renforcent l'efficacité de l'allocation des capitaux en modifiant la composition de l'épargne en faveur de l'investissement productif et par conséquent améliorent la gestion du risque de liquidité. Dans la même veine, King et Levine (1993), puis Acemoglu et Zilibotti (1997), mettent l'accent sur la diversification des portefeuilles et le partage des risques, associés à l'émergence des intermédiaires financiers. Par ailleurs, Pagano (1993) suggère que le développement du secteur financier favorise la croissance à long terme, en ce sens qu'il améliore le taux d'épargne et accroît la productivité marginale du capital. Boyd et Smith (1992), Aghion et Bolton (1997), Blackburn et Hung (1998) montrent, à travers des modèles avec frictions informationnelles, que le développement financier peut réduire les asymétries d'information entre les prêteurs et les emprunteurs.

Si les travaux précurseurs semblent avoir établi un lien certain entre le développement financier et la croissance, il n'en va pas de même en ce qui concerne les recherches empiriques, ainsi que des contributions théoriques récentes. De nombreux travaux aboutissent à une relation négative ou non significative entre le développement financier et la croissance économique. L'une des explications aux résultats contradictoires fournis par la littérature empirique est la non-linéarité documentée par plusieurs articles théoriques (Berthélemy et Varoudakis, 1994 ; Eggoh et Villieu, 2013, par exemple), qui soutiennent l'existence d'équilibres multiples entre les deux variables.

Plusieurs raisons ont été évoquées en ce sens dans la littérature pour justifier l'effet différencié du développement financier sur la croissance économique. L'ampleur relative des types de prêts accordés aux entreprises et aux ménages par le secteur financier en est une cause. En effet, le crédit aux entreprises a tendance à faciliter les investissements et a un effet multiplicateur sur l'économie qui favorise les activités économiques productives, tandis que des prêts aux ménages sont utilisés pour la consommation personnelle et des activités non productives moins favorables à la croissance (Hung, 2009 ; Beck et al., 2012). Le secteur financier joue un rôle moins déterminant dans les pays développés qui ont atteint la frontière d'efficience technologique, tandis qu'il stimule la croissance économique dans les pays en développement et peut leur permettre de converger vers cette frontière (Aghion et al., 2005). La multiplicité des trajectoires de croissance peut également s'expliquer par l'interaction réciproque entre les secteurs réel et financier où l'efficacité du secteur financier dépend négativement de la main-d'œuvre employée dans le secteur réel, et l'investissement dans le secteur réel dépend positivement de la main-d'œuvre employée dans le secteur financier (Eggoh et Villieu, 2013). Selon Cecchetti et Kharroubi (2012), lorsque le secteur financier concentre plus de 3,9 % de l'emploi total, le développement financier ne peut plus se traduire par une absorption des travailleurs supplémentaires et aura des effets adverses sur la croissance économique. De ce point de vue, cette « malédiction financière » a tendance à être plus marquée dans les économies développées que dans les pays en développement.

Des variables macroéconomiques ont été identifiées par la suite comme étant de potentielles sources de la non-linéarité entre le développement financier et la croissance économique : le niveau de développement financier (Law et Singh, 2004 ; Arcand et *al.*, 2015), le niveau du PIB par tête (Deidda et Fattouh, 2002 ; Rioja et Valev,

2004), l'inflation (Rousseau et Wachtel, 2002 ; Huang et *al.*, 2010). Dans les travaux qui investiguent la non-linéarité entre le développement financier et la croissance, la qualité des institutions a été reconnue comme une variable importante (Demetriades et Law, 2006 ; Law et *al.*, 2018). Ces conclusions s'inscrivent dans le même ordre d'idée que North (1990), qui met en évidence le rôle fondamental des institutions dans les performances économiques. Par exemple, les origines coloniales (droit commun versus droit civil) déterminent la nature des institutions selon La Porta et *al.* (1997, 1998). Le développement financier ne peut favoriser la croissance si le système bancaire est corrompu, l'application des règles est fragile ou en présence d'ingérence politique, ce qui peut entraîner un détournement du crédit vers des activités improductives. En conséquence, l'entraînement de la croissance économique par le développement financier dépend de l'efficacité des institutions qui réglementent les conduites et les activités économiques et financières.

Malgré l'importance des institutions dans la promotion d'un développement financier levier de la croissance, peu d'études ont analysé et évalué cette interaction à l'exception de Demetriades et Law (2006) et Law et *al.* (2018), qui mobilisent une approche quadratique. Le présent article approfondit ces travaux, en particulier celui de Law et *al.* (2018), sur plusieurs plans. D'abord, nous mobilisons la méthode des panels à transition lisse, en plus d'une estimation quadratique sur panel dynamique pour examiner la relation entre la croissance économique et le développement financier. La méthode des panels à transition lisse PSTR offre l'avantage de mieux estimer la sensibilité de la croissance au développement financier dans le temps et en fonction du pays, permettant ainsi de prendre en compte les effets hétérogènes. Ensuite, nous mobilisons un large panel de données sur une période récente, permettant de mieux illustrer la non-linéarité entre le développement financier et la croissance économique. Enfin, la qualité institutionnelle est appréhendée à travers six dimensions différentes, afin d'identifier celles qui peuvent influencer plus significativement la relation entre les deux variables.

Les résultats obtenus à l'issue des estimations sur panels à transition lisse et après contrôle du biais d'endogénéité à l'aide de la méthode des GMM en système montrent l'existence d'une relation non linéaire entre le développement financier et la croissance économique, et conditionnée par la qualité institutionnelle. En particulier, le développement financier semble avoir plus d'impact sur la croissance économique dans les pays disposant de « bonnes » institutions, tandis que la « malédiction financière » prévaut dans les pays où la qualité des institutions est faible.

L'article est organisé comme suit. La section 1 présente une synthèse de la littérature de la relation non linéaire entre le développement financier et la croissance économique. La section 2 décrit la méthode d'estimation et les données utilisées. La section 3 est consacrée à la présentation et à l'analyse des résultats.

1. LA NON-LINÉARITÉ ENTRE LE DÉVELOPPEMENT FINANCIER ET LA CROISSANCE : UN APERÇU DE LA LITTÉRATURE

1.1. Une brève synthèse théorique

La vision d'une relation positive entre le développement financier et la croissance a largement dominé dans les années 1990 (Greenwood et Jovanovic, 1990 ; Bencivenga et Smith, 1991 ; King et Levine, 1993 ; Pagano, 1993). Cependant, certains modèles de croissance intégrant le secteur financier mettaient déjà en évidence des équilibres multiples. Par exemple, Saint-Paul (1992) montre que l'interaction entre la spécialisation et la diversification technologique à travers les marchés de capitaux peut conduire à des équilibres multiples. En l'absence de marchés financiers, certaines économies utilisant des technologies peu spécialisées peuvent être bloquées dans un piège de sous-développement, alors que les économies dotées de marchés financiers développés, permettant d'améliorer la division du travail, peuvent amener une forte croissance économique. Dans le même ordre d'idées, Zilibotti (1994) met en évidence des équilibres multiples dans la relation entre le développement financier et la croissance à travers un modèle exhibant des complémentarités stratégiques entre les coûts d'intermédiation et la technologie de production en présence de marchés financiers imparfaits.

Les développements théoriques réalisés dans le cadre des modèles de croissance endogène incluant le secteur financier soutiennent dans une large tendance l'hypothèse des équilibres multiples. Selon Berthélemy et Varoudakis (1994, 1996), les équilibres multiples proviennent plutôt de l'interaction entre les secteurs réel et financier, compte tenu des externalités réciproques entre ces deux secteurs. La croissance du secteur réel conduit à une expansion du secteur financier, qui entraîne une augmentation du degré de concurrence entre les banques et améliore leur efficacité. En retour, le développement du secteur bancaire accroît le rendement de l'épargne et stimule l'accumulation du capital et en conséquence la croissance économique. Dans la même perspective que Berthélemy et Varoudakis (1994), Eggoh et Villieu (2013) proposent un modèle théorique simple permettant de rendre compte de la présence d'équilibres multiples, pouvant faire apparaître une relation non linéaire entre le développement financier et la croissance. Le modèle repose sur une généralisation de l'approche de Pagano (1993), d'après laquelle le système financier rend des services d'intermédiation, permettant d'accroître le montant de l'épargne disponible pour l'investissement. L'interaction entre secteur financier et secteur réel permet alors de faire apparaître des équilibres multiples qui peuvent produire une non-linéarité de la relation entre croissance et développement financier. Toutefois, les travaux de Berthélemy et Varoudakis (1994, 1996) et Eggoh et Villieu (2013) présentent la limite de ne pas prendre en compte les fondements microéconomiques du secteur financier.

Cette limite est prise en compte par Eggoh et Villieu (2014). Dans le secteur des biens finals, la technologie est décrite par une fonction de production à la Romer (1986), qui permet d'obtenir un sentier de croissance endogène stationnaire à long terme. Puisque le service bancaire est spécifique à chaque banque, le secteur financier fonctionne en régime de concurrence monopolistique. Les résultats obtenus confirment l'existence de trajectoires multiples de croissance stationnaire : un équilibre haut caractérisé par une forte croissance et un secteur financier développé, et un équilibre bas où la croissance est faible et le secteur financier est sous-développé. De surcroît, l'analyse de la dynamique transitoire du modèle exhibe une indétermination des trajectoires d'ajustement. Dans la même veine, Minea et Villieu (2010) endogénéisent les institutions à travers un modèle simple de croissance endogène avec dépenses publiques (en référence à Barro, 1990), dans lequel ils supposent que la qualité des institutions est évaluée par les coûts de collecte associés à la mobilisation des recettes fiscales. Les auteurs suggèrent entre autres qu'il existe des effets de seuil dans la relation entre finance et croissance, associés aux différences de qualité institutionnelle. Le développement financier influence positivement la croissance économique lorsque la qualité institutionnelle dépasse un certain seuil, alors qu'en deçà l'impact est négatif. En effet, même si le développement financier abaisse les coûts de transaction sur l'investissement privé, il réduit les recettes de seigneuriage utilisables pour les investissements publics. Par conséquent, il est favorable à la croissance seulement si la qualité institutionnelle est suffisante pour permettre de collecter des impôts autrement que par taxe inflationniste. Hung (2009) tente de reproduire la relation non linéaire entre le développement financier et la croissance économique, à travers un modèle standard à générations imbriquées, avec asymétrie d'information, qui incorpore les prêts non productifs destinés à la consommation et les prêts productifs consacrés à l'investissement. En conséquence, l'effet du développement financier sur la croissance dépend selon Hung (2009) de l'ampleur de chaque type de prêt, mettant ainsi en évidence une relation non linéaire entre croissance et développement.

1.2. Les approches empiriques

Les travaux théoriques mettant en évidence les équilibres multiples entre le développement financier et la croissance économique ont fait l'objet d'évaluations empiriques à l'aide de modèles à seuils. Ainsi, le niveau de développement financier peut être à l'origine de la non-linéarité entre le développement financier et la croissance. Dans cet ordre d'idées, les travaux de Khan et Senhadji (2000) font apparaître des effets de seuils dans la relation entre le développement financier et la croissance à travers une équation quadratique. Utilisant différentes mesures du secteur bancaire et des marchés financiers, Shen et Lee (2006) mettent en évidence l'existence d'une courbe en cloche, et suggèrent que le secteur bancaire promeut la croissance seulement pour des niveaux de développement financier inférieurs à un seuil donné. Deidda et Fattouh (2008) trouvent que la non-linéarité peut être conditionnée par le niveau de développement des marchés boursiers et que pour des pays disposant de marchés financiers développés l'impact du secteur bancaire est faible. Eggoh et Villieu (2013) confirment les effets de seuil dans la relation entre le développement financier et la croissance économique à l'aide de la méthode PSTR (*Panel Smooth Threshold Regression*). Les auteurs montrent que la relation entre le développement financier et la croissance est positive lorsque le développement financier est relativement faible, mais son signe devient difficile à déterminer dans les pays financièrement développés. Cet effet de seuil est corroboré lorsque l'endogénéité du développement financier est prise en compte à l'aide de la méthode des moments généralisés (GMM) sur panel dynamique. Samargandi et *al.* (2015) revisitent la monotonicité de la relation entre le développement financier et la croissance économique sur un panel de 52 pays à revenu intermédiaire, sur la période 1980-2008. Les résultats obtenus à partir de l'estimation d'une équation quadratique suggèrent l'existence d'une relation sous forme de U inversé entre le développement financier et la croissance économique à long terme. Ces résultats sont confirmés à l'aide d'un PTR à la Hansen (1999), qui fournit un coefficient positif significatif sur le premier régime contre un coefficient négatif sur le second régime. En conséquence, l'amélioration du développement peut avoir des effets adverses sur la croissance économique, au-delà d'un seuil donné de développement financier, comme le suggèrent déjà Eggoh et Villieu (2013). Des résultats semblables sont obtenus par Law et Singh (2004), qui mobilisent la méthode de Caner et Hansen (2004) pour apprécier les seuils de développement financier en relation avec la croissance économique. Les auteurs obtiennent un seuil de 88 % au-delà duquel le développement financier a un effet négatif et significatif sur la croissance. Ce seuil est proche de la valeur de 90 % obtenue par Cecchetti et Kharroubi (2012). Dans la même veine, Archand et *al.* (2015) mettent en évidence, à partir d'une kyrielle d'approches méthodologiques sur un échantillon de 88 pays entre 1980 et 2010, l'existence d'un seuil de développement financier (compris entre 80-120 % de PIB) au-dessus duquel la finance commence à avoir des effets négatifs sur la croissance économique.

Au-delà des indicateurs du secteur bancaire, des variables économiques (PIB par tête, inflation, etc.) peuvent conditionner la non-linéarité entre le développement financier et la croissance économique. Par exemple, Huang et Lin (2009) détectent une non-linéarité à partir de la base de données de Levine et *al.* (2000) et montrent que l'effet positif du développement financier sur la croissance est plus élevé dans les pays à bas revenus que dans les pays riches. Des résultats suggérant la non-linéarité conditionnellement au niveau de revenu sont obtenus par Deidda et Fattouh (2002) et Rioja et Valev (2004). Toutefois, les résultats de ces auteurs sont contraires à ceux de Huang et Lin (2009) puisqu'ils trouvent une faible relation entre le développement financier et la croissance dans les pays à bas revenus, alors que cette relation est positive et robuste dans les pays à revenu élevé. Par ailleurs, l'inflation a été également identifiée comme une source potentielle de non-linéarité entre la finance et la croissance, dans la mesure où la relation entre les deux variables est non significative dans les pays caractérisés par des taux d'inflation élevés (Rousseau et Wachtel, 2002 et Huang et *al.*, 2010). Dans la même veine, Eggoh (2012) trouve un lien non linéaire entre le développement financier et la croissance économique, et identifie différents équilibres en relation avec le taux d'inflation. Pour un taux d'inflation supérieur à 20 %, la relation entre le développement financier et la croissance économique est négative ou non significative, tandis qu'elle est positive et significative pour un niveau d'inflation inférieur à 10 %. Ces résultats confirment ceux obtenus par Rousseau et Wachtel (2002) et Rousseau et Yilmazkuday (2009).

Les travaux de Demetriades et Law (2006) restent dans une certaine mesure précurseurs en ce qui concerne l'évaluation de l'effet du développement financier sur la croissance en fonction de la qualité des institutions. Ainsi, à l'aide d'un échantillon de 72 pays sur la période 1978-2000, les auteurs montrent les effets favorables du développement financier sur la croissance dans les pays à revenu intermédiaire disposant d'institutions saines. Dans les pays à revenu faible, où les institutions sont de faible qualité, le développement financier ne génère aucune croissance. A la suite de Demetriades et Law (2006), Law et *al.* (2013) approfondissent l'analyse des seuils de qualité institutionnelle dans la relation finance-croissance sur un échantillon de 85 pays sur la période 1980-2008, en se basant sur les PTR de Caner et Hansen (2004). Les auteurs suggèrent que l'impact de la finance sur la croissance n'est positif et significatif qu'au-delà d'un certain seuil de développement institutionnel. En dessous de ce seuil, la relation est non significative. Un réexamen de cette relation est proposé par Law et *al.* (2018) à l'aide d'un modèle quadratique sur panel dynamique. Les résultats obtenus montrent que la « malédiction » financière survient lorsque les institutions sont altérées. Ainsi, les institutions jouent un rôle important dans le lien entre développement financier et croissance, et les pays disposant d'une meilleure qualité institutionnelle profitent largement du développement du secteur bancaire. De surcroît, des marchés financiers intégrés dans un cadre institutionnel solide sont plus efficaces pour assurer un développement économique durable.

2. MÉTHODOLOGIE D'ANALYSE DE LA NON-LINÉARITE ET DONNÉES

Nous présentons la méthode d'estimation sur panel à transition lisse de la relation entre développement financier et croissance économique en rapport avec la qualité institutionnelle, puis le traitement des questions d'endogénéité à l'aide de la méthode des GMM en système sur panel dynamique. Les données utilisées dans les modèles sont ensuite précisées.

2.1. La méthode PSTR

Pour résoudre les problèmes d'hétérogénéité en présence d'un faible nombre de seuils, la méthode conventionnelle utilisée dans la littérature économétrique est le recours aux modèles à transition lisse. Cette technique employée pour les données en séries temporelles a été étendue aux données de panel par González et *al.* (2005) et Fok et *al.* (2004). Ainsi, ces derniers proposent une extension des PTR (*panel threshold regression*) de Hansen (1999) par la méthodologie des panels à transition lisse entre les différents régimes appelée PSTR (*panel smooth threshold regression*).

Cette technique semble être appropriée pour examiner l'influence du développement financier sur la croissance économique pour différents niveaux de qualité institutionnelle.

Le modèle PSTR traduisant la relation entre le développement financier et la croissance économique, conditionnellement à la qualité institutionnelle, se présente comme suit :

$$y_{it} = \mu_i + \beta_0 fd_{it} + \beta_1 fd_{it} g(q_{it}; \gamma, c) + \delta z_{it} + \varepsilon_{it} \qquad (1)$$

où y_{it} est le taux de croissance du PIB par tête, fd_{it} représente la variable de développement financier et q_{it} l'indicateur de mesure de la qualité institutionnelle (QI). Afin de bien spécifier cette équation de régression, nous mobilisons un ensemble de variables conventionnelles, regroupées dans la matrice z_{it}. μ_i est l'effet fixe individuel, ε_{it} représente le terme d'erreur, i et t indiquent respectivement la dimension individuelle et temporelle.

La fonction de transition $g(q_{it}\,; \gamma, c)$ dépend de q_{it} la variable de transition, de $c = (c_1, ..., c_m)$ un vecteur de m paramètres représentant le nombre de seuils, et de γ le paramètre qui détermine la pente de la fonction de transition. À l'instar de González et *al.* (2005) et de Granger et Teräsvirta (1993), nous utilisons une fonction de transition logistique, dont la forme est la suivante :

$$g(q_{it}; \gamma, c) = \left(1 + \exp\left(-\gamma \prod_{j=1}^{m} (q_{it} - c_j)\right)\right)^{-1} \text{ avec } \gamma > 0 \qquad (2)$$

La méthode PSTR présente un certain nombre d'intérêts, dont le principal est de permettre d'avoir une élasticité du taux de croissance par rapport au développement financier variable dans le temps et selon le pays, en fonction de la qualité institutionnelle. L'élasticité du taux de croissance économique par rapport au développement financier, dans le $i^{ème}$ pays à la date t, conditionnellement à la qualité institutionnelle, est donnée par l'expression suivante :

$$\frac{\partial y_{it}}{\partial fd_{it}} = \beta_0 + \beta_1\, g(q_{it}; \gamma, c) \qquad (3)$$

L'élasticité de la croissance par rapport au développement financier peut être perçue comme une moyenne pondérée des paramètres β_0 et β_1, et permet en conséquence d'évaluer avec une plus grande précision l'impact du développement financier sur la croissance économique en fonction de la qualité institutionnelle.

Un autre avantage du modèle PSTR est que la valeur de l'élasticité du taux de croissance par rapport au développement financier à une date donnée pour un pays donné peut être différente de la valeur des paramètres sous les deux régimes extrêmes c'est-à-dire β_0 et $\beta_0 + \beta_1$. Par exemple, le paramètre β_0 correspond à l'élasticité du taux de croissance par rapport au développement financier uniquement lorsque la fonction de transition $g(.)$ tend vers 0. En revanche, lorsque $g(.)$ tend vers 1, l'élasticité correspond à $\beta_0 + \beta_1$. Entre ces deux régimes extrêmes existe un très grand nombre de coefficients définis à partir de l'expression de l'équation (3).

La forme de la transition est essentiellement déterminée par la valeur de sa pente γ. En effet, pour des valeurs élevées de γ, la transition devient de plus en plus brusque et le PSTR converge vers un PTR. Cependant, lorsque γ tend vers 0, la fonction de transition $g(.)$ devient une constante et l'estimation du PSTR rejoint celle d'un panel à effets fixes individuels. La méthode PSTR peut donc être considérée comme un cadre global d'estimation en panel de la non-linéarité, qui offre une grande flexibilité en fonction de la pente de la transition, et donc susceptible d'offrir l'estimation la plus fiable possible au regard de la structure des données.

Malgré son intérêt et sa flexibilité, l'estimation d'un modèle PSTR requiert des tests préalables, dont l'objectif est de vérifier l'existence de la non-linéarité, puis de déterminer le nombre de transitions nécessaires pour la purger[1]. Puisque le problème ici est de vérifier dans un premier temps la non-linéarité du modèle, on peut pour des raisons de simplicité supposer que $m = 1$, c'est-à-dire qu'il n'existe qu'un seul seuil. Ainsi, tester la non-linéarité revient à postuler l'hypothèse nulle $H_0 : \gamma = 0$ ou $\beta_1 = 0$. En raison de la présence de paramètres de nuisance, en relation avec la distribution non standard des tests sous les deux formulations de l'hypothèse nulle, González et al. (2005), puis Colletaz et Hurlin (2006) suggèrent de remplacer la fonction de transition $g(.)$ par son développement de Taylor d'ordre 1 au voisinage de $\gamma = 0$. L'équation (1) peut se réécrire sous la forme suivante :

$$y_{it} = \mu_i + \theta_0 fd_{it} + \theta_1 q_{it} fd_{it} + \delta' z_{it} + \varepsilon_{it}^* \tag{4}$$

Puisque le paramètre θ_1 est proportionnel à la pente de la fonction de transition γ, le test d'hypothèse de non-linéarité entre le développement financier et la croissance peut se résumer à $H_0 : \theta_1 = 0$ contre $H_1 : \theta_1 \neq 0$. Posons SSR_0 la somme du carré des résidus du modèle contraint (sous H_0 c'est-à-dire le modèle à effets fixes individuels) et SSR_1 la somme du carré du modèle non contraint (sous H_1 c'est-à-dire le modèle PSTR linéarisé à deux régimes). La loi de distribution du test du multiplicateur de Lagrange (LM_F) est :

$$LM_F = \frac{(SSR_0 - SSR_1)/mK}{SSR_0/(TN - N - mK)} \sim F(mK; TN - N - mK) \tag{5}$$

où T est le nombre d'années, N le nombre de pays, m le nombre de seuils, et K le nombre de variables explicatives. La non-linéarité suppose l'existence d'au moins un seuil. Mais on peut penser que la généralisation permet de déceler la non-linéarité pour des ordres supérieurs à 1. Pour ce faire, il faudra tester $H_0 : m = 1$ contre $H_1 : m = 2$, c'est le modèle de PSTR à un seuil contre un modèle à deux seuils. La statistique de Fisher présentée ci-dessus sera également utilisée dans le cadre de ce test. La procédure va se poursuivre jusqu'au seuil m^*, où l'hypothèse nulle n'est plus rejetée.

2.2. La technique des GMM en système avec un modèle non linéaire

L'estimation d'un modèle non linéaire à l'aide de la méthode des GMM en système a un objectif double. D'abord, elle vise à prendre en compte les problèmes d'endogénéité dans la relation entre le développement et la croissance économique, en suspens dans le modèle PSTR. Ensuite, elle propose une analyse de robustesse aux résultats fournis par l'estimation d'un panel à transition lisse. En nous basant sur la forme linéarité du modèle PSTR obtenue à l'équation (4), le modèle dynamique en niveau à estimer à l'aide de la méthode des GMM en système se présente comme suit :

$$y_{it} = \mu_i + \rho y_{i,t-1} + \alpha_1 fd_{it} + \alpha_2 q_{it} + \alpha_3 q_{it} * fd_{it} + \delta' z_{it} + \varepsilon_{it}^* \tag{6}$$

La spécification précédente, prenant en compte la variable d'interaction entre QI et le développement financier, permet de déterminer si au-delà d'un certain seuil de

[1] Dans le cadre de la présente modélisation, nous faisons l'hypothèse d'une fonction de transition à plusieurs seuils plutôt que celle de plusieurs fonctions de transition.

qualité institutionnelle, la croissance devient plus ou moins sensible au développement financier. Le paramètre α_3 joue un rôle déterminant dans l'estimation du modèle non linéaire présenté à l'équation (6). Sa significativité permet de confirmer la non-linéarité entre le développement financier et la croissance conditionnellement à QI et de déterminer l'élasticité, comme suit :

$$\frac{\partial y_{it}}{\partial fd_{it}} = \alpha_1 + \alpha_3 q_{it} \tag{7}$$

L'équation (3) converge vers l'équation (7), lorsque la fonction de transition tend vers 1. Les instruments mobilisés dans le cadre de cette étude pour traiter le biais d'endogénéité sont les variables retardées d'une période. La validité de l'estimateur des moments généralisés repose sur deux hypothèses : la validité des instruments et l'autocorrélation des termes d'erreur. Afin de tester ces deux hypothèses, le test de sur-identification de Sargan est utilisé, ainsi que le test d'autocorrélation d'ordre un et deux.

2.3. Présentation et analyse descriptive des données

La présente étude couvre un large panel de 171 pays développés et en développement, sur la période 2004-2018. Nos données proviennent de deux bases de données élaborées par la Banque mondiale : World Development Indicators (WDI, 2020) et Worldwide Governance Indicators (WGI, 2020). Notre variable endogène est le taux de croissance par tête (en dollar constant de 2017). Nous utilisons deux indicateurs de développement financier : le crédit intérieur au secteur privé en pourcentage du PIB (Private), qui fait référence aux ressources financières fournies au secteur privé par les institutions financières (bancaires et non bancaires) et la masse monétaire au sens large (M3) rapportée au PIB, correspondant à la quantité de monnaie en circulation dans l'économie. La qualité institutionnelle est appréhendée à travers les six dimensions définies par la Banque mondiale dans la base de données Worldwide Governance Indicators : le contrôle de la corruption (Corrupt), l'efficacité de la gouvernance (Goveff), la stabilité politique (Polstab), la qualité de la réglementation (Regul), l'état de droit (Rule), et la liberté d'expression et d'association (Voice)[2].

Par la suite, nous mobilisons les variables de contrôle traditionnelles utilisées dans les modèles qui estiment la relation entre la croissance économique et le développement financier (Levine et *al.*, 2000 ; Beck et *al.*, 2000). Le niveau du PIB (PIB initial) est pris en compte pour tester l'hypothèse de convergence. Nous utilisons des variables de stabilité macroéconomique telles que le ratio au PIB des dépenses gouvernementales (Gov) et le taux d'inflation (Infl), mesuré à travers le taux de croissance de l'indice des prix à la consommation. L'ouverture commerciale (Trade) calculée à partir de la somme des importations et des exportations, rapportée au PIB, ainsi que le ratio au PIB de l'investissement (Invest), des investissements directs étrangers (IDE) et le taux de croissance de la population (Pop) sont inclus dans l'équation de la régression.

Les statistiques descriptives sur des données moyennes par pays mobilisées dans le cadre de cette étude sont présentées au tableau 1. Sur l'échantillon étudié, le taux de croissance moyen est de 2,5 %, avec une forte variabilité entre les pays, mettant en évidence la trajectoire instable des économies sur les deux dernières décennies, marquées par de nombreuses crises. Le crédit au secteur privé fourni par les institutions financières s'établit en moyenne à 52,5 % du PIB, tandis que la masse monétaire est de 62,9 % du PIB sur la période d'étude. Comparés aux travaux antérieurs (Eggoh, 2009, par exemple), les indicateurs de développement financier se

---

[2] Les variables de qualité institutionnelle sont plus amplement définies en annexe.

sont globalement améliorés, suggérant une dynamique d'approfondissement financier au niveau des pays. En ce qui concerne les indicateurs de qualité institutionnelle, dont les valeurs sont comprises entre -2,5 et 2,5[3], on note que la moyenne des six indicateurs est négative, suggérant une qualité institutionnelle globalement faible au niveau de l'échantillon. Parmi les indicateurs de qualité institutionnelle, la dégradation est plus importante en ce qui concerne l'instabilité politique (-0,14), les libertés d'expression et d'association (-0,078), l'état du droit (-0,077) et la corruption (-0,065). En ce qui concerne les autres variables de contrôle, les caractéristiques de tendance centrale des variables restent conformes aux valeurs généralement obtenues dans la littérature.

Tableau 1. Statistiques descriptives

Variables	Moyenne	Écart-type	Min.	Max.
Taux de croissance du PIB par tête	2,526	1,911	-2,294	8,657
PIB initial	19 209,9	21 152,8	442,45	116 315
Variables de développement financier				
Crédit au secteur privé (Private)	52,490	43,840	4,392	208,000
Masse monétaire (M3)	62,900	44,790	9,774	327,200
Variables de qualité institutionnelle				
Contrôle de la corruption (Corrupt)	-0,065	1,002	-1,605	2,337
Efficacité de la gouvernance (Goveff)	-0,027	0,979	-1,667	2,198
Stabilité politique (Polstab)	-0,143	0,910	-2,500	1,392
Qualité de la réglementation (Regul)	-0,009	0,958	-2,115	1,983
État de droit (Rule)	-0,077	0,982	-1,757	1,984
Liberté d'expression et d'association (Voice)	-0,078	0,957	-2,148	1,645
Variables de contrôle				
Investissement (Invest)	23,480	6,098	8,536	53,690
Ouverture commerciale (Trade)	91,150	54,930	25,170	383,800
Dépenses gouvernementales (Gov)	16,180	7,003	5,297	78,290
Croissance de la population (Pop)	1,501	1,399	-1,320	9,374
Taux d'inflation (Infl)	5,723	6,619	0,282	69,000
Investissements directs étrangers (IDE)	6,180	12,590	-0,524	121,600

Source : Nos calculs sur la base des données utilisées.

3. RÉSULTATS, DISCUSSION ET ROBUSTESSE

Les résultats de l'estimation du modèle PSTR sont présentés aux tableaux 2 et 3. Toutes les variables exogènes sont en logarithme népérien, excepté les indicateurs de qualité institutionnelle. La première étape de la démarche consiste à faire des tests de non-linéarité. L'hypothèse nulle de linéarité (version de Fisher du multiplicateur de Lagrange, LM_F) de la relation entre le développement financier et la croissance par rapport aux indicateurs de qualité institutionnelle est rejetée au seuil conventionnel de 5%, suggérant qu'un seul seuil suffit pour purger la non-linéarité entre les deux variables. En conséquence, l'effet du développement financier sur la croissance varie en fonction des caractéristiques institutionnelles des pays, appréhendées par le degré de corruption, la gouvernance, la stabilité politique ainsi que le respect des règles, des lois et des libertés individuelles.

Dans la seconde étape, nous estimons les coefficients de la relation non linéaire entre la croissance et le développement financier, en utilisant comme variable de transition différents indicateurs de qualité institutionnelle. On peut noter que les seuils

[3] Pour faire nos régressions, nous avons effectué une translation, en ajoutant 2,5 à tous les indicateurs de qualité institutionnelle, afin d'éviter des valeurs négatives.

des variables de transition varient en fonction des indicateurs de qualité institutionnelle, mais restent compris entre 1,50 (Corrupt) et 3,42 (Rule), lorsque le crédit au secteur privé est utilisé comme indicateur de développement financier, et 0,86 (Regul) et 3,28 (Rule), en considérant la masse monétaire. Par ailleurs, les valeurs obtenues pour la pente de la fonction de transition sont relativement élevées, suggérant une transition assez brutale au niveau des différents seuils de qualité institutionnelle. En conséquence, un PTR aurait été suffisant pour modéliser la relation entre les deux variables. Toutefois, la méthode PSTR présente l'intérêt de fournir les élasticités à partir de la pondération des coefficients obtenus sur les régimes extrêmes.

Tableau 2. Relation non linéaire entre le crédit au secteur privé (Private) et la croissance : modèle PSTR

	(1)	(2)	(3)	(4)	(5)	(6)
Variables	Corrupt	Goveff	Polstab	Regul	Rule	Voice
Private	-0,916**	-0,821**	-0,743**	-0,824**	-0,834**	-0,757**
	(0,357)	(0,334)	(0,310)	(0,352)	(0,332)	(0,358)
Private*g(.)	1,547***	1,227***	1,469***	1,401***	1,325***	2,114***
	(0,433)	(0,442)	(0,521)	(0,419)	(0,465)	(0,563)
PIB initial	-1,389**	-1,391**	-1,316*	-1,342*	-1,262*	-1,396**
	(0,703)	(0,700)	(0,702)	(0,695)	(0,693)	(0,689)
Invest	3,095***	3,087***	3,094***	3,109***	3,092***	3,059***
	(0,503)	(0,504)	(0,505)	(0,503)	(0,504)	(0,500)
Gov	-0,832	-0,788	-0,773	-0,740	-0,814	-0,763
	(0,610)	(0,610)	(0,611)	(0,611)	(0,610)	(0,606)
Trade	1,496***	1,542***	1,603***	1,585***	1,552***	1,313***
	(0,365)	(0,364)	(0,367)	(0,364)	(0,364)	(0,364)
Pop	-0,216	-0,197	-0,205	-0,202	-0,187	-0,223
	(0,171)	(0,171)	(0,172)	(0,171)	(0,171)	(0,170)
Infl	-3,733**	-3,778**	-3,682**	-3,619**	-3,734**	-3,036*
	(1,694)	(1,695)	(1,696)	(1,696)	(1,694)	(1,689)
IDE	0,613***	0,608***	0,601***	0,600***	0,606***	0,557***
	(0,116)	(0,116)	(0,116)	0,116	(0,116)	(0,116)
LM_F	4,290	3,243	4,114	3,879	3,043	16,403
	[0,038]	[0,071]	[0,042]	[0,048]	[0,081]	[0.000]
Seuil (c)	1,502	2,226	2,407	1,749	3,419	2,087
Pente (γ)	13,903	34,892	1,998	23,076	92,648	8,694
AIC	3,017	3,018	3,019	3,018	3,017	3,006
BIC	3,042	3,043	3,044	3,043	3,043	3,031
Observations	2 565	2 565	2 565	2 565	2 565	2 565

*Notes : Les écarts-types sont entre parenthèses. Les p-values sont entre crochets. *** p<0,01 ; ** p<0,05 ; * p<0,1.*

Les résultats des tableaux 2 et 3 sont globalement concordants. En conséquence, la suite de l'analyse se basera essentiellement sur la variable crédit au secteur privé (Private*)*, afin d'éviter des redondances. Les estimations suggèrent que le coefficient de la variable Private (β_0) est négatif tandis que le coefficient (β_1) est positif, tous deux significatifs. Ainsi, l'accroissement du développement financier a un effet négatif sur la croissance économique dans le cas du premier régime caractérisé par une faible qualité institutionnelle. Cette sensibilité de la croissance par rapport au développement financier est comprise entre -0,916 % et -0,74 %, selon les indicateurs de QI, mettant en évidence un effet de ralentissement de la croissance à la suite d'un accroissement des crédits à l'économie dans un contexte de faible QI. Ce résultat justifie les travaux qui obtiennent une relation négative entre le développement financier et la croissance économique basée sur la faible qualité institutionnelle. Toutefois, au-delà d'un certain seuil de QI l'impact du développement sur la croissance économique devient positif. L'élasticité de la croissance par rapport au crédit à l'économie dans le cas d'une bonne qualité des institutions s'établit à 0,63 pour la variable Corrupt. Cette élasticité est comprise entre 0,406 et 1,357 en fonction de la variable de QI. En conséquence, dans un environnement caractérisé par des institutions de bonne qualité, le développement financier promeut la croissance économique. Les résultats obtenus sous le second régime corroborent alors la littérature empirique qui soutient une relation positive entre le développement financier et la croissance. De façon globale, les relations négatives et positives mises en évidence respectivement sous le premier et le second régime sont conformes aux travaux de Demetriades et Law (2004), Law et *al.* (2013) puis Law et *al.* (2018). Cependant, en raison des différences d'approches méthodologiques et d'indicateurs de QI, il ne serait pas pertinent de comparer les seuils obtenus avec ceux des travaux antérieurs.

Tableau 3. Relation non linéaire entre la masse monétaire (M3) et la croissance : modèle PSTR

	(1)	(2)	(3)	(4)	(5)	(6)
Variables	Corrupt	Goveff	Polstab	Regul	Rule	Voice
M3	-0,798**	-0,836***	-0,943***	-0,704**	-0,895**	-0,813**
	(0,326)	(0,316)	(0,332)	(0,313)	(0,383)	(0,335)
M3*g(.)	1,419***	1,138**	1,168***	1,197***	1,479***	1,495***
	(0,484)	(0,481)	(0,447)	(0,457)	(0,469)	(0,416)
PIB initial	-1,552**	-1,371**	-1,534**	-1,306*	-1,652**	-1,390**
	(0,691)	(0,690)	(0,695)	(0,688)	(0,691)	(0,690)
Invest	2,874***	3,355***	3,339***	3,022***	2,922***	2,752***
	(0,499)	(0,490)	(0,494)	(0,493)	(0,499)	(0,499)
Gov	-0,296	-0,118	-0,513	0,0452	-0,289	-0,391
	(0,612)	(0,609)	(0,613)	(0,605)	(0,611)	(0,610)
Trade	1,557***	1,868***	1,653***	2,186***	1,541***	1,263***
	(1,496)	(0,361)	(0,362)	(0,364)	(0,361)	(0,364)
Pop	-0,302*	-0,256	-0,313*	-0,249	-0,310*	-0,369***
	(0,171)	(0,170)	(0,171)	(0,168)	(0,170)	(0,170)
Infl	-4,424***	-3,448**	-3,985**	-6,329***	-4,438***	-3,036**
	(1,687)	(1,684)	(1,692)	(1,679)	(1,686)	(1,689)
IDE	0,553***	0,523***	0,561***	0,546***	0,537***	0,533***
	(0,115)	(0,119)	(0,116)	(0,114)	(0,115)	(0,115)
LM_F	4,474	3,105	3,236	3,242	4,040	13,005
	[0,034]	[0,078]	[0,068]	[0,071]	[0,044]	[0,000]
Seuil (c)	2,431	2,142	2,910	2,863	3,282	2,277
Pente (γ)	20,804	20,986	21,841	860,280	459,622	4,135
AIC	3,006	3,003	3,015	2,980	3,004	2,999
BIC	3,031	3,022	3,038	3,005	3,030	3,024
Observations	2 565	2 565	2 565	2 565	2 565	2 565

*Notes : Les écarts-types sont entre parenthèses. Les p-values sont entre crochets. *** p<0,01 ; ** p<0,05 ; * p<0,1.*

Dans les pays à qualité institutionnelle dégradée, la corruption, et particulièrement celle dans les milieux financiers, fera que le financement ne portera pas en priorité sur les projets les plus rentables mais à ceux où les pots-de-vin sont importants. Les investisseurs privés, en particulier les IDE, peuvent être sensibles à la qualité de la gouvernance. Les pays disposant d'une bonne gouvernance publique offrent des garanties aux investisseurs étrangers sur la bonne exécution des contrats et les motivent à investir. De surcroît, les IDE donnent lieu à des entrées de capitaux étrangers, contribuant ainsi à l'accroissement de la masse monétaire. Dans le même temps, la stabilité politique, le respect des règles, des lois et des libertés individuelles sont autant d'éléments qui amènent les agents économiques et plus particulièrement des investisseurs à avoir une bonne anticipation de l'avenir, ce qui tend à favoriser les financements bancaires, le développement financier en général et la croissance économique.

Tableau 4. Relation non linéaire entre le crédit au secteur privé et la croissance – Méthode des GMM en système

	(1)	(2)	(3)	(4)	(5)	(6)
Variables	Corrupt	Goveff	Polstab	Regul	Rule	Voice
PIB initial	-1,694***	-4,826***	-0,775***	-2,281***	-3,813***	-1,138***
	(0,177)	(0,213)	(0,206)	(0,164)	(0,312)	(0,128)
Invest	4,947***	4,603***	4,117***	4,468***	4,838***	4,577***
	(0,152)	(0,198)	(0,190)	(0,178)	(0,178)	(0,167)
Gov	-2,227***	-2,429***	-1,679***	-2,086***	-2,050***	-2,322***
	(0,252)	(0,273)	(0,264)	(0,266)	(0,332)	(0,264)
Trade	0,476***	0,345***	0,782***	0,605***	0,492***	0,359***
	(0,045)	(0,052)	(0,043)	(0,033)	(0,037)	(0,035)
Pop	-0,762***	-0,525***	-1,093***	-0,998***	-0,811***	-0,828***
	(0,063)	(0,103)	(0,066)	(0,070)	(0,092)	(0,085)
Infl	-3,673***	-3,876***	-2,948***	-2,627***	-3,536***	-3,158***
	(0,405)	(0,470)	(0,384)	(0,310)	(0,336)	(0,358)
IDE	0,713***	0,477***	0,744***	0,673***	0,603***	0,661***
	(0,033)	(0,031)	(0,031)	(0,029)	(0,030)	(0,034)
Private	-0,546***	-0,613***	-0,664***	-0,827***	-0,601***	-0,567***
	(0,204)	(0,208)	(0,198)	(0,218)	(0,239)	(0,207)
QI	2,002***	2,678***	1,982***	2,177***	6,404***	-0,931***
	(0,423)	(0,321)	(0,207)	(0,430)	(0,494)	(0,334)
Private*QI	0,383***	0,226**	0,237***	0,296**	0,202***	0,298***
	(0,088)	(0,106)	(0,072)	(0,118)	(0.076)	(0,098)
Constante	10,120***	37,640***	11,190***	17,300***	22,130***	14,440***
	(1,207)	(1,986)	(1,647)	(1,600)	(2,697)	(1,576)
AR1	0,021	0,029	0,010	0,015	0,012	0,011
AR2	0,745	0,703	0,701	0,763	0,756	0,745
Test de Sargan	0,000	0,000	0,000	0,000	0,000	0,000
Test de Hansen	0,273	0,257	0,197	0,174	0,242	0,244
Instruments	150	150	150	150	150	150
Nombre de pays	171	171	171	171	171	171

*Notes : Les écarts-types sont entre parenthèses. *** p<0,01 ; ** p<0,05 ; * p<0,1.*

Les résultats obtenus ici permettent de réconcilier les travaux qui obtiennent des résultats opposés sur la relation entre le développement financier et la croissance économique. Le lien négatif parfois obtenu peut notamment s'expliquer par une faible qualité institutionnelle dominant dans certains pays.

En ce qui concerne les variables de contrôle, elles sont souvent significatives avec le signe attendu. Ainsi, l'effet du niveau initial du PIB par habitant est négatif, montrant l'existence d'une convergence conditionnelle. Le taux d'investissement est positivement corrélé à la croissance économique, reflétant la relation entre l'accumulation de capital et la croissance. Dans la même veine, les investissements directs étrangers se sont révélés être positivement associés à la croissance économique. L'ouverture commerciale tend à favoriser la croissance du PIB par tête. Le rôle de l'inflation dans le ralentissement de la croissance économique est également significatif.

Tableau 5. Relation non linéaire entre la masse monétaire (M3) et la croissance – Méthode des GMM en système

Variables	(1) Corrupt	(2) Goveff	(3) Polstab	(4) Regul	(5) Rule	(6) Voice
PIB initial	-0,471**	-2,713***	0,284	-1,738***	-3,088***	-0,462***
	(0,215)	(0,242)	(0,186)	(0,196)	(0,299)	(0,141)
Invest	5,187***	4,688***	4,368***	4,849***	4,684***	5,111***
	(0,219)	(0,251)	(0,239)	(0,210)	(0,266)	(0,227)
Gov	-1,678***	-0,734***	-0,874***	-1,366***	-1,234***	-2,552***
	(0,285)	(0,249)	(0,205)	(0,229)	(0,267)	(0,262)
Trade	1,181***	0,781***	1,516***	0,926***	1,019***	1,189***
	(0,069)	(0,050)	(0,094)	(0,059)	(0,062)	(0,071)
Pop	-1,411***	-1,559***	-1,900***	-1,551***	-1,584***	-1,415***
	(0,066)	(0,065)	(0,081)	(0,075)	(0,098)	(0,071)
Infl	-5,663***	-5,036***	-4,626***	-4,417***	-4,392***	-5,448***
	(0,502)	(0,420)	(0,525)	(0,462)	(0,497)	(0,534)
IDE	0,805***	0,698***	0,806***	0,702***	0,694***	0,716***
	(0,033)	(0,029)	(0,036)	(0,036)	(0,037)	(0,037)
M3	-0,550***	-0,596**	-0,612**	-0,649**	-0,580**	-0,553**
	(0,334)	(0,301)	(0,306)	(0,319)	(0,282)	(0,275)
QI	2,023***	2,819***	2,274***	3,687***	3,077***	-3,694***
	(0,617)	(0,555)	(0,541)	(0,767)	(0,951)	(0,597)
M3*QI	0,246**	0,330***	0,267**	0,282**	0,278***	0,219**
	(0,117)	(0,123)	(0,135)	(0,133)	(0,127)	(0,110)
Constante	10,830***	21,860***	6,555***	20,750***	16,900***	25,700***
	(2,302)	(2,065)	(1,808)	(2,417)	(2,708)	(1,660)
AR1	0,021	0,020	0,011	0,012	0,011	0,013
AR2	0,826	0,766	0,822	0,842	0,810	0,879
Test de Sargan	0,000	0,000	0,000	0,000	0,000	0,000
Test de Hansen	0,289	0,186	0,253	0,273	0,214	0,294
Instruments	150	150	150	150	150	150
Nbre de pays	171	171	171	171	171	171

*Notes : Les écarts-types sont entre parenthèses. *** p<0,01 ; ** p<0,05 ; * p<0,1.*

La méthode PSTR, bien que proposant une estimation appropriée des seuils de qualité institutionnelle, ainsi qu'une élasticité de la croissance par rapport au développement financier dépendant de la QI, occulte le traitement de l'endogénéité entre les deux variables. Cette endogénéité, imputable à la causalité réciproque et au biais de variables omises, peut être encore persistante en présence de la variable de QI également fortement endogène. Autant, le développement financier et la croissance économique peuvent être le résultat de certaines évolutions institutionnelles, autant ces dernières peuvent être aussi influencées par les politiques financières et de développement. De surcroît, l'impossibilité d'utiliser le PSTR pour estimer un modèle dynamique constitue une autre limite. Nous traitons ces problèmes d'endogénéité et de variables omises en mobilisant la méthode des GMM *system* sur un panel dynamique non linéaire. Les tableaux 4 et 5 présentent les estimations de la régression quadratique de la relation entre le développement financier et la croissance économique, conditionnée par différents indicateurs de QI.

De façon globale, les régressions satisfont aux tests de spécification. Il n'y a aucune preuve de corrélation sérielle de deuxième ordre au niveau des résidus, tandis que ces derniers sont autocorrélés d'ordre 1. De plus, les tests de Hansen et de Sargan confirment la validité des instruments.

Les résultats obtenus suggèrent a priori un impact direct négatif du développement financier contre un effet positif des indicateurs de qualité institutionnelle. Toutefois, le coefficient d'intérêt à analyser dans le cadre de la régression quadratique est la variable d'interaction entre QI et le développement financier. Le coefficient d'interaction est alors positif et significatif dans tous les cas, suggérant que l'amélioration de la qualité institutionnelle amplifie l'effet positif du développement financier sur la croissance économique. Ce résultat est stable pour toutes les variables de QI et est conforme à ceux obtenus précédemment à partir des estimations PSTR. En conséquence, le contrôle de l'endogénéité a permis de conforter le rôle de « catalyseur » que la qualité des institutions peut jouer dans la relation entre le développement financier et la croissance économique.

En ce qui concerne les variables de contrôle, leurs coefficients restent globalement conformes à ceux obtenus à partir du modèle PSTR et conformément aux prédictions théoriques.

CONCLUSION

La relation entre le développement financier et la croissance économique n'est pas linéaire. De nombreuses variables ont été identifiées dans la littérature récente comme source potentielle de cette non-linéarité. Prenant notamment appui sur les travaux de Demetriades et Law (2004), puis de Law et *al.* (2018), nous revisitons la relation non linéaire entre le développement financier et la croissance économique, conditionnellement à la qualité des institutions. L'analyse se base sur un large panel de 171 pays développés et en développement, et appréhende les six dimensions de la qualité des institutions définies par la Banque mondiale. Contrairement aux travaux précédents, nous mobilisons l'approche PSTR permettant de faire apparaître une transition lisse, et contrôlons ensuite l'endogénéité à l'aide des GMM *system*. Les résultats obtenus confirment non seulement la non-linéarité entre le développement financier et la croissance économique, et que cette dernière est particulièrement conditionnée par la qualité des institutions. De manière générale, dans les pays disposant de « bonnes » institutions, le développement financier favorise la croissance économique, à l'inverse une forme de « malédiction financière » prévaut dans les pays où la qualité des institutions est altérée. En conséquence, les pays souhaitant mener des politiques financières actives pour stimuler leur économie devraient notamment améliorer leur environnement institutionnel, à travers entre autres la lutte contre la corruption, la promotion d'une bonne gouvernance, le respect des règles et des lois et la préservation de la stabilité politique.

RÉFÉRENCES

Acemoglu, D., Johnson, S., Robinson, J.A., 2001, The Colonial Origins of Comparative Development: An Empirical Investigation, *American Economic Review*, 91, 5, 1369-1401.

Acemoglu, D., Zilibotti, F., 1997, Was Prometheus Unbound by Chance? Risk, Diversification, and Growth, *Journal of Political Economy*, 105, 709-775.

Aghion, P., Bolton, P., 1997, A Theory of Trickle-Down Growth and Development, *Review of Economic Studies*, 64, 1, 151-172.

Aghion, P., Howitt, P., Mayer-Foulkes, D., 2005, The Effect of Financial Development on Convergence: Theory and Evidence, *Quarterly Journal of Economics*, 120, 1, 173-222.

Arcand, J-L., Berkes, E., Panizza, U., 2015, Too Much Finance? *Journal of Economic Growth*, 20, 105-148.

Barro, R., Sala-i-Martin, X., 2004. Economic Growth. Second Edition, The MIT Press.

Barro, R.J., 1990, Government Spending in a Simple Model of Endogenous Growth, *Journal of Political Economy*, 98, 5, S103-S125.

Beck, T., Büyükkarabacak, B., Rioja, F.K., Valev, N.T., 2012. Who Gets the Credit? And Does it Matter? Household *vs.* Firm Lending across Countries. *The B.E. Journal of Macroeconomics*, 12, 1, 1-46

Beck, T., Levine, R., Loayza, N., 2000, Finance and the Sources of Growth, *Journal of Financial Economics*, 58, 1-2, 261-300.

Bencivenga, V., Smith, B., 1991, Financial Intermediation and Endogenous Growth, *Review of Economic Studies*, 58, 195-209.

Berthélemy, J.-C., Varoudakis, A., 1994, Intermédiation Financière et Croissance Endogène, *Revue Economique*, 3, 737-750.

Berthélemy, J.C., Varoudakis, A., 1996, Economic Growth, Convergence Clubs, and the Role of Financial Development, *Oxford Economic Papers*, 48, 300-328.

Blackburn, K., Hung, V., 1998, A Theory of Growth, Financial Development and Trade, *Economica*, 65, 257, 107-124.

Boyd, J., Smith, B., 1992, Intermediation and the Equilibrium Allocation of Investment Capital, *Journal of Monetary Economics*, 30, 409-432.

Caner, M., Hansen, B.E., 2004, Instrumental Variable Estimation of a Threshold Model. *Econometric Theory*, 20, 813-843.

Cecchetti, S.G., Kharroubi, E., 2012, Reassessing the Impact of Finance on Growth, *BIS Working Papers* N° 381.

Colletaz, G., Hurlin, C. 2006, Threshold Effects of the Public Capital Productivity: An International Panel Smooth Transition Approach, *Working Paper*, 1/2006, LEO, Université d'Orléans.

Deidda, L., Fattouh, B., 2002, Non-linearity between Finance and Growth, *Economics Letters*, 74, 339-345.

Demetriades, P., Law, S., 2004, Finance, Institutions and Economic Growth. *Discussion Papers in Economics* 04/5, Division of Economics, School of Business, University of Leicester.

Eggoh J., 2009, Développement Financier et Croissance Economique : Eléments d'Analyse Théorique et Empirique, Thèse de Doctorat, Université d'Orléans.

Eggoh, J., 2012, Inflation Effects on Finance-Growth Link: A Panel Smooth Threshold Approach, *International Economic Journal*, 26, 4, 711-725.

Eggoh, J., Villieu, P., 2013, Un Réexamen de la Non-linéarité entre le Développement Financier et la Croissance Economique, *Revue d'Economie Politique*, 123, 211-236.

Eggoh, J., Villieu, P., 2014, A Simple Endogenous Growth Model of Financial Intermediation with Multiplicity and Indeterminacy, *Economic Modelling*, 38, 357-366.

Fock, D., van Dijk, D., Franses, P., 2005, A Multi-Level Panel STAR Model for US manufacturing sectors, *Journal of Applied Econometrics*, 20, 6, 811-827.

Gonzàlez, A., Teräsvirta, T., van Dijk, D., 2005, Panel Smooth Transition Regression Models, *Working Paper Series in Economics and Finance*, 604. Stockholm School of Economics.

Granger, C., Teräsvirta, T., 1993. *Modelling Nonlinear Economic Relationships*, Oxford University Press.

Greenwood, J., Jovanovic, B., 1990. Financial Development, Growth and the Distribution of Income, *Journal of Political Economy*, 98, 5, 1076-1107.

Hansen, B.E., 1999, Threshold Effects in Non-Dynamic Panels: Estimation, Testing, and Inference, *Journal of Econometrics*, 93, 345-368.

Huang, H., Lin, S., 2009, Non-linear Finance-Growth Nexus: A Threshold with Instrumental Variable Approach, *Economics of Transition,* 17, 3, 439-466.

Huang, H.C., Lin, S.-C., Kim, D.-H., Yeh, C.-C. 2010, Inflation and the Finance-Growth Nexus, *Economic Modelling*, 27, 1, 229-236

Hung, F.S., 2009, Explaining the Non-linear Effect of Financial Development on Economic Growth, *Journal of Economics,* 97, 41-65.

Khan, M., Senhadji, A.-S., 2000, Threshold Effects in the Relationship between Inflation and Growth, *IMF Working Paper*, WP/00/110.

King, R., Levine, R. 1993, Finance and Growth: Schumpeter Might Be Right?, *Quarterly Journal of Economics*, 108, 717-737.

La Porta, R., Lopez-De-Silanes, F., Shleifer, A., Vishny, R., 1998, Law and Finance, *Journal of Political Economy*, 106, 6, 1113-1155.

La Porta, R., Lopez-De-Silanes, F., Shleifer, A., Vishny, R., 1997, Legal Determinants of External Finance, *Journal of Finance*, 52, 3, 1131-1150.

Law, S.H., Kutan, A.M., Naseem, N.A.M., 2018, The Role of Institutions in Finance Curse: Evidence from International Data, *Journal of Comparative Economics*, 46, 1, 174-191.

Law, S.H., Singh, N., (2004) Does too Much Finance Harm Economic Growth?, *Journal of Banking and Finance*, 41, 36-44.

Law, S.H., Azman-Saini, W.N.W., Ibrahim, M.H., 2013, Institutional quality thresholds and the finance – Growth nexus, *Journal of Banking and Finance*, 37, 12, 5373-5381.

Levine, R., Loayza, N., Beck, T., 2000, Financial Intermediation and Growth: Causality and Causes, *Journal of Monetary Economics,* 46, 1, 31-77.

Mac Kinnon, R., 1973, *Money and Capital in Economic Development.* The Brookings Institution, Washington, D.C.

Minea, A., Villieu, P., 2010, Développement financier, qualité institutionnelle et croissance : un modèle simple avec effets de seuil, *Région et Développement*, 32, 31-58.

North, D.C., 1990, *Institutions, Institutional Change and Economic Performance*, Cambridge: Cambridge University Press.

Pagano, M., 1993, Financial Market and Growth: An Overview, *European Economic Review*, 37, 613-622.

Rioja, F., Valev, N., 2004, Finance and the Sources of Growth at Various Stages of Economic Development, *Economic Inquiry,* 42, 127-140.

Romer, P., 1986, Increasing Returns and Long-run Growth, *Journal of Political Economy*, 94, 5, 1002-1037.

Rousseau, P., Yilmazkuday, H., 2009, Inflation, Financial Development, and Growth: A Trilateral Analysis, *Economic Systems*, 33, 310-324.

Rousseau, P.-L., Wachtel, P., 2002, Inflation Thresholds and the Finance-Growth Nexus, *Journal of International Money, and Finance*, 21, 6, 777-793.

Saint-Paul, G., 1992, Technological Choice, Financial Markets and Economic Development, *European Economic Review*, 36,4, 763-781.

Samargandi, N., Fidermuc, J., Ghosh, S., 2015, Is the Relationship Between Financial Development and Economic Growth Monotonic? Evidence from a Sample of Middle-Income Countries, *World Development*, 68, 66-81.

Shaw, E., 1973, *Financial Deepening in Economic Development*, New York: Oxford University Press.

Shen, C., Lee, C., 2006, Same Financial Development Yet Different Economic Growth-Why? *Journal of Money Credit and Banking,* 38, 1907-1944.

Zilibotti, F., 1994, Endogenous Growth and Intermediation in an 'Archipelago' Economy, *Economic Journal*, 104,423, 462-473.

ANNEXE

Perception de la qualité des institutions

Le contrôle de la corruption saisit dans quelle mesure le pouvoir public est exercé à des fins privées, y compris les formes de corruption petite et grande, ainsi que la « capture » de l'État par les élites et les intérêts privés.

L'efficacité de la gouvernance saisit comment sont perçus la qualité des services publics, la qualité de la fonction publique et son degré d'indépendance vis-à-vis des pressions politiques, la qualité de la formulation et de la mise en œuvre des politiques et la crédibilité de l'engagement du gouvernement.

La stabilité politique et l'absence de violence/de terrorisme mesurent la probabilité d'instabilité politique et/ou de violence à motivation politique, y compris le terrorisme.

La qualité de la réglementation saisit la capacité du gouvernement à formuler et à mettre en œuvre des politiques et des réglementations saines qui permettent et favorisent le développement du secteur privé.

L'état de droit saisit dans quelle mesure les agents ont confiance et respectent les règles de la société, en particulier la qualité de l'exécution des contrats, les droits de propriété, la police et les tribunaux, ainsi que la probabilité de crime et de violence.

La liberté d'expression et d'association mesure comment les citoyens d'un pays sont en mesure de participer au choix de leur gouvernement, ainsi que la liberté d'expression, d'association et des médias.

Do institutions influence the relationship between financial development and economic growth?

Abstract - This study investigates the effect of financial development on economic growth, highlighting threshold effects depending on the quality of institutions, on a large panel of 171 developed and developing countries. The analysis mobilizes data on the six dimensions of institutional quality between 2004 and 2018. The methodological approach is based on the Panel Smooth Threshold Regression (PSTR), supplemented by the GMM system method. The results obtained very significantly show a non-linear relationship between financial development and economic growth, conditioned by institutional quality. Especially, it appears that financial development promotes economic growth in countries with "good" institutions, while the "financial curse" prevails in countries where the quality of institutions is impaired.

Keywords
Financial development
Quality of institutions
Economic growth
PSTR model
GMM system

Région et Développement

n° 55-2022

www.regionetdeveloppement.org

Corruption et accès à l'électricité dans les pays de l'Afrique subsaharienne

Tchablemane YENLIDE*
Mawussé Komlagan Nézan OKEY**

Résumé **–** L'objectif de cet article est d'évaluer l'effet de la corruption sur l'accès à l'électricité en Afrique subsaharienne. Les résultats obtenus à partir de la méthode des moments généralisés sur un panel de 36 pays d'Afrique subsaharienne allant de la période 2000 à 2017 montrent que la corruption a un effet négatif sur le taux d'accès à l'électricité de la population. Nous montrons aussi qu'un régime plus démocratique atténue l'effet négatif de la corruption sur l'accès à l'électricité.

Classification JEL
H41, D73, C23

Mots-clés
Accès à l'électricité
Corruption
Afrique subsaharienne
Modèle GMM

Les auteurs remercient les referees anonymes et la direction de la revue qui ont permis une amélioration significative de cet article.

* Université de Lomé (Togo) ; yenlidegeorges@gmail.com
** Université de Lomé (Togo) ; mawusseo2000@gmail.com

INTRODUCTION

L'importance de l'accès à l'électricité est reconnue par l'objectif 7 des Objectifs de Développement Durable, qui vise à garantir l'accès de tous à des services énergétiques fiables et modernes, à coût abordable, d'ici l'horizon 2030, ainsi que par l'Agenda 2050 de l'Union Africaine dont un des buts est l'unification d'un système énergétique en Afrique. De manière générale, il est reconnu que l'électricité contribue au développement (Kirubi et al., 2009), peut améliorer la productivité (Van Gevelt, 2014), le revenu (Sarkodi et Adams, 2020b) et le bien-être des ménages (Van de Walle et al., 2017).

Or, malgré les réformes opérées par les pays d'Afrique subsaharienne (ASS) (Estache et al., 2008 ; Dal Bó, 2006 ; Bergara et al., 1998...), les performances en termes d'accès à l'électricité restent le talon d'Achille du développement. Dans les années 1990, l'Afrique était la région du monde où la couverture en infrastructures énergétiques était la plus faible (Estache et al., 2008). La Banque mondiale estimait déjà qu'afin d'atteindre les Objectifs du Millénaire pour le Développement les pays les plus pauvres devaient consacrer au moins 9% de leur PIB aux dépenses de construction, d'entretien et d'amélioration de leurs infrastructures (Bierbaum et al., 2009). Au cours des 25 années allant de 1991 à 2006, l'accès à l'électricité a augmenté de 20 %, soit seulement 0,8 point de pourcentage par an. Dans l'ensemble, le niveau moyen d'accès à l'électricité de la région aurait dû être de 60 % en 2016 au lieu de 43 %, compte tenu du revenu par habitant (AFD, 2020). Plus de 600 millions de personnes vivent encore sans électricité en Afrique, dont plus de 80 % des habitants des zones rurales (AFD, 2020). Le taux d'accès à l'électricité est de 45% en 2017 en Afrique subsaharienne, alors qu'il se chiffre à 90% en Asie du sud et à plus de 97% en Asie de l'est et Pacifique ou en Amérique latine. Castellano et al. (2015) constatent que l'accès à l'électricité croît lentement dans les pays d'ASS où les niveaux d'accès sont inférieurs à 20 %. Seuls quelques pays africains disposent de bonnes performances en matière d'accès à l'électricité : les Seychelles (100%), Maurice (98%), le Cap Vert (92%) et l'Afrique du Sud (84%).

Pourtant, l'Afrique regorge d'immenses réserves énergétiques pouvant assurer son autosuffisance. Plusieurs défis restent à surmonter pour élever les performances de la région en matière d'accès à l'électricité. Ces défis sont d'ordre financier (Eberhard, 2015), d'ordre technique tels que le coût de production de l'énergie électrique et le faible niveau de performance des moyens de production, la non-fiabilité des infrastructures de transport de l'électricité ou encore l'absence de concurrence et le monopole dans certains sous-secteurs de l'électricité. Une attention particulière a été donnée plus récemment au rôle de la qualité des institutions en matière d'accès à l'électricité (Ahlborg et al., 2015) spécialement sur l'effet de la corruption (Imam et al., 2018 ; Magnani et Vaona, 2016 ; Cummins et Gillanders, 2020).

Cet article vise à analyser les déterminants de l'accès à l'électricité en Afrique subsaharienne en essayant de spécifier le rôle de la corruption. La corruption est entendue comme l'abus de fonctions publiques à des fins personnelles (Jain, 2001 et Ahlborg et al., 2015). La figure 1 révèle que l'indice de perception de la corruption est passé en ASS de 28 en 2003 à 33 en 2013 pour se situer à 32 en 2017. Ce niveau est faible par rapport aux autres régions dans le monde. Cette faible performance de l'ASS en matière de lutte contre la corruption peut être rapprochée de la faillite institutionnelle de beaucoup de pays. Des pays sont en effet caractérisés par de faibles autorités de régulation sur le plan juridique mais aussi par des conflits d'intérêts jusqu'au sommet de l'État. Seul un citoyen sur trois (34 %) pense que son gouvernement lutte efficacement contre la corruption, tandis que 59 % des sondés considèrent que les actions de l'État sont inefficaces (Rapport Afrobaromètre 2019). Selon le rapport de Transparency international, 10 pays d'Afrique font partie des 20 pays les plus corrompus au monde.

Figure 1 : Évolution de la corruption par région

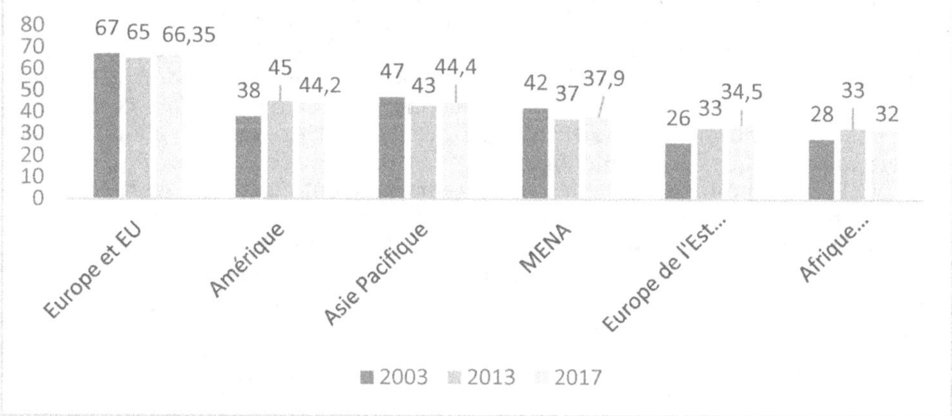

Note : L'indice de corruption est compris entre 0 (fort niveau de corruption) et 100 (faible niveau de corruption).
Source : Transparency international.

L'objectif de cet article est de déterminer quel est l'effet de la corruption sur l'accès à l'électricité dans les pays d'Afrique subsaharienne en cherchant à vérifier les deux hypothèses suivantes : (i) un niveau élevé de corruption réduit l'accès à l'électricité, (ii) la démocratie atténue l'effet de la corruption sur l'accès à l'électricité. Nous estimons l'effet de la corruption sur le taux d'accès à l'électricité de la population à partir de données de 36 pays d'Afrique subsaharienne allant de la période 2000 à 2017. Trois indicateurs de corruption sont utilisés ici, la plupart des études n'en retenant qu'un seul : (i) le contrôle de la corruption du Worldwide Governance Indicators (WGI), (ii) l'indice de corruption mesuré par Heritage Foundation et (iii) l'indice de corruption de l'International Country Risk Guide (ICRG).

Cet article comble certaines lacunes dans la littérature sur le lien possible entre la corruption et l'accès à l'électricité. Des études ont analysé les déterminants de l'accès à l'électricité en ASS (Magnani et Vaona, 2016 ; Ahlborg et al., 2015 ; Onyeji et al., 2012) mais en ne considérant pas la corruption comme un facteur important. Certaines études ont montré l'effet des réformes en matière de lutte contre la corruption sur l'accès à l'électricité (Imam et al., 2018), mais n'adoptent pas une approche dynamique, ce qui est retenu dans le présent article.

L'article est organisé comme suit : la section 2 explore la littérature, la section 3 présente la méthodologie retenue, la section 4 présente et analyse les résultats des estimations.

2. REVUE DE LITTÉRATURE

Dans cette section, nous passons en revue les travaux qui ont examiné les déterminants de l'accès à l'électricité, en isolant particulièrement les controverses sur l'effet de la corruption.

Facteurs économiques et socio-démographiques

Plusieurs études ont montré que le revenu par habitant (Magnani et Vaona, 2016), les inégalités de revenu (Sarkodi et Adams, 2020b), la proportion de la population rurale (Onyeji et al., 2012), les caractéristiques démographiques, le caractère monopolistique du secteur de l'électricité (Imam et al., 2018) mais aussi les programmes d'ajustements structurels concernant la vague de privatisation de certains services publics des pays en développement sont à la base d'un faible accès à l'électricité des populations. Il apparaît que le processus de privatisation n'aboutit pas de manière automatique à une amélioration de la qualité et de l'accessibilité des services publics, quand bien même les régulateurs peuvent être externes au secteur. D'autres études trouvent que le faible niveau d'accès à l'électricité est imputable à la qualité des institutions (Ahlborg et al., 2015). Il est à chercher dans la faible performance des mécanismes de régulation du secteur, le caractère opaque du secteur sujet à un monopole étatique important, mais aussi à l'instabilité politique et au niveau peu avancé de démocratie (Min, 2008 ; Boräng et al., 2016). Plus récemment, l'analyse évoque le rôle de la corruption (Estache et al., 2008 ; Gillanders, 2014 ; Pless et Fell, 2017 ; Imam et al., 2018) comme un frein à l'électrification.

La théorie de la corruption comme « huile dans les rouages »

Dès 1960, un corpus théorique autour de ce qui est convenu d'appeler la thèse fonctionnaliste présente la corruption comme un mal nécessaire en particulier pour les pays en développement car elle peut d'une certaine manière aider l'accès aux services publics.

Leys (1965) introduit une nouvelle analyse de la corruption et de ses déterminants. La corruption apparaît comme une échappatoire face à l'action « stéréotypée » et à la complexité de l'administration publique, et aux difficultés d'application des lois. Seligson (2002) et Huntington (1968) estiment que la corruption facilite le fonctionnement des services publics. La corruption serait ainsi un moyen efficace de contourner des réglementations ou des procédures administratives lentes ou tatillonnes, et ainsi favoriser dans certains cas le développement économique (Leff, 1964 ; Huntington, 1968). Pour ces auteurs, la corruption est un moyen d'accélérer l'accès aux services publics de base et permet ainsi de mettre de « l'huile dans les rouages » de l'activité économique. Un individu est prêt à payer un pot-de-vin pour disposer d'un service public tel que l'électricité compte tenu de son coût d'opportunité. Cummins et Gillanders (2020) à partir des données d'enquête de l'Afrobaromètre montrent que l'accès à l'électricité est renforcé dans les milieux où des agents économiques sont susceptibles de payer un pot-de-vin pour l'accès aux services collectifs.

La théorie de la corruption comme « grains de sable dans les rouages »

Une critique majeure a ouvert la porte à une profonde reconsidération de l'approche fonctionnaliste. En particulier, l'hypothèse d'exogénéité de la corruption a été remise en question. Il se peut que les agents publics créent des lenteurs ou des tracasseries administratives uniquement dans le but de percevoir des pots-de-vin (Bardhan, 1997). Kaufman et Wei (1999) montrent ainsi que la corruption est un élément endogène à la fixation des règles et des procédures administratives.

Certaines études se concentrant sur l'effet de la corruption dans le secteur de l'électricité ont procédé à la vérification empirique de cette théorie. La corruption, à travers la demande de pots de vin, entraîne l'augmentation des coûts de production de l'électricité (Bose et al., 2008), une augmentation de l'asymétrie d'information venant peser sur la fonction de coût de l'entreprise (Laffont et Tirole, 1993) et sur la provision des biens publics (Bajari et Tadelis, 2001). La corruption amène aussi une mauvaise allocation et une mauvaise gestion des ressources de l'État dans le secteur des services collectifs (Acemoglu et Robinson, 2006). La corruption entraîne une augmentation du coût d'accès aux services collectifs, la prolifération d'un marché noir non seulement dans la provision des biens publics mais plus généralement dans le fonctionnement de l'économie (Torgler et Schneider, 2009 ; Gillanders et Parviainen, 2018), et réduit ainsi la confiance dans les institutions publiques (Mauro, 1995). La corruption des hauts responsables politiques est caractérisée par des décisions d'investissement prises au profit de secteurs dont la perception de la rente est la plus facile (Mauro, 1995). La corruption entraîne donc le détournement de fonds publics qui consiste à utiliser des sommes à des fins autres que la provision du bien collectif (Tanzi et Davoodi, 1997). L'accès aux biens publics de base en général et de l'électricité en particulier est donc affaibli par les phénomènes de corruption.

L'effet conditionnel de la corruption : le rôle de la démocratie

Le caractère disruptif de la corruption peut se manifester même à l'intérieur d'un régime démocratique. En effet, la corruption peut prendre aussi la forme de « l'assiette au beurre », qui consiste à offrir la réalisation de travaux publics à une circonscription en échange de son soutien électoral. Les décideurs politiques peuvent accorder certains avantages en termes d'accès aux biens publics de base comme l'électricité aux localités où l'électorat lui est acquis au détriment d'autres localités. Les travaux de Berteli et al. (2020) montrent cependant que la démocratie permet d'atténuer l'effet de la corruption sur le financement des infrastructures publiques par les partenariats privés en se fondant sur la théorie de la concurrence électorale. Celle-ci invoque que les autorités publiques ont non seulement un devoir de fournir des biens publics à la population mais ont également le souci d'éviter d'être mêlées à des scandales de corruption, afin de s'assurer une bonne image auprès de l'électorat. Hill (2003) relève un lien marqué entre démocratie et corruption en analysant les États américains. Ahlborg et al. (2015) montrent l'importance de la démocratie et de la qualité des institutions dans la fourniture d'électricité dans les pays africains. Les travaux de Lake et Baum (2001) et Schumacher et al. (2013) soulignent l'effet modulé de la corruption sur la provision des biens publics à travers la démocratie.

3. MÉTHODOLOGIE

Nous partons d'une approche macroéconomique retenue par Kemmler (2007) dans le but d'identifier les déterminants de l'accès de l'électricité dans les pays de l'Afrique subsaharienne. L'examen précédent de la littérature sur l'accès de l'électricité nous indique qu'une combinaison de facteurs économiques, sociodémographiques et institutionnels doit être prise en considération dans les pays en développement.

3.1. Modèle empirique

Nous partons d'un modèle linéaire pour mesurer l'effet de la corruption sur l'accès à l'électricité en ASS :

$$TA_{it} = \alpha_0 + \alpha_1 TA_{t-1} + \alpha_2 CORRUPT_{it} + \alpha_3 DEMOCRATIE_{it} + \beta' X_{it} + \mu_{it} \qquad (1)$$

Cependant, il s'avère important d'analyser les canaux par lesquels la corruption peut agir et comment son effet peut être limité, particulièrement à travers la démocratie. Nous introduisons cet effet conditionnel à partir de l'interaction ($DEMOCRACY \times CORRUPT$), où le coefficient α_4 peut avoir un signe positif nuançant α_2 négatif. L'équation de régression se présente comme suit :

$$TA_{it} = \alpha_0 + \alpha_1 TA_{t-1} + \alpha_2 CORRUPT_{it} + \alpha_3 DEMOCRATIE_{it} + \alpha_4 (CORRUPT \times DEMOCRATIE)_{it} + \beta' X_{it} + \mu_{it} \quad (2)$$

TA_{it}, $CORRUPT_{it}$, $DEMOCRATIE_{it}$ représentent respectivement l'accès à l'électricité dans le pays i au temps t, le niveau de corruption dans le pays, l'indice de démocratie (Polity II). X_{it}, représente le vecteur des variables de contrôle : le revenu par habitant (GDP per capita), la population rurale (pop_rurale), la densité de la population (Densité), le niveau d'épargne (GDS), la stabilité politique (Stab_politique) et la qualité de la régulation (Qual_régulation).

3.2. Justification des variables retenues

La définition et les sources des variables sont données dans le tableau 1.

Tableau 1. Liste des variables retenues

Variables	Description	Signe	Sources
TA_{it}	Taux d'accès à l'électricité en % de la population		WDI
GDP per capita	Niveau de revenu par habitant	+	WDI
Population rurale	Part de la population vivant en milieu rural	-	WDI
Densité	Densité de la population au km²	+	WDI
GDS	Taux d'épargne intérieur	+	WDI
Corruption	Niveau de la corruption dans le pays (selon ICRG, WGI, HF)	-	ICRG, WGI, HF
Démocratie	Niveau de la démocratie dans le pays	+	Polity II
Stabilité politique	Niveau de stabilité politique du pays	+	ICRG
Qualité de la régulation	Qualité de la réglementation administrative permettant de promouvoir le développement du secteur privé	+	ICRG

Variable dépendante

Le taux d'accès à l'électricité, pour les ménages et les entreprises, est défini pour chaque pays en pourcentage de sa population (Onyeji, 2012 ; Sarkodie et Adams, 2020). D'autres indicateurs utilisés dans la littérature n'ont pas été retenus. Ainsi, la consommation d'électricité en kWh par habitant retenue par Ahlborg et al. (2015) mesure plutôt l'électricité disponible dont l'offre peut être très inégalement répartie. Une autre variable est la part de la population ayant accès à l'électricité basée sur les analyses des images satellites prises la nuit (Min, 2008 et Doll et Pachauri, 2010). Bien qu'elle fournisse l'accès à l'électricité par unité de personne, elle présente plusieurs inconvénients. Les images étant prises par satellite, elle donne plutôt une vue générale de la situation (Doll et Pachauri, 2010, et Ahlborg et al., 2015) : ne pouvant distinguer les maisons ayant accès à l'électricité, elle considère un ménage résidant dans un milieu éclairé comme ayant accès à l'électricité, ce qui constitue un biais méthodologique important.

Variables indépendantes

- *GDP per capita* mesure le revenu par habitant. Une augmentation du revenu par tête est synonyme d'une plus grande capacité du pays à assumer les coûts de l'accès à l'électricité (Onyeji, 2012 ; Ahlborg et al., 2015). Par conséquent, on s'attend à un signe positif de son coefficient.

- *Pop_rurale* est la part de la population vivant en milieu rural. L'une des principales raisons pour lesquelles les zones rurales ont un accès faible à l'électricité est le caractère dispersé de la population, ce qui conduit à des capacités de transmission et de distribution plus limitées (Magnani et Vaona, 2016). Selon la Banque mondiale, l'extension du réseau électrique au milieu rural peut engendrer des coûts d'énergie pouvant aller jusqu'à sept fois le coût de la fourniture d'électricité en milieu urbain. Par conséquent, on postule pour un signe négatif du coefficient.

- *Densité* mesure la densité de la population au km^2. La faible densité de population suppose un faible niveau de la demande ainsi que des pertes élevées dans le processus de transmission à longue distance (Alhborg, 2015). En présence d'économies d'échelle, une forte densité de la population permet de minimiser les coûts. On s'attend donc à un signe positif de son coefficient.

- *GDS* représente le taux d'épargne intérieur. Il mesure le niveau de ressources disponibles pour investir dans les infrastructures publiques. Les projets de production d'énergie impliquent généralement un investissement initial important du fait que le secteur est à forte intensité capitalistique (Onyije et al, 2012). L'Agence internationale de l'énergie indique que la majorité des projets d'infrastructures sont financés par des ressources domestiques. Par conséquent on postule pour une relation positive entre le taux d'épargne et le taux d'accès à l'électricité.

- *Corruption* mesure le niveau de la corruption dans le pays. Étant la variable d'intérêt, nous retenons trois indicateurs de corruption, discutés comme suit.

(i) l'indice de corruption de l'International Country Risk Guide (ICRG). La corruption est ici saisie par la corruption réelle ou potentielle sous forme de népotisme, les "faveurs", le financement secret des partis et des liens étroits entre la politique et les affaires. L'indice est gradué de 0 à 6, avec des valeurs plus élevées dénotant moins de corruption. Afin de faciliter l'interprétation, l'indice est présenté sur une échelle de 0 (impliquant une faible corruption) à 6 (impliquant une corruption élevée) en suivant la formule : $-(index - 6)$.

(ii) La deuxième mesure provient des données sur le contrôle de la corruption du Worldwide Governance Indicators de la Banque mondiale. Cet indicateur varie de -2,5 (faible) à 2,5 (haut) selon le niveau de qualité de la gouvernance en matière de contrôle de la collusion entre pouvoirs publics et intérêts privés. Pour faciliter l'interprétation des résultats, nous reclassons la variable comme suit : $-((index + 2.5) - 5)$, où 0 représente une faible corruption et 5 un fort niveau de corruption.

(iii) La troisième est l'indice de corruption mesuré par l'Heritage Foundation. Il est rangé de 0 (haut niveau de corruption) à 100 (faible niveau de la corruption). Cette variable est recalculée comme suit : $-(index - 100)$, pour permettre une meilleure interprétation des résultats. Ainsi, 0 représente désormais un faible niveau de corruption et 100, un haut niveau de corruption.

Nous postulons pour une relation négative entre la corruption (variables *ICRG, WGI, HF*) et le niveau d'accès à l'électricité ($\alpha_2 < 0$).

Nous considérons l'effet de la démocratie sur l'accès à l'électricité en ASS à partir de l'indice de *démocratie* issu de Polity II, rangé de 0 (faible démocratie) à 10 (fort niveau de la démocratie). En parallèle, on peut tester si l'instabilité politique et la mauvaise qualité de la régulation publique réduisent les incitations à investir dans les infrastructures publiques, et donc affectent les taux d'accès à l'électricité.

La variable dépendante retardée TA_{t-1}, capte l'effet dynamique tel que les programmes d'électrification passés et l'effet avec retard des variables explicatives retenues sur le taux d'accès à l'électricité. Nous postulons par conséquent un signe positif du coefficient de la variable dépendante retardée. Le prix de l'accès à l'électricité pour les différents pays n'est pas pris en compte dans nos estimations du fait de l'indisponibilité des données sur la période 2000-2017 considérée.

3.3. Résultats de la matrice de corrélation

Les résultats de la matrice de corrélation montrent une certaine relation négative entre le taux d'accès à l'électricité et la corruption. Il apparaît une corrélation plus forte avec les indices de corruption HF et WGI qu'avec l'indice ICRG. On peut noter aussi que l'indice de corruption ICRG, à la différence des deux autres, paraît très peu lié aux indicateurs de qualité institutionnelle envisagés (démocratie, qualité de la régulation et la stabilité politique). Pour ce qui est des facteurs socio-économiques et démographiques, on observe une forte corrélation positive entre le revenu par tête et le taux d'accès à l'électricité. Parmi les variables explicatives, il apparaît une nette corrélation du revenu par habitant avec GDS (0,62) et le poids de la population rurale (-0,78), ainsi qu'entre ces deux dernières variables (-0,65).

Tableau 2. Résultats de la matrice de corrélation

Variables	(1)	(2)	(3)	(4)	(5)	(6)	(7)	(8)	(9)	(10)	(11)
(1) TA	1.000										
(2) GDP per capita	0.748	1.000									
(3) Corrution_WGI	-0.294	-0.460	1.000								
(4) Corruption_HF	-0.423	-0.575	0.823	1.000							
(5) Corrution_ICRG	-0.051	0.115	0.538	0.426	1.000						
(6) Démocratie	0.065	0.143	-0.551	-0.407	-0.237	1.000					
(7) Pop_rurale	-0.796	-0.781	0.153	0.288	-0.082	0.143	1.000				
(8) GDS	0.430	0.620	-0.010	-0.141	-0.049	-0.365	-0.655	1.000			
(9) Densité	-0.097	-0.482	0.392	0.351	-0.180	-0.023	0.381	-0.398	1.000		
(10) Stab_politique	0.165	0.385	0.663	0.606	-0.327	-0.236	0.218	-0.133	0.451	1.000	
(11) Qual_régulation	0.176	0.247	0.426	0.454	-0.177	-0.487	0.103	-0.037	0.144	0.450	1.000

Source : auteur.

3.4. Données et méthode d'estimation

Un panel de 36 pays d'Afrique subsaharienne (donnés en annexe 1) est considéré sur une période allant de 2000 à 2017. L'ensemble des données proviennent essentiellement du World Developpement Indicator (WDI) de la Banque mondiale et de l'International Countries Risk Guidance (ICRG). La source des données ainsi que les statistiques descriptives sont renseignées dans l'annexe 2.

Du fait de possibles problèmes d'endogénéité dans le modèle, d'erreur de mesure ou de variables omises, l'estimation à l'aide des moindres carrés ordinaires n'est pas pertinente. Ainsi nous utilisons un modèle de panel dynamique estimé par la méthode des moments généralisés GMM (Arellano et Bond, 1991) qui peut mieux prendre en compte les problèmes d'autocorrélation et d'hétéroscédasticité (Arellano et Bover, 1995).

4. RÉSULTATS DES ESTIMATIONS

4.1. Estimation du modèle par les GMM

Les résultats des estimations utilisant la méthode des moments généralisés sont présentés dans le tableau 3 (modèle 1, modèle 2 et modèle 3, selon l'indicateur de corruption utilisé). Le test de suridentification de Sargent/Hansen permet de confirmer la validité de la variable retardée comme instrument, et le test d'autocorrélation d'Arellano et Bond celui de l'hypothèse nulle d'absence d'autocorrélation de second ordre des erreurs de l'équation en différence. Les résultats des estimations montrent que la variable retardée *L.TA* a un effet positif et significatif sur l'accès à l'électricité, confirmant le choix d'un modèle GMM dynamique.

Le tableau 3 montre que le coefficient estimé de la variable corruption est négatif et statistiquement significatif, quel que soit l'indicateur retenu : l'indice de corruption de Worldwide Governance Indicators (3.1), l'indice de corruption de l'Heritage Fondation (3.2) et celui de l'ICRG (3.3). Plus un pays d'ASS a un niveau de corruption élevé, plus l'accès à l'électricité est faible. Ce résultat est en accord avec les travaux de Estache et al. (2008) et Imam et al. (2018) ainsi qu'avec la thèse de la corruption vue comme des « grains de sable » dans les rouages du fonctionnement de l'économie et des services publics. Ce résultat confirme notre hypothèse selon laquelle la corruption affecte négativement l'accès à l'électricité dans les pays de l'ASS. Il infirme celui trouvé par Cummins et Gillanders (2020) qui à partir des données de l'Afrobaromètre montrent que l'accès à l'électricité est renforcé dans un milieu où les individus sont susceptibles de payer des pots-de-vin.

Tableau 3. Effet de la corruption sur l'accès à l'électricité dans les pays d'Afrique subsaharienne

	GMM 3.1	GMM 3.2	GMM 3.3
L.TA	0,680***	0,633***	0,549***
	(0,07)	(0,07)	(0,09)
GDP per capita	2,640***	3,690***	10,66**
	(0,81)	(0,92)	(1,74)
Corruption_WGI	-5,678***		
	(1,59)		
Corruption_HF		-0,196***	
		(0,04)	
Corruption_ICRG			-2,632***
			(0,63)
Démocratie	0,409***	0,405***	0,320***
	(0,14)	(0,11)	(0,09)
Pop_rurale	-0,331***	-0,309***	-0,259***
	(0,07)	(0,06)	(0,06)
GDS	0,093***	0,051	0,107***
	(0,03)	(0,03)	(0,04)
Densité	2,144***	2,546***	12,07***
	(0,47)	(0,51)	(2,07)
Stab-politique	4,921***	3,572***	5,526***
	(1,64)	(1,00)	(1,61)
Qual_régulation	1,284	1,216	-2,129***
	(1,21)	(1,07)	(0,70)
Constante	17,24***	17,87***	-15,82***
	(5,47)	(4,97)	(5,00)
AR (1) p-value	0,00	0,00	0,00
AR (2) p-value	0,85	0,57	0,91
Hansen (p-value)	0,16	0,69	0,40
Observations	515	499	356
Number of id1	34	33	25

*Standard errors entre parenthèses. *** p<0,01, ** p<0,05, * p<0,1.*

Le tableau 3 montre aussi, quel que soit l'indicateur de corruption retenu, l'influence positive des variables de contrôle comme le revenu par tête, la densité de la population, la démocratie et la stabilité politique, ainsi que l'influence négative de la population rurale sur l'accès à l'électricité. Les travaux de Albhorg et al. (2015) et

Magnani (2016) confirment ce résultat. De même, on peut considérer qu'une hausse du revenu par tête accompagnée d'un taux d'épargne élevé peuvent permettre de financer des programmes d'électrification. La proportion de la population vivant en milieu rural affecte négativement et significativement l'accès à l'électricité dans la mesure où les investissements en faveur de l'électrification des milieux ruraux sont coûteux et rendus plus difficiles du fait de la forte dispersion de la population. Pour ce qui est des variables institutionnelles, on peut noter que le taux d'accès à l'électricité est particulièrement affecté dans un contexte d'instabilité politique.

Tableau 4. Effet de la corruption sur l'accès à l'électricité selon le niveau de démocratie

	GMM 4.1	GMM 4.2	GMM 4.3
L.TA	0,875***	0,890***	0,698***
	(0,02)	(0,01)	(0,10)
GDP per capita	0,858***	0,719*	3,262***
	(0,35)	(0,40)	(1,04)
Corruption_WGI	-3,957**		
	(1,79)		
(WGI× Démocratie)	0,144**		
	(0,06)		
Corruption_HF		-0,130***	
		(0,05)	
(HF× Démocratie)		0,004**	
		(0,002)	
Corruption_ICRG			0,125
			(0,282)
(ICRG× Démocratie)			0,048***
			(0,02)
Pop_rurale	-0,211***	-0,143***	-0,256***
	(0,05)	(0,03)	(0,08)
GDS	0,036*	0,011	-0,040*
	(0,02)	(0,02)	(0,02)
Densité	0,700***	0,644***	1,793***
	(0,15)	(0,15)	(0,57)
Stab-politique	3,06**	1,400	0,480
	(1,50)	(1,08)	(0,30)
Qual_régulation	3,056**	2,378*	-0,099
	(1,50)	(1,27)	(0,30)
Constante	3,847	6,042*	18,63***
	(3,51)	(3,18)	(6,02)
AR (1) p-value	0,00	0,00	0,00
AR (2) p-value	0,86	0,43	0,87
Hansen (p-value)	0,37	0,40	0,00
Observations	515	499	356
Number of id1	34	33	25

*Standard errors entre parenthèses. *** p<0,01, ** p<0,05, * p<0,1.*

Le tableau 4 met l'accent sur l'effet croisé de la corruption et de la démocratie. Une variable d'interaction (*Corruption×Démocratie)* est alors construite. Les résultats montrent un effet positif et significatif sur l'accès à l'électricité pour cette variable interactive et confirment notre hypothèse selon laquelle la démocratie atténue l'effet de la corruption sur l'accès à l'électricité. L'indicateur de corruption ICRG présente néanmoins des résultats peu significatifs comparativement aux deux indicateurs WGI et HF.

Tableau 5. Effet direct et indirect de la corruption sur l'accès à l'électricité

	RE 5.1	RE 5.2	RE 5.3	RE 5.4	RE 5.5	RE 5.6
GDP per capita	9.266***	9.703***	8.458***	9.155***	9.908***	8.543***
	(1.57)	(1.63)	(2.17)	(1.57)	(1.62)	(2.18)
Corruption_WGI	-2.289**			-2.478**		
	(1.02)			(1.01)		
(Démocratie×WGI)				0.119***		
				(0.03)		
Corruption_HF		-0.075**			-0.077**	
		(0.03)			(0.03)	
(Démocratie×HF)					0.005***	
					(0.00)	
Corruption_ICRG			-0.26			-0.033
			(0.45)			(0.45)
(Démocratie×ICRG)						0.0663**
						(0.0322)
Démocratie	0.392***	0.404***	0.338**			
	(0.11)	(0.11)	(0.14)			
Pop_rurale	-1.178***	-1.096***	-1.098***	-1.185***	-1.095***	-1.105***
	(0.08)	(0.08)	(0.11)	(0.08)	(0.08)	(0.11)
GDS	-0.006	-0.022	-0.041	-0.004	-0.023	-0.043
	(0.03)	(0.03)	(0.03)	(0.03)	(0.03)	(0.03)
Densité	11.72***	10.98***	12.20***	11.62***	11.02***	12.23***
	(1.19)	(1.26)	(1.67)	(1.20)	(1.26)	(1.68)
Stab_politique	1.088**	0.877*	0.727	1.109**	0.993*	0.651
	(0.53)	(0.52)	(0.63)	(0.53)	(0.53)	(0.62)
Qual_régulation	1.065	0.775	0.674	1.042	0.698	0.615
	(0.75)	(0.78)	(0.92)	(0.75)	(0.78)	(0.92)
Constante	60.59***	59.18***	51.82***	62.15***	59.28***	52.38***
	(9.73)	(9.46)	(11.80)	(9.68)	(9.46)	(11.81)
R^2	0,75	0,77	0,70	0,74	0,76	0,70
Observations	545	528	379	545	528	379
Number of id1	34	33	25	34	33	25

*Standard errors entre parenthèses. *** p<0.01, ** p<0.05, * p<0.1.*

Comme il a déjà été dit, les décideurs politiques, visant leur réélection dans les régimes démocratiques, s'imposent de fournir des services collectifs à une grande partie de la population, confirmant les résultats de Min (2008) et Ahlborg et al. (2015). La démocratie peut mieux garantir, en parallèle, le recours à un système judiciaire fiable et des sanctions pour les actes de corruption.

4.2. Test de robustesse : utilisation d'un modèle à effet aléatoire

Pour juger de la robustesse de nos résultats, nous utilisons un modèle à effet aléatoire. Le R^2 compris entre 0,72 et 0,77 atteste d'une bonne spécification du modèle économétrique. Les résultats montrent un effet négatif des indicateurs de corruption sur l'accès à l'électricité en notant que l'indicateur ICRG présente comme auparavant les moins bons résultats. La démocratie agit positivement sur le taux d'accès à l'électricité. De même la variable interactive (*Corruption×Démocratie)* agit positivement sur l'accès à l'électricité. Ces résultats confirment ainsi ceux déjà obtenus et nos hypothèses selon lesquelles si la corruption affecte négativement l'accès à l'électricité, la démocratie permet d'en atténuer l'effet.

Pour ce qui des variables socio-économiques et démographiques, on retrouve l'effet marqué du revenu par tête sur l'accès à l'électricité. La population rurale agit négativement sur l'accès à l'électricité pour chacune des régressions, traduisant l'effet coût que représente l'acheminement de l'électricité dans les milieux ruraux d'Afrique caractérisés par des faibles densités et éloignés des milieux urbains. La densité de la population a un effet positif qui confirme l'existence de rendements d'échelle avec la concentration des populations pour les opérateurs de production et de distribution de l'électricité. Cependant, aucun effet spécifique n'est observé pour la variable épargne, très corrélée de fait à la variable GDP per capita.

CONCLUSION

L'objectif de cet article est d'analyser l'effet direct et conditionnel de la corruption sur l'accès à l'électricité. La méthode GMM en panel dynamique a été appliquée sur 36 pays de l'Afrique subsaharienne allant de 2000 à 2017. Les résultats indiquent que le niveau de corruption tend à affecter significativement l'accès à l'électricité de la population dans les pays d'Afrique subsaharienne. Les résultats sont similaires qu'on retienne aussi bien l'indicateur de corruption issu du Worldwide Governance Indicators (WGI) que celui de l'Heritage Foundation (HF). L'indicateur de corruption de l'International Country Risk Guide (ICRG) paraît moins significatif dans son influence sur l'accès à l'électricité et moins en rapport avec d'autres variables de qualité institutionnelle. Un niveau plus élevé de démocratie permet d'atténuer l'effet de la corruption sur les taux d'accès à l'électricité. On peut déduire de ces résultats que pour améliorer les taux d'accès à l'électricité, les autorités doivent promouvoir des politiques de lutte contre la corruption ciblées dans le secteur, dans la gestion et la régulation du marché de l'électricité. Ces politiques seront d'autant plus efficaces qu'elles s'inscrivent dans un cadre démocratique qui permette le respect des lois. Au-delà, il serait intéressant, comme prolongement de l'étude ainsi effectuée, d'envisager en parallèle comment le recours aux énergies renouvelables, sous différentes formes, pour produire l'électricité peut augmenter le taux d'accès à l'électricité dans certains pays en Afrique subsaharienne.

RÉFÉRENCES

Agence Française de Développement, 2020. Accès à l'électricité en Afrique subsaharienne. AFD.

Acemoglu, D., Robinson, J.A., 2006. *Economic origins of dictatorship and democracy*. Cambridge University Press.

Ahlborg, H., Boräng, F., Jagers, S.C., Söderholm, P., 2015. Provision of electricity to African households: The importance of democracy and institutional quality. *Energy Policy*, 87, 125–135.

Arellano, M., Bover, O., 1995. Another look at the instrumental variable estimation of error-components models. *Journal of Econometrics* 68, 29–51.

Arellano, Manuel and Stephen Bond (1991), Some tests of specification for panel data : Monte Carlo evidence and an application to employment equations. *The Review of Economic Studies*, 58(2), 277-297.

Bajari, P., Tadelis, S., 2001. Incentives versus Transaction Costs: A Theory of Procurement Contracts. *The RAND Journal of Economics* 32, 387–407.

Banque Africaine de Développement, Rapport Annuel, 2018.

Bardhan, P., 1997. Corruption and development: a review of issues. *Journal of Economic Literature* 35, 1320–1346.

Bergara, M.E., Henisz, W.J., Spiller, P.T., 1998. Political institutions and electric utility investment: A cross-nation analysis. California management review 40, 18–35.

Bertelli, A.M., Mele, V., Woodhouse, E.F., 2020. Corruption, Democracy, and Privately Financed Infrastructure. *Administration & Society*, 53, 3, 327-352.

Bierbaum, R.M., Fay, M., Ross-Larson, B., 2009. World Development Report 2010: development and climate change. World Bank.

Boräng, F., Jagers, S.C., Povitkina, M., 2016. Political determinants of electricity provision in small island developing states. *Energy Policy*, 98, 725–734.

Bose, N., Capasso, S., Murshid, A.P., 2008. Threshold Effects of Corruption: Theory and Evidence. *World Development*, 36, 1173–1191.

Castellano, A., Kendall, A., Nikomarov, M., Swemmer, T., 2015. Brighter Africa: The growth potential of the sub-Saharan electricity sector, McKinsey&Company.

Cummins, M., Gillanders, R., 2020. Greasing the Turbines? Corruption and access to electricity in Africa. *Energy Policy*, 137, 1-9.

Dal Bó, E., 2006. Regulatory capture: A review. *Oxford Review of Economic Policy*, 22, 203–225.

Doll, C.N., Pachauri, S., 2010. Estimating rural populations without access to electricity in developing countries through night-time light satellite imagery. *Energy policy*, 38, 5661–5670.

Eberhard, A., 2015. Garantir l'accès à l'électricité en Afrique : les défis à relever en matière de financement et de réformes, *Revue d'Économie du Développement*, 23, 3, 43-53.

Estache, A., Tovar, B., Trujillo, L., 2008. How efficient are African electricity companies? Evidence from the Southern African countries. *Energy Policy*, 36, 6, 1669-1979.

Gillanders, R., 2014. Corruption and Infrastructure at the Country and Regional Level. *The Journal of Development Studies*, 50, 803–819.

Gillanders, R., Parviainen, S., 2018. Corruption and the shadow economy at the regional level. *Review of Development Economics*, 22, 1729–1743.

Hill, K. Q., 2003. Democratization and corruption. *American politics research*, 31, 6, 2003, 613-631.

Holtz-Eakin, D., Newey, W., Rosen, H.S., 1988. Estimating vector autoregressions with panel data. *Econometrica*, 1371–1395.

Huntington, S.P., 1968. *Political Order in Changing Societies*. New Haven, Yale University Press.

Imam, M., Jamasb, T., Llorca, M., 2018. Power sector reform and corruption: evidence from Sub-Saharan Africa. Cambridge Working Papers in Economics 1801, University of Cambridge.

Jain, A.K., 2001. Corruption: A review. *Journal of Economic Surveys*, 15, 71–121.

Kaufman, D., Wei, S.-J., 1999. Does 'Grease Payment'Speed Up the Wheels of Commerce? NBER Working Paper 7093, 1999.

Kemmler, A., 2007. Factors influencing household access to electricity in India. *Energy for Sustainable Development*, 11, 13–20.

Kirubi, C., Jacobson, A., Kammen, D.M., Mills, A., 2009. Community-Based Electric Micro-Grids Can Contribute to Rural Development: Evidence from Kenya. *World Development*, 37, 1208–1221.

Laffont, J.-J., Tirole, J., 1993. *A Theory of Incentives in Procurement and Regulation*. MIT Press.

Lake, D.A., Baum, M.A., 2001. The Invisible Hand of Democracy: Political Control and the Provision of Public Services. *Comparative Political Studies*, 34, 587–621.

Leff, N.H., 1964. Economic development through bureaucratic corruption. *American behavioral scientist*, 8, 8–14.

Leys, C., 1965. What is the Problem about Corruption? *The Journal of Modern African Studies*, 3, 215–230.

Magnani, N., Vaona, A., 2016. Access to electricity and socio-economic characteristics: Panel data evidence at the country level. *Energy*, 103, 447–455.

Mattes, R., 2019. Democracy in Africa: Demand, Supply and the'Dissatisfied Democrat'. Policy Papers 54, AfroBarometer.

Mauro, P., 1995. Corruption and growth. *The Quarterly Journal of Economics*, 110, 681–712.

Min, B., 2008. Democracy and light: electoral accountability and the provision of public goods, in: Annual Meeting of the Midwest Political Science Association.

Onyeji, I., Bazilian, M., Nussbaumer, P., 2012. Contextualizing electricity access in sub-Saharan Africa. *Energy for Sustainable Development*, 16, 520–527.

Pless, J., Fell, H., 2017. Bribes, bureaucracies, and blackouts: Towards understanding how corruption at the firm level impacts electricity reliability. *Resource and Energy Economics*, 47, 36–55.

Rose-Ackerman, S., 1999. Political corruption and democracy. Conn. J. Int'l L. 14, 363.

Sarkodie, S.A., Adams, S., 2020. Electricity access and income inequality in South Africa: evidence from Bayesian and NARDL analyses. *Energy Strategy Reviews*, 29.

Sarkodie, S.A., Adams, S., 2020b. Electricity access, human development index, governance and income inequality in Sub-Saharan Africa. *Energy Reports*, 6, 455–466.

Schumacher, G., De Vries, C.E., Vis, B., 2013. Why do parties change position? Party organization and environmental incentives. *The Journal of Politics*, 75, 464–477.

Schumacher, I., 2013. Political stability, corruption and trust in politicians. *Economic Modelling*, 31, 359–369.

Seligson, M.A., 2002. The impact of corruption on regime legitimacy: A comparative study of four Latin American countries. *The Journal of Politics*, 64, 408–433.

Shleifer, A., Vishny, R.W., 1993. Corruption. *The Quarterly Journal of Economics*, 108, 599–617.

Tanzi, V., Davoodi, H., 1997. Corruption, public investment. & Growth, IMF Working Paper.

Torgler, B., Schneider, F., 2009. The impact of tax morale and institutional quality on the shadow economy. *Journal of Economic Psychology*, 30, 228–245.

Van de Walle, D., Ravallion, M., Mendiratta, V., Koolwal, G., 2017. Long-term gains from electrification in rural India. *The World Bank Economic Review*, 31, 385–411.

Van Gevelt, T., 2014. Rural electrification and development in South Korea. *Energy for Sustainable Development*, 23, 179–187.

ANNEXES

Tableau A1 : Listes des pays retenus dans le panel

Afrique du Sud	Kenya
Angola	Lesotho
Bénin	Madagascar
Botswana	Malawi
Burkina Faso	Mauritanie
Burundi	Maurice
Cameroun	Mozambique
Centrafrique	Namibie
RDC Congo	Niger
Congo	Nigéria
Côte d'Ivoire	Rwanda
Érythrée	Sénégal
Éthiopie	Soudan
Gabon	Tanzanie
Gambie	Tchad
Ghana	Togo
Guinée	Zambie
Guinée Bissau	Zimbabwe

Tableau A2 : Statistiques descriptives

	Description	Moyenne	Écart-type	Min	Max
TA	Taux d'accès à l'électricité (% de la population)	34,11	23,31	2,85	100
Corruption_HF	Niveau de corruption (selon Heritage Foundation)	73,16	13,01	36	100
Corruption_WGI	Niveau de corruption (selon WGI)	3,14	0,59	1,28	4,06
Corruption_ICRG	Niveau de corruption (selon l'ICRG)	2.001	0,778	0	4
DÉMOCRATIE	Niveau de la démocratie dans le pays	2,23	4,87	-7	10
GDP per capita	Revenu par tête ($ US)	1807,52	2302,86	194,87	10199,46
Densité	Densité de la population (habitants/km^2)	88,17	123,62	2,17	622,96
Pop_rurale	Population vivant en milieu rural (%)	62,06	15,79	11,02	91,75
GDS	Taux d'épargne intérieur (% du PIB)	14,10	16,29	-40,81	64.92
Stab_politique	Stabilité politique	-0.581	0.893	-2.699	1.2
Qual_régulation	Qualité de la réglementation administrative	-0.685	0.835	-2.645	1.127

Corruption and access to electricity in sub-Saharan African countries

Abstract - The objective of this paper is to analyze the effect of corruption on access to electricity in sub-Saharan African countries. The results obtained using the Generalized Method of Moments (GMM) on a panel of 36 sub-Saharan African countries from 2000 to 2017 show that corruption has a negative effect on access to electricity. The results show that democracy mitigates the negative effect of corruption on access to electricity.

Key-words
Access to electricity
Corruption
Sub-Saharan Africa
GMM model

Région et Développement

n° 55-2022

www.regionetdeveloppement.org

L'intensité en emploi de la croissance en Côte d'Ivoire en période d'expansion et en période de contraction

Coffie Francis José N'GUESSAN*

Résumé **-** L'objectif de cette étude est d'estimer l'intensité en emploi de la croissance en Côte d'Ivoire à partir de données provenant de 42 branches d'activités sur la période 1996-2016. Les résultats indiquent que les branches d'activités partagent la même relation de long terme entre le niveau de l'emploi et la croissance de la production. Mais, cette relation n'est pas linéaire. Les périodes de baisse de l'activité économique ont un impact plus important sur le niveau de l'emploi que les périodes de hausse de l'activité économique. Pour mieux apprécier l'utilité des résultats pour la politique publique, les coefficients estimés à partir du modèle ARDL ont servi à projeter le taux de chômage et son évolution en fonction du cadrage macroéconomique après 2017.

Classification JEL

E24, C23, J2.

Mots-clés

Croissance économique
Emploi
Relation d'Okun
Données de Panel
Modèle NARDL
Côte d'Ivoire

Je tiens particulièrement à remercier les rapporteurs anonymes qui, par leurs observations précises, ont permis d'améliorer la qualité de cet article.

* Université Félix Houphouët-Boigny de Cocody, Abidjan, Côte d'Ivoire ; coffiejose@yahoo.fr

INTRODUCTION

La question de la mise en œuvre des politiques macroéconomiques favorables à l'emploi est d'actualité dans les pays africains. Si ces pays ont été victimes des politiques macroéconomiques restrictives mises en œuvre dans les années 1980 par les programmes d'ajustement structurel, les périodes d'expansion observées dans les années précédant la pandémie de la Covid-19 n'ont pas suffisamment créé d'emplois pour la population active (BAD, 2019).

Le taux de croissance de l'économie n'est pas indépendant des effets des politiques macroéconomiques. Dans une logique keynésienne, une politique budgétaire expansive entraîne une augmentation de la demande des biens et services et donc une production de biens supplémentaires nécessaire à la satisfaction de cette demande additionnelle. Cette croissance de la production conduit à une hausse de la demande de travail. Mais cette création d'emplois ne suffit pas à faire baisser significativement le taux de chômage si sa croissance est inférieure à celle de la main-d'œuvre disponible. D'où l'intérêt de connaître l'intensité avec laquelle l'emploi augmente en période d'expansion.

Les politiques budgétaires restrictives ou des chocs exogènes peuvent également conduire à une baisse de la demande de biens et services et aboutir à des mesures de restructuration telles que des licenciements de travailleurs ou le non-renouvellement de contrats, par conséquent une baisse de la demande de travail. Ici aussi, l'intensité en emploi de la croissance en période de crise est importante à évaluer car, il est utile de savoir si cette crise détruira peu d'emplois ou beaucoup d'emplois et si le taux de chômage en sera fortement ou faiblement affecté.

En général sur le marché du travail, il existe des frictions qui occasionnent des coûts d'ajustement qui diffèrent en période d'expansion et en période de crise économique. Par exemple, si en cas de crise, les entreprises peuvent se délester d'un nombre important de travailleurs, en période d'expansion certaines entreprises pour se prémunir contre les incertitudes économiques procèdent à des recrutements progressifs et peu importants. La relation entre la croissance de la production et le niveau de l'emploi pourrait donc être asymétrique. D'où l'intérêt d'étudier l'asymétrie de la réaction de l'emploi à la croissance de l'économie. Cela est d'autant plus important que si les destructions d'emploi sont supérieures aux créations d'emplois la relance de l'emploi en cas de reprise peut être plus lente et nécessiter des interventions plus importantes.

Malgré cette relation entre le Produit intérieur brut (PIB) et le niveau de l'emploi que nous offre l'estimation de l'intensité en emploi de la croissance, les cadrages macroéconomiques en Afrique ont toujours du mal à intégrer cette dimension. Les objectifs de création d'emplois affichés dans les Plans de Développement sont fixés sans lien véritable avec les projections de croissance. Cela est peut-être dû à l'insuffisance de travaux empiriques sur la question dont les résultats, éprouvés, pourraient être utilisés par les décideurs politiques.

La plupart des travaux qui portent sur le continent africain ont estimé une relation linéaire entre l'emploi et le PIB. Pourtant comme cela été mis en évidence par des études reliant de manière générale le taux de chômage à la production (Silvapule et al., 2004 ; Harris et Silverstone, 2001 ; Lee, 2000 ; Mayes et Viren, 2000 ; Courtney, 1991 ; Palley, 1993), la réaction de l'emploi au PIB peut être différente en période d'expansion et en période de contraction.

La majorité des travaux qui se sont intéressés aux cycles de l'emploi et à l'asymétrie de la relation entre la croissance et le taux de chômage révèlent que les périodes de contraction de la production ont un impact plus important sur le taux de chômage que les périodes d'expansion. Les résultats sont-ils les mêmes lorsque le niveau de l'emploi est considéré ? En d'autres termes les effets de la contraction de l'activité économique sur l'emploi sont-ils plus importants que les effets de l'expansion ? Ces résultats sont-ils valables pour les pays africains ?

L'objectif de cette étude est d'estimer l'intensité en emploi de la croissance d'un pays africain, la Côte d'Ivoire, en essayant autant que possible de combler les lacunes des études antérieures. Pour contourner le problème lié à la faible taille des séries de données, nous avons recours à des données de panel. En dehors du fait qu'elles permettent l'accroissement de la taille des données par la combinaison d'observations transversales et temporelles, les données de panel donnent la possibilité de tenir compte des spécificités entre les branches. Elles captent, par exemple, les différences de méthodes de recrutement des travailleurs, les différences de technologie de production..., en somme les variables qui diffèrent entre les branches d'activités mais qui varient peu dans le temps. Elles permettent en outre de limiter les problèmes liés aux variables omises (Huang et Yeh, 2013).

Par ailleurs, nous avons recours à la méthodologie Autoregressive Distributed Lag (ARDL) de Pesaran et al. (2001) pour estimer la relation entre la production et le niveau de l'emploi. Cette technique nous permet d'estimer une relation d'équilibre stable entre le niveau de l'emploi et la croissance de l'économie et d'obtenir les mécanismes d'ajustement aux déséquilibres de court terme. L'utilisation de la méthodologie ARDL rend mieux compte de la réalité sur le marché du travail car elle intègre les délais d'ajustement de l'emploi à son niveau potentiel. Cette méthodologie est rendue possible par l'ordre d'intégration des variables qui est inférieur ou égal à 1 et par la taille des observations temporelles qui, comme l'indiquent Huang et Yeh (2013), est d'au moins 15 années consécutives. Pour exemple, Martinez-Zarzoso and Bengochea-Morancho (2004) ont utilisé des données de panel de 24 années consécutives et Huang et Yeh (2013) ont utilisé un panel de pays de l'OCDE et hors OCDE de 26 années consécutives. Nous avons recours à des données couvrant 42 branches de l'économie ivoirienne sur la période 1996-2016, soit 21 années consécutives.

L'apport empirique de cette étude est la prise en compte des effets asymétriques de la production sur le niveau de l'emploi dans un pays africain. Ce qui permet de distinguer l'intensité en emploi de la croissance en période de contraction et en période d'expansion.

Les résultats indiquent que, contrairement aux travaux réalisés en Afrique, la relation entre le niveau de l'emploi et la production est asymétrique en Côte d'Ivoire. L'intensité en emploi de la croissance de la période d'expansion est différente de celle des périodes de contraction. De plus, l'intensité en emploi de la production en période d'expansion est plus faible qu'en période de contraction. Ce qui corrobore les résultats de la plupart des travaux se rapportant à l'asymétrie de la relation d'Okun.

Le reste de l'article se présente ainsi. Dans la première section nous présentons les travaux empiriques qui se sont intéressés à la relation entre la croissance et le niveau de l'emploi et nous en relevons les insuffisances. Dans la deuxième section le modèle ARDL de la relation entre le niveau de l'emploi et la production est exposé. La troisième section est dévolue à la présentation des données et les quatrième et dernière sections exposent les résultats et leur discussion.

1. REVUE DE LITTÉRATURE

Les travaux réalisés sur la relation entre l'emploi et la production ont pour fondement théorique la relation d'Okun (1962). Okun a établi aux États-Unis une relation entre le taux de chômage et la production. Il trouve qu'une hausse de la production d'un pour cent est associée à une baisse du taux de chômage de 0,33 point de pourcentage. Plusieurs travaux ont validé cette relation (Döpke, 2001 ; Freeman, 2000 ; Apergis et Rezitis, 2003 ; Dritsaki et Dritsakis, 2009 ; Tatoglu, 2011 ; Huang et Yeh, 2013 ; Kargi, 2014), quand d'autres ont mis en relief son instabilité et lui reprochant entre autres sa variabilité en fonction des régions (Catin, 1994 ; Sogner et Stiasnny, 2000 ; Adanu, 2002 ; Dajcman, 2018 ; Hamia, 2016 ; Soylu et al., 2018), à la non-prise en compte de l'asymétrie dans la relation entre les variables macroéconomiques (Mayes et Viren, 2000; Harris et Silverstone, 2001 ; Fouqueau, 2008 ; Andrei, 2014 ; Valdakhani et Smyth, 2015, Gouider et al., 2018).

Les travaux sur l'asymétrie de la relation d'Okun suggèrent en général que les effets de la contraction de la production sur le taux de chômage sont plus importants qu'en période d'expansion (Huang et Chang, 2005 ; Cuaresma, 2003 ; Gouider et al., 2018).

Si la relation d'Okun a fait l'objet d'une abondante littérature, force est de reconnaître qu'il en existe peu au niveau des pays africains au sud du Sahara. Et pour cause, il est difficile de disposer pour grand nombre de ces pays de séries longues sur l'emploi et le chômage. La plupart des rares études ont par conséquent recours en général à des données issues des estimations d'organismes internationaux et à des modèles économétriques qui utilisent le niveau de l'emploi comme variable dépendante au lieu du taux de chômage. Cette dernière démarche a pour avantage cependant d'éviter les ambiguïtés liées à la variabilité de la définition du chômage et au peu de fiabilité des taux de chômage calculés, problèmes souvent récurrents dans les pays africains.

Les études relatives à la relation d'Okun en Afrique montrent en général qu'il existe une relation positive entre le niveau de l'emploi et le PIB réel. Kamgnia (2009) trouve pour un panel de 35 pays africains, une relation positive entre le PIB réel et le niveau de l'emploi. Plus spécifiquement une hausse de 1% du PIB réel engendrerait, toutes choses égales par ailleurs, une croissance de 0,36% du niveau de l'emploi. Mais le modèle de panel dynamique qu'elle utilise suppose que tous les pays de son échantillon partagent la même élasticité de l'emploi au PIB réel. Ce qui peut paraître très restrictif vu que les marchés du travail de ces pays ne sont pas exposés aux mêmes réalités. Sodipe et Ogunrinola (2011) trouvent également au Nigeria une relation positive entre l'emploi et le PIB réel. Il en est de même pour Ezzahid et El Alaoui (2014) au Maroc. Slimane (2015) s'intéresse à 90 pays en voie de développement dont des pays africains. Ses données couvrent la période 1991-2011. Les résultats suggèrent des élasticités positives de l'emploi à la croissance dans pratiquement tous les pays africains.

Parmi les rares études qui abordent la relation d'Okun au niveau sectoriel, on peut citer celles de Kapsos (2005), Crivelli et al. (2012), Mkhize (2019), Alijore et Yinusa (2011). Mkhize s'intéresse à l'Afrique du Sud. Il utilise des données trimestrielles sur la période 2000-2012 et a recours à la méthode des moindres carrés ordinaires et à la technique de la cointégration. Les moindres carrés ordinaires suggèrent des élasticités de l'emploi à la production de 0,45 pour l'économie en général et de 0,46 dans le secteur manufacturier, de 0,90 dans le secteur de la construction, de 0,47 dans le secteur des transports. L'auteur trouve par ailleurs que la production globale non agricole et le PIB ne sont pas cointégrés. Crivelli et al. (2012) s'intéressent quant à eux à l'impact de politiques économiques sur l'intensité en emploi de la croissance. Ils ont recours à des méthodes d'estimation basées sur les moindres carrés ordinaires et un modèle de panel dynamique avec variable muette pour les secteurs d'activités. Les données concernent 167 pays venant de tous les continents et la période 1991-2009. Ils trouvent pour l'échantillon de pays de l'Afrique au sud du Sahara une élasticité en emploi de la croissance de 0,47, 0,30 et 0,34 respectivement pour le secteur agricole, l'industrie et les services.

Kapsos (2005) mobilise un modèle log-linéaire avec comme variables muettes les pays et les secteurs d'activités (agriculture, industrie et services). Les pays concernés sont aussi bien des pays développés, en transition que des pays de l'Asie du Sud-Est et du Pacifique, de l'Amérique latine et des Caraïbes, de l'Afrique et du Moyen-Orient. Il trouve sur la période 1991-2003 en Afrique subsaharienne des élasticités sectorielles de 0,82 pour le secteur agricole, 0,92 pour l'industrie et 0,79 pour les services. En Côte d'Ivoire, plus spécifiquement, les élasticités sont respectivement de 0,84, 0,22 et 0,61. L'étude d'Alijore et Yinusa qui porte sur le Botswana a recours à une analyse de cointégration et estime des relations d'Okun pour différents secteurs : agriculture, commerce, mines, construction, banque, transport, secteur public. L'étude conclut à des coefficients d'Okun inférieurs à 0,05.

Cette revue montre que les travaux relatifs à la relation entre le niveau de l'emploi et le PIB réel n'ont pas considéré l'éventualité d'une déformation du coefficient mesurant l'intensité en emploi de la croissance au moins en fonction de la conjoncture économique. Ce faisant ils ont tous considéré une homogénéité de la réaction de l'emploi en fonction de la croissance. Ce qui ne permet pas de tester l'asymétrie de la relation d'Okun, selon laquelle la vitesse d'ajustement de l'emploi peut être différente en période de récession et en période d'expansion. C'est cette lacune que notre étude essaye de combler.

2. LA MODÉLISATION DE LA RELATION CROISSANCE-EMPLOI

Le point de départ de notre méthode d'analyse est l'estimation d'une relation d'équilibre stable entre le niveau de l'emploi et la production. Cette relation d'équilibre de long terme est formulée comme suit :

$$e_{it} = \alpha_i + \beta y_{it} + \varepsilon_{it} \qquad (1)$$

où α_i représente l'effet fixe, i=1,2,...N les branches et t=1,2,...T le temps, e_{it} le logarithme népérien du niveau de l'emploi et y_{it} le logarithme népérien de la production réelle. Le paramètre β représente l'intensité en emploi de la croissance. C'est en fait l'élasticité de l'emploi à la production. β nous donne le pourcentage d'augmentation du niveau de l'emploi suite à une croissance de la production de 1%. Nous nous attendons à ce que le signe de ce paramètre soit positif.

Pour estimer l'équation (1) nous la modifions et la rendons plus générale dans une spécification autorégressive à retards échelonnés qui permet de tenir compte des dynamiques dans le temps (Pesaran et Shin, 1999 ; Pesaran et al., 2001) :

$$e_{it} = \alpha_i + \sum_{j=1}^{p} \lambda_{ij} e_{i,t-j} + \sum_{j=0}^{q} \delta_{ij} y_{i,t-j} + \varepsilon_{it} \qquad (2)$$

où les paramètres λ_{ij} mesurent l'impact des niveaux de l'emploi retardé sur le niveau courant et les paramètres δ_{ij} l'impact des niveaux de la production courante et retardée sur le niveau de l'emploi courant.

La re-paramétrisation de cette équation nous donne la forme du modèle à correction d'erreur (Huang et Yeh, 2013) :

$$\Delta e_{it} = \alpha_i + \rho_i e_{i,t-1} + \theta_i y_{i,t} + \sum_{j=1}^{p-1} \lambda_{ij}^{*} \Delta e_{i,t-j} + \sum_{j=0}^{q-1} \delta_{ij}^{*} \Delta y_{t-j} + \varepsilon_{it} \qquad (3)$$

L'équation (3) est aussi équivalente à :

$$\Delta e_{it} = \alpha_i + \rho_i\left(e_{i,t-1} - \beta_i y_{i,t}\right) + \sum_{j=1}^{p-1} \lambda_{ij}^{*} \Delta e_{i,t-j} + \sum_{j=0}^{q-1} \delta_{ij}^{*} \Delta y_{t-j} + \varepsilon_{it} \qquad (4)$$

où $\rho_i = -\left(1 - \sum_{j=1}^{p} \lambda_{ij}\right)$, $\theta_i = \sum_{j=0}^{q} \delta_{ij}$, $\lambda_{ij}^{*} = -\sum_{m=j+1}^{p} \lambda_{im}$, j=1,2,...,q-1.

Le paramètre $\beta_i = \frac{-\theta_i}{\rho_i}$, mesure la relation d'équilibre ente le niveau de l'emploi et la production, et le paramètre ρ_i est le coefficient de correction d'erreur; il mesure l'effet de rattrapage de l'emploi vers son niveau d'équilibre à la suite de variations de la production. Lorsque $\rho_i < 0$ la relation (1) est un équilibre stable ; les séries de l'emploi et de la production sont cointégrées et tout choc économique sur le niveau de l'emploi est résorbé.

Comme nous avons des données de panel on peut s'interroger si les branches sont homogènes à long terme, c'est-à-dire si elles partagent la même relation d'équilibre ou si chaque branche a son équilibre propre. Deux modèles s'offrent à nous pour répondre à cette question. On peut avoir recours à un modèle Mean Group (MG) suggéré par Pesaran et Smith (1995). Dans ce modèle on estimera les équations branche par branche. Ce qui veut dire qu'on fait l'hypothèse de l'hétérogénéité des branches. L'autre approche proposée par Pesaran et al. (1999) est le modèle Pooled Mean Group (PMG) qui fait l'hypothèse que les branches partagent les mêmes caractéristiques à l'équilibre mais ont des différences à court terme. La relation de long terme est donc homogène. Le choix de l'un des deux modèles se fait à l'aide du test d'homogénéité de Hausman proposé par Pesaran et al. (1999) avec comme hypothèse nulle H0 : $\beta_i = \beta$, i=1, 2,...,N. Si l'hypothèse nulle ne peut être rejetée on a un modèle PMG, a contrario le modèle est de type MG. La statistique de Hausman suit une loi de Khi-deux sous l'hypothèse nulle.

Après avoir choisi le type de modèle ARDL, nous nous intéressons à la possibilité d'une relation asymétrique entre le niveau de l'emploi et la production.

Pour étudier la possibilité d'une relation asymétrique entre le niveau de l'emploi et la production, Shin et al. (2014) ont proposé une version non linéaire du modèle ARDL.

La relation de long terme (1) est ainsi modifiée en faisant une distinction entre les périodes de hausse de la production et les périodes de baisse de la production. On a :

$$e_{it} = \alpha_i + \beta^+ y_{i,t}^+ + \beta^- y_{i,t}^- + \varepsilon_{it} \tag{5}$$

où $y_{i,t}^- = \sum_{j=1}^t \Delta y_{ij}^- = \sum_{j=1}^t max(\Delta y_{ij}, 0)$; $y_{i,t}^+ = \sum_{j=1}^t \Delta y_{ij}^+ = \sum_{j=1}^t max(\Delta y_{ij}, 0)$

La version à correction d'erreur du modèle ARDL(p,q) est :

$$\Delta e_{it} = \alpha_i + \rho e_{it-1} + \theta^+ y_{i,t}^+ + \theta^- y_{i,t}^- + \sum_{j=1}^{p-1} \lambda_{ij}^* \Delta e_{i,t-j} + \sum_{j=0}^{q-1} (\delta_{ij}^{*+} \Delta y_{i,t-j}^+ + \delta_{ij}^{*-} \Delta y_{i,t-j}^-) + \omega_{it} \tag{6}$$

avec $\beta^+ = \frac{-\theta^+}{\rho}$ et $\beta^- = \frac{-\theta^-}{\rho}$

Le test de symétrie sur les coefficients de long terme est effectué de la manière suivante :

$$H_0: \beta^+ = \beta^-$$
$$H_1: \beta^+ \neq \beta^-$$

Le test de symétrie sur les coefficients de court terme est effectué de la manière suivante :

$$H_0: \sum_{j=0}^{q-1} \delta_{ij}^{*+} = \sum_{j=0}^{q-1} \delta_{ij}^{*-}$$

$$H_1 : \sum_{j=0}^{q-1} \delta_{ij}^{*+} \neq \sum_{j=0}^{q-1} \delta_{ij}^{*-}$$

Ces deux hypothèses sont testées à l'aide d'un test de Wald.

Après avoir fait le test de Hausman qui permet de choisir entre le MG et le PMG, quatre situations peuvent se présenter :

(1) le test de symétrie ne peut être rejeté pour le long terme et le court terme : on a alors le modèle de type symétrique,

(2) le test de symétrie ne peut être rejeté pour le long terme mais est rejeté pour le court terme : on a un modèle avec équation de long terme symétrique et équation de court terme asymétrique,

(3) le test de symétrie est rejeté pour le long terme et n'est pas rejeté pour le court terme : on a alors un modèle avec équation de long terme asymétrique et équation de court terme symétrique,

(4) le test de symétrie est rejeté pour le long terme et pour le court terme : on a un modèle totalement asymétrique dans le long terme et dans le court terme.

3. DONNÉES

Toutes les données utilisées proviennent de l'Institut National de la Statistique et plus précisément de la comptabilité nationale ivoirienne. Elles sont tirées des différents Tableaux Ressources-Emplois (TRE) produits régulièrement dans le cadre des comptes nationaux pour les années allant de 1996 à 2016. La production est mesurée par deux variables: la production brute et la valeur ajoutée. Elle est évaluée aux prix constants de 1996. La variable emploi représente les effectifs de travailleurs tels qu'indiqués dans les TRE. Les données concernent 42 branches de l'économie ivoirienne.

Le tableau 1 présente les statistiques descriptives des données exprimées en logarithme qui sont utilisées dans le modèle économétrique. On peut observer que les variables sont faiblement dispersées.

Pour éviter de tomber dans le piège des régressions fallacieuses, nous avons étudié les propriétés stochastiques des données avant de procéder à l'estimation des paramètres du modèle ARDL. Il s'agit des tests de racine unitaire qui permettent d'apprécier la stationnarité ou non des variables. Cette démarche est d'autant plus importante que le modèle ARDL est applicable uniquement pour les séries intégrées d'ordre inférieur ou égal à 1.

Tableau 1. Statistiques descriptives

Variables	Description	Moyenne	Écart-type
e_{it}^{tot}	Logarithme du total de l'emploi	10,220	2,067
y_{itv}	Logarithme de la valeur ajoutée	11,563	1,749
y_{it}	Logarithme de la production brute	12,401	1,524
N=882			

Source : Nos calculs à l'aide des données de l'INS.

Deux types de tests de racine unitaire sont en général mis en œuvre. Les tests de première génération qui font l'hypothèse d'une absence de dépendance spatiale au niveau des variables et les tests de seconde génération qui relâchent l'hypothèse d'indépendance spatiale. Parmi les tests de première génération on peut citer le test de Levin, Lin et Chiu (2002) ou test LLC , le test de Im et al. (2003) ou test IPS, le test de Maddala et Wu (1999) ou MW test. Dans la gamme des tests de seconde génération, le plus utilisé est celui de Pesaran (2007), le CIPS test qui étudie la stationnarité des variables avec différents retards.

L'arbitrage entre les méthodes de première et de seconde génération se fait à l'aide du test de dépendance inter-individuelle de Pesaran (2004). Lorsque l'hypothèse nulle d'indépendance inter-individuelle est rejetée les tests de racine unitaire se font à l'aide des modèles de seconde génération. En revanche si l'hypothèse nulle ne peut être rejetée l'utilisation des modèles de première génération est recommandée.

Le tableau 2 présente les résultats du test d'indépendance inter-individuelle de Pesaran avec les seuils de significativité et les coefficients de corrélation. Le constat est que pour toutes les variables l'hypothèse d'indépendance inter-individuelle est rejetée au seuil de 1%. Nous ne pouvons donc avoir recours aux tests de stationnarité de première génération pour étudier les propriétés stochastiques de nos variables. Nous avons donc utilisé un test de seconde génération, le test CIPS.

Tableau 2. Test de dépendance inter-individuelle sur les variables

	p-value	Corr.	Abs.(corr.)
y_{it}	0,000***	0,281	0,500
y_{itv}	0,000***	0,116	0,448
e_{it}^{tot}	0,000***	0,531	0,613

*Note : Corr : corrélation ; les p-value représentent les seuils de significativité. *** indique une significativité au seuil de 1%.*

Le test de CIPS de Pesaran montre que pour la variable production brute l'hypothèse de racine unitaire ne peut être rejetée quel que soit le retard. Avec le niveau de l'emploi et la valeur ajoutée, l'hypothèse n'est rejetée qu'avec un retard égal à zéro. On peut conclure que ces variables ne sont pas stationnaires. En revanche, la stationnarité des variables en différence première est confirmée pour au moins deux retards. Elles sont donc intégrées d'ordre 1 (voir tableau 3). Les conditions d'application du modèle ARDL sont ainsi réunies.

Tableau 3: Test de stationnarité des variables

	Niveau			Différence première		
Retards	0	1	2	0	1	2
y_{it}	0,570	0,995	1,000	0,000***	0,000***	0,577
y_{itv}	0,003***	0,784	0,990	0,000***	0,007***	0,950
e_{it}^{tot}	0,043**	0,617	0,997	0,000***	0,000***	0,003***

*Note : L'hypothèse nulle est l'existence d'une racine unitaire. Les valeurs présentes dans le tableau sont les p-value qui indiquent les seuils de significativité. *** indique une significativité au seuil de 1% ; ** indique une significativité au seuil de 5%. Les tests de stationnarité de Pesaran ont été développés à l'ordre t (retard nul), t-1 (retard d'ordre 1) et t-2 (retard d'ordre 2).*

4. RÉSULTATS DES ESTIMATIONS ÉCONOMÉTRIQUES

Les résultats des estimations des modèles ARDL sont exposés aux tableaux 4 et 5. Compte tenu de la taille limitée des séries chronologiques et pour éviter des problèmes de degré de liberté, nous avons opté pour un modèle ARDL(1,1). Les résultats sont donnés avec les tests d'homogénéité de la relation de long terme et les tests de symétrie de long terme et de court terme. Sont donnés également les résultats de l'estimation du modèle PMG linéaire et du modèle PMG non linéaire. Les coefficients estimés sont présentés avec les statistiques t entre parenthèses; tandis que les résultats des tests d'homogénéité et de symétrie sont présentés avec les statistiques et les p-value entre parenthèses.

Le test d'homogénéité de Hausman indique que l'hypothèse nulle de l'homogénéité de la relation de long terme ne peut être rejetée. Le modèle PMG est ainsi préféré au modèle MG. Les branches partagent donc la même équation de long terme et sont différentes à court terme.

L'estimation du modèle PMG linéaire montre que la production a un impact positif sur le niveau de l'emploi. Le coefficient de la variable est significatif au seuil de 1%. Une hausse de 1% de la production entraîne toutes choses égales par ailleurs une augmentation du niveau de l'emploi de 0,33% dans l'équation avec comme variable dépendante la production brute. Cette équation de long terme représente un équilibre stable puisque le coefficient du terme de correction d'erreur est négatif et significatif au seuil de 1%. Toutefois, la production n'a pas d'impact sur le niveau de l'emploi à court terme, le coefficient de cette variable n'étant pas significatif. Les résultats similaires sont obtenus avec la valeur ajoutée comme variable dépendante. Sauf que le coefficient qui relie l'emploi à la valeur ajoutée est plus faible (0,137).

Les tests de symétrie effectués sur les coefficients de long terme et de court terme révèlent pour les deux types de spécification (avec production brute et valeur ajoutée) les résultats suivants : la relation de long terme est asymétrique car l'hypothèse de symétrie est rejetée au seuil de 1%. En revanche la relation de court terme est symétrique car l'hypothèse nulle de symétrie ne peut être rejetée.

L'estimation du modèle avec asymétrie dans l'équation de long terme et symétrie dans la dynamique de court terme a ainsi été développée. Cette estimation produit deux coefficients caractérisant l'intensité de l'emploi à la production : un lorsque la production est en expansion et un autre lorsque la production est en contraction. Avec la production brute, le coefficient de la phase d'expansion est de 0,136 et significatif au seuil de 1%. En phase de contraction il est de 0,395 et significatif au seuil de 1%. Ainsi, une hausse de la production de 1% induirait toutes choses égales par ailleurs une augmentation de 0,136% du niveau de l'emploi, tandis qu'une baisse de la production de 1% entraînerait une baisse du niveau de l'emploi de 0,395%. Avec la valeur ajoutée, les coefficients sont respectivement de 0,082 et 0,160.

La valeur du coefficient de la période d'expansion est inférieure aux valeurs obtenues dans les études portant sur la région africaine. En revanche le coefficient de la période de contraction en est proche.

La remarque fondamentale qui ressort de la comparaison des deux spécifications (production brute *vs* valeur ajoutée) est que les coefficients de l'intensité en emploi de la croissance avec la valeur ajoutée comme mesure de la production représentent quasiment la moitié de ceux obtenus avec la production brute. Ce qui montre que la non-prise en compte des coûts des consommations intermédiaires surestime la sensibilité de l'emploi à la production.

Les résultats de notre étude rejoignent ceux des auteurs ayant examiné dans d'autres contextes la relation asymétrique selon la conjoncture entre le chômage et la production (Mayes et Viren, 2001 ; Lee, 2000 ; Courtney, 1991, Palley, 1993, Silvapulle, 2004 ; Huang et Chang, 2005 ; Cuaresma, 2003 ; Gouider et al., 2018) : les effets de la contraction de la production sont supérieurs aux effets en périodes d'expansion. Choisir un modèle linéaire surestimerait donc l'impact de l'expansion de la production et sous-estimerait les effets d'une contraction de la production, en particulier lors des phases de reprise ou de retournement de la conjoncture.

Les résultats suggèrent que la croissance de la production crée assez peu d'emploi en Côte d'Ivoire ; en revanche la contraction détruit de nombreux emplois.

Une croissance de 10% de la production brute induit toutes choses égales par ailleurs une hausse du niveau de l'emploi de 1,36% alors qu'une contraction de la production de 6% par exemple entraîne une baisse de 2,4% du niveau de l'emploi. Avec la valeur ajoutée les effets sont respectivement de 0,80% et 0,96%.

Tableau 4: Résultats de l'estimation du modèle ARDL
Variable dépendante : production brute

	Modèle symétrique	Modèle asymétrique
Coefficients de long terme		-
y_{it}	0,330 (12,76)***	
y_{it}^{+}		0,136 (5,20)***
y_{it}^{-}		0,395 (10,89)***
Coefficient de correction d'erreur		
ρ	-0,452 (-8,53)***	-0,486 (-8,86)***
Coefficients de court terme		
Δy_{it}	0,0083 (0,19)	0,025 (0,56)
Δy_{it}^{+}		-
Δy_{it}^{-}		-
Trend	0,004 (1,32)	0,013 (4,55)***
C	-5,424 (-0,89)	-17,644 (5,351)***
Test de Hausman (*MG vs PMG*)	1,38 (0,2409)	0,16 (0,9213)
Asymétrie de long terme		25,03 (0,000)
$y_{it}^{+} = y_{it}^{-}$		
Asymétrie de court terme		0,80 (0,3711)
$\Delta y_{it}^{+} = \Delta y_{it}^{-}$		

*Note : Les valeurs entre parenthèses sont les p-value. *** indique que le coefficient est significatif au seuil de 1%.*

Tableau 5: Résultats de l'estimation du modèle ARDL
Variable dépendante : valeur ajoutée

	Modèle symétrique	Modèle asymétrique
Coefficients de long terme		
y_{it}	0,137 (11,40)***	-
y_{it}^{+}		0,082 (4,03)***
y_{it}^{-}		0,160 (8,81)***
Coefficient de correction d'erreur		
ρ	-0,450 (-9,36)***	-0,432 (-8,48)***
Coefficients de court terme		
Δy_{it}	0,0477 (1,36)	0,054 (1,54)
Δy_{it}^{+}		-
Δy_{it}^{-}		-
Trend	0,0031 (0,82)	0,007 (2,02)**
C	-8,413 (-0,74)	-9,052 (-1,26)
Test de Hausman (MG vs PMG)	0,46 (0,499)	0,60 (0,746)
Asymétrie de long terme		38,35 (0,000)
$y_{it}^{+} = y_{it}^{-}$		
Asymétrie de court terme		0,86 (0,3550)
$\Delta y_{it}^{+} = \Delta y_{it}^{-}$		

*Note : Les valeurs entre parenthèses sont les p-value. *** indique que le coefficient est significatif au seuil de 1% ; ** indique que le coefficient est significatif au seuil de 5% ; * indique que le coefficient est significatif au seuil de 10%.*

Les modèles linéaire et non linéaire ont cependant un coefficient à correction d'erreur similaire et par conséquent des effets de rattrapage de l'emploi à son niveau d'équilibre à la suite de déséquilibres de court terme presque identiques.

5. L'INTENSITÉ EN EMPLOI DE LA PRODUCTION COMME OUTIL DE PROJECTION DES INDICATEURS DU MARCHÉ DU TRAVAIL À PARTIR DU CADRAGE MACROÉCONOMIQUE

L'avantage de l'estimation de l'intensité en emploi de la production est de pouvoir faire un lien entre les projections de croissance faites par le cadrage macroéconomique et les indicateurs du marché du travail tels que le nombre d'emplois créés et le taux de chômage. Cet exercice est d'autant plus important que les résultats des enquêtes emploi sont en retard de quatre ans. Cela pourrait permettre d'obtenir des estimations sur le taux de chômage chaque année, informations qui peuvent être utiles pour l'éclairage de la prise de décision en matière de politique économique et sociale.

Dans cette section nous donnons un exemple en utilisant les données du cadrage de la croissance de l'économie ivoirienne de 2018 à 2021. Ces données ont été extraites du site du ministère de l'Économie et des Finances. Nous présentons les démarches de projection utilisées et les résultats. Elles débutent par le calcul de la projection du niveau de l'emploi en fonction de l'intensité en emploi de la production et de la main d'oeuvre.

La formule de la projection du niveau de l'emploi est la suivante :

$$E_t = (1 + g_{et}) * E_{t-1} \tag{7}$$

où E_t représente le niveau de l'emploi de la période courante et E_{t-1} l'emploi de la période précédente. Le paramètre g_{et} est le taux de croissance de l'emploi de la période t-1 à la période t. Il se calcule comme suit :

$$g_e = g_y * \varepsilon_{E/Y} \tag{8}$$

où gy est le taux de croissance de l'économie de la période t et $\varepsilon_{E/Y}$, l'intensité en emploi de la production.

Le nombre d'emplois créés entre t-1 et t est :

$$\Delta E_t = g_{et} * E_{t-1} \tag{9}$$

L'évolution de la main d'œuvre est projetée ainsi :

$$MO_t = (1 + g_{mot}) * MO_{t-1} \tag{10}$$

avec MO la main d'œuvre, g_{mot} le taux de croissance annuel de la main d'œuvre.

Pour le taux de chômage, la démarche consiste à calculer le nombre de chômeurs au sens large puis d'y extraire la main d'œuvre potentielle pour obtenir le taux de chômage au sens strict.

$$CHOM_L = MO_t - E_t$$
$$CHOM_s = MO_t - E_t - MOP_t$$

où $CHOM_L$ est le nombre de chômeurs au sens large ; $CHOM_S$ le nombre de chômeurs au sens strict, MO la main d'œuvre, MOP la main d'œuvre potentielle (la population active potentiellement disponible) estimée. Le taux de chômage *u* se calcule ainsi :

$$u = \frac{CHOM}{MO} \times 100$$

Les indicateurs du marché du travail de 2017 ont été produits par la dernière enquête Régionale Intégrée de l'emploi et du secteur informel (ERI-ESI) 2017. Cette enquête indique que le niveau de l'emploi était de 7 704 291 travailleurs en 2017. Le nombre de chômeurs au sens strict du Bureau International du Travail (BIT) était de 289 907 personnes soit 3,3% de la main d'œuvre. Ce niveau a été obtenu grâce à un taux de croissance de l'économie de 7,4% selon les chiffres du ministère de l'Économie et des Finances. La croissance de l'économie est restée quasi-égale entre 2017 et 2018 (environ 7%) avec un léger fléchissement (d'un point de pourcentage) en 2019. Mais, en 2020, l'activité économique s'est fortement ralentie. Le taux de croissance a baissé de près de 4 points par rapport à 2019. Ce ralentissement s'explique en partie par les effets néfastes sur l'économie de la pandémie de la Covid-19. Pour 2021, les prévisions indiquent une reprise économique avec un taux de croissance de 6,5%.

Grâce à la méthode proposée, nous avons estimé les niveaux de l'emploi, le nombre de chômeurs et le taux de chômage de 2018 à 2021. Compte tenu du fait que c'est le PIB qui est envisagé, ce sont les coefficients estimés de l'équation avec la valeur ajoutée comme variable dépendante qui ont été utilisés pour la projection.

Les résultats révèlent qu'en 2018 le taux de croissance de l'économie de 6,9%, qui est en recul de 0,5 point de pourcentage par rapport à 2017, n'aurait pas permis une baisse du taux de chômage. Le nombre de chômeurs aurait augmenté de 22 622 pour un taux de chômage de 3,5% contre 3,3% en 2017. En 2019, le nombre de chômeurs se serait établi à 336 777 ; conséquence de la poursuite de l'affaiblissement de la croissance qui est passée à 6,2%. Le nombre de chômeurs augmenterait de 24 249 personnes par rapport à 2018 et le taux de chômage atteindrait 3,7%.

En 2020, le fort ralentissement de l'activité économique du fait de la Covid-19, aurait accentué la dépression en cours sur le marché du travail. Le taux de chômage se situerait à 4,02%. Ce qui correspondrait à une hausse du nombre de chômeurs de 32 240 par rapport à 2019. Ce taux est supérieur de 1,42 point de pourcentage par rapport à la cible prévue pour l'année 2020 (ministère de l'Économie et des Finances, 2017).

La reprise annoncée pour 2021, si elle est confirmée, ne sera pas suffisante pour inverser la tendance à la hausse du chômage. Le nombre supplémentaire de chômeurs sera certes inférieur à celui de 2020, mais il sera d'environ 24 700. Ce qui donne un nombre de chômeurs proche de 400 000 : 393 703 personnes. Le taux de chômage se situerait à 4,2%.

Tableau 6: Cadrage macroéconomique et projection des indicateurs du marché du travail

Année	2017*	2018	2019	2020	2021
Taux de croissance de l'économie (%) selon le cadrage macroéconomique	7,4	6,9	6,2	1,8	6,5
Nombre de chômeurs au sens strict du BIT	289 907	312 529	336 777	369 018	393 703
Variation du nombre de chômeurs	-	22 622	24 249	32 240	24 686
Taux de chômage (%)	3,30	3,51	3,72	4,02	4,23

** Les valeurs des indicateurs du marché du travail en 2017 sont issues de l'enquête ERI-ESI 2017. Le taux de croissance annuel de la main d'œuvre entre 2016 et 2017 est de 1,456%.*

CONCLUSION

L'objectif de cette étude était d'estimer l'intensité en emploi de la croissance en Côte d'Ivoire. Les résultats indiquent que la relation entre la croissance de la production et le niveau de l'emploi en Côte d'Ivoire est asymétrique. Les périodes de baisse et de hausse de l'activité économique ont un impact différent sur le niveau de l'emploi. L'effet de la baisse de l'activité économique sur le niveau de l'emploi est plus important (plus du double) que celui de la hausse de l'activité économique.

L'implication de ces résultats est que les périodes de baisse de l'activité économique détruisent des emplois dont le relèvement requiert du temps et des actions plus fortes en période d'expansion.

À titre de simulation, la relation emploi-production mise en évidence a été utilisée pour évaluer les effets du développement de l'activité économique, tels que projetés par le cadrage macroéconomique, sur le chômage. Ces informations semblent utiles à la fois pour la politique macroéconomique et le ciblage des politiques publiques d'emploi. Elles permettent de compléter le cadrage macroéconomique en reliant avec plus de précision les projections de la croissance du PIB réel au marché du travail.

RÉFÉRENCES

Adanu K. (2005), "A Cross-province comparison of Okun's coefficient for Canada", *Applied Economics*, 37, 561-570.

Alijore T., Yinusa O. (2011), "An Analysis of employment intensity of sectoral output growth in Botswana", *Southern African Business Review*, 15(2), 25-42.

Andrei A.M. (2014), "Using Asymmetric Okun Law and Phillips Curve for potential Output Estimates: An Empirical Study For Romania", *Revista Administratie Si Management Public*, 23, 6-18.

Apergis N., Rezitis A. (2003), "An Examination of Okun's law: evidence from regional areas in G9reece", *Applied Economics*, 35, 1147-1151.

Banque Africaine de Développement (2019), African Economic Outlook 2019, Macroeconomic performance and prospects Jobs, growth, and firm dynamism, Integration for Africa's economic prosperity, African Development Bank.

Catin M. (1994), "La vitesse d'ajustement de l'emploi dans les industries régionales", dans B. Boureille et B. Guesnier (Coord.), *Dynamique des activités et évolution des territoires, en hommage au Pr. Pierre Misfud*, ADICUEER, ASRDLF, Université de Saint-Etienne.

Courtney H. (1991), "The Beveridge curve and Okun"s law: a re-examination of fundamental relationships in the United States", PhD Thesis, MIT.

Crivelli E. Furceri D., Toujas-Bernaté J. (2012), "Can Policies Affect Employment Intensity of Growth? À Cross-Country Analysis", IMF Working Paper, WP/12/218.

Cuaresma J.C. (2003), "Okun's Law Revisited", *Oxford Bulletin of Economics and Statistics*, 65(4), 439-451.

Dajcman S. (2018), "A Regional Panel Approach to Testing The Validity of Okun's Law: The Case of Slovenia", *Economic Computation and Economic Cybernetics Studies and Research*, 52, 39-54.

Direction Générale de l'Emploi (2016), Enquête Nationale sur la Situation de l'Emploi et le Secteur Informel (ENSESI, 2016), Rapport descriptif sur la situation de l'Emploi, Tome 1.

Döpke J. (2001), "The «Employment Intensity» of Growth in Europe'", Kiel Working paper n° 1021.

Driscoll J.C., Kraay A.C. (1998), "Consistent Covariance Matrix Estimation with Spatially Dependent Panel", *Review of Economics and Statistics*, 80, 549-560.

Dritsaki C., Dristsakis N. (2009), "Okun's coefficient for four Mediterranean Members Countries of EU: An Empirical Study", *International Journal of Business and Management*, 5, 18-26.

Ezzahid E., El Alaoui A. (2014), "Economic Growth and Jobs creation in Morocco: Overall and Sectors Analysis", Center of development economics Working paper 2014-01.

Fouquau J. (2008), "Threshold effects in Okun's Law: a panel data analysis", *Economics Bulletin*, 5(33), 1-14.

Freeman D.G. (2000), "Panel tests of Okun's law for Ten Industrial Countries", *Economic Inquiry*, 39(4), 511-523.

Gouider A, Nouira R., Sboui F. (2018), "La relation Croissance-chômage en Tunisie: Validation de la spécification non linéaire de la loi d'Okun", *Région et Développement*, 47, 27-41.

Hamia M.A.A. (2016), "Jobless Growth: empirical evidence from the Middle East and North Africa Region", *Journal of Labour Market Research*, 49, 239-251.

Harris R., Silverstone B. (2001), "Testing for Asymmetry in Okun's Law: A Cross-Country Comparison", *Economics Bulletin*, 5(2), 1-13.

Huang H.C., Chang Y.K. (2005), "Investigating Okun's law by the structural break with threshold approach: evidence from Canada", *The Manchester School*, 73(5), 599-611.

Huang H.C., Yeh C.C. (2013), "Okun's Law in panels of countries and state", *Applied Economics*, 45(2), 191-199.

Im K.S., Pesaran M.H., Shin, Y. (2003), "Testing for unit roots in hetero-geneous panels", *Journal of Econometrics*, 115, 53-74.

Kamgnia D.B. (2009), "Growth Intensity of Employment in Africa: A Panel data Approach", *Applied Econometrics and International Development*, 9(2), 161-174.

Kapsos S. (2005), "The employment intensity of Growth: Trends and macroeconomic determinants", Employment strategy papers 2005/12, International Labour Office.

Kargi B. (2014), "Okun's Law and Long Term Co-integration Analysis for OECD Countries (1987-2012)", *International Research Journal of Finance and Economics*, 119, 77-85.

Knotek E. (2007), "How useful is Okun's law", *Economic Review*, 4, 73-103.

Lee J. (2000), "The robustness of Okun's law: Evidence from OECD countries", *Journal of Macroeconomics*, 22(2), 331- 356.

Levin A., Lin C., Chu C. (2002), "Unit root tests in panel data: Asymptotic and finite-sample properties", *Journal of Econometrics*, 108, 1-24.

Maddala G.S., Wu S. (1999), "A comparative study of unit root tests with panel data and a new simple test", *Oxford Bulletin of Economics and Statistics* 61, 631-652.

Martinez-Zarzoso I., Bengochea-Morancho A. (2004), "Pooled mean group estimation of an environmental kuznets curve for CO2", *Economics Letters*, 82, 121-126.

Mayes D., Viren M. (2000), "Asymmetry and the problem of aggregation in the euro area", Research Discussion Papers 11/2000, Bank of Finland.

Ministère de l'Économie et des Finances (2017), *Revue Economique et Financière Ivoirienne, Spécial No.50.*

Ministère du Plan et du Développement (2019), Enquête Régionale Intégrée sur l'Emploi et le Secteur Informel (ERI-ESI) (2017), Rapport Final.

Mkhize N.I. (2019), "The Sectoral Employment Intensity of Growth in South Africa", *Southern African Business Review*, 23, 1-24.

Okun A. (1962), "Potential GNP: its measurement and significance", Proceedings of the Business and Economic Statistics Section, *American Statistical Association*, 98-103.

Palley T. (1993), "Okun's law and the asymmetric and changing behavior of the USA economy", *International Review of Applied Economics*, 7,144-162.

Peasaran M.H. (2004), "General Diagnostic Tests for Cross Section Dependence in Panels", Tech.rep., Institute for the Study of Labor (IZA).

Pesaran H., Shin Y. (1999), An Autoregressive Distributed Lag Modelling Approach to Cointegration, chapter 11, in *Econometrics and Economic Theory in the 20th Century: The Ragnar Frisch Centennial Symposium*, Cambridge University Press.

Pesaran M.H., Shin Y., Smith, R. (1999), "Pooled Mean Group Estimation of Dynamic Heterogeneous Panels", *Journal of the American Statistical Association*, 94, 621-634.

Pesaran M.H., Smith R. (1995), "Estimating long-run relationships from dynamic heterogeneous panels", *Journal of Econometrics*, 68, 79-113.

Pesaran M.H. (2007), "A Simple Panel Unit Root Test in the Presence of Cross Section Dependence", *Journal of Applied Econometrics*, 22, 265-312.

Pesaran M.H., Shin Y., Smith R. (2001), "Bounds Testing Approaches to the Analysis of Longrun Relationships", *Journal of Applied Econometrics*, 16, 289-326.

Shin Y., Yu B., Greenwood-Nimmo M. (2014), Modelling asymmetric cointegration and dynamic multipliers in an ARDL framework, In Horrace W.C., Sickles R.C. (Eds.), *Festschrift in Honor of Peter Schmidt*, Springer Science & Business Media, New York.

Silvapulle P., Moosa I., Silvapulle A., Mervyn J. (2004). "Asymmetry in Okun's Law" *The Canadian Journal of Economics / Revue canadienne d'Economie*, 37(2), 353-374.

Slimane S.B. (2015), "The Relationship Between Growth and Employment Intensity: Evidence for Developing Countries", *Asian Economic and Financial Review*, 5(4), 680-692.

Sodipe O.A., Ogunrinola O.I. (2011), "Employment and Economic Growth Nexus in Nigeria", *International Journal of Business and Social Science*, 2(11), 232-239.

Sôgner L., Stiassny A. (2000), "Growth and Employment in Europe: Sustainability and Competitiveness", Vienna University of Economics and Business Administration Working Paper No13.

Soylu Ö.B., Çakmak I., Okur F. (2018), "Economic growth and unemployment issue: Panel data analysis in Eastern European Countries", *Journal of International Studies*, 11(1), 93-107.

Tatoglu F.Y. (2011), "The long and short run effects between unemployment and economic growth in Europe", *The Journal of Dogus University*, 12(1), 99-113.

Valadkhani A., Smyth R. (2015), "Switching and asymmetric behavior of Okun Coefficient in the U.S: Evidence for the 1948-2015 period", *Economic Modelling*, 50, 281-290.

The employment intensity of growth in Ivory Coast in periods of expansion and contraction

Abstract - The objective of this study is to estimate the employment intensity of growth in Ivory Coast using data from 42 industries. The results indicate that industries share the same long-term relationship between employment levels and output growth. However, this relationship is not linear. Periods of declining economic activity have a greater impact on the level of employment than periods of rising economic activity. To better appreciate the policy relevance of the results, the estimated coefficients from ARDL model were used to project the unemployment rate and his variation as a function of the macroeconomic framework.

Key-words

Economic growth
Employment
Okun law
Panel data
NARDL model
Ivory Coast

Région et Développement
n° 55-2022
www.regionetdeveloppement.org

Perception des agriculteurs sur les chocs climatiques et efficience de la production agricole au Burkina Faso

Abou Moussa DIENG*
Amadé NACANABO**

Résumé - Cet article évalue l'impact des chocs climatiques mesurés par les perceptions des agriculteurs sur l'inefficience des parcelles agricoles au Burkina Faso. Pour ce faire, nous avons appliqué le modèle d'efficience non paramétrique d'ordre « m » à un ensemble de plus de 21000 parcelles agricoles dont plus des deux tiers sont classées comme parcelles biologiques et un tiers comme parcelles conventionnelles. Les résultats montrent que les chocs climatiques ont un impact significatif sur l'inefficience des parcelles à l'exception des parcelles de mil. L'effet du choc climatique sur l'inefficience des parcelles varie selon les régions. En particulier, les parcelles situées dans la région de la Boucle du Mouhoun et celle du Sud-Ouest sont les plus affectées par les chocs climatiques. Nous trouvons aussi que l'ensemble des zones agro-climatiques, à l'exception de la zone sahélienne, sont affectées quel que soit le type de culture.

Classification JEL
C14, N57, O13, Q18.

Mots-clés
Choc climatique
Agriculture
Méthode non paramétrique
Scores d'efficience
Burkina Faso

* Enseignant-chercheur à l'École supérieure polytechnique de Nouakchott, Mauritanie. Unité de recherche Eau, Énergie et Développement Durable (EEDD). Département de la Statistique et Ingénierie des Données (SID); abou.dieng@esp.mr
** LEAD, Université de Toulon; amadenacanabo@gmail.com

INTRODUCTION

Situé au cœur de l'Afrique occidentale avec une superficie de 274200 km^2, le Burkina Faso est un pays enclavé et sahélien. L'agriculture joue un rôle très important dans l'économie, elle occupe 84% de la population active, avec 17% des terres allouées à l'agriculture, selon le rapport de l'Institut National de la Statistique et de la Démographie (INSD) sur l'enquête multisectorielle de 2014. Le sorgho, le mil, le maïs, le riz, l'arachide et le coton constituent les principales cultures du pays.

À l'instar des autres pays de l'Afrique subsaharienne, la sécurité alimentaire reste une priorité pour le Burkina Faso, notamment en ce qui concerne l'accessibilité et la disponibilité alimentaire. D'après les statistiques de la FAO (2016), les pays de l'Afrique de l'Ouest, dont le Burkina Faso, enregistrent une hausse de la disponibilité alimentaire depuis 1960. Cependant, la production nationale du pays reste confrontée à plusieurs difficultés liées au changement climatique et la pauvreté des sols, entraînant ainsi des problèmes liés à la réduction des terres cultivables, l'insuffisance d'azote dans les terres, les températures élevées, les sécheresses et l'avancée du désert.

Dans un tel contexte, la production agricole pour répondre à la demande alimentaire croissante fait face à des défis importants. Pour relever ces défis, les agriculteurs qui disposent de moyens très limités doivent être plus efficients. Ils doivent notamment optimiser leurs ressources pour faire face à la problématique du changement climatique. Plusieurs études se sont intéressées à l'efficience des agriculteurs et aux déterminants de cette efficience dans les pays en développement (Chirwa, 2007 ; Bacombe et al., 2008 ; Mulwa et al., 2009 ; Mango et al., 2015 ; Choukou et al., 2017 ; Combary, 2017 ; Tchoupé Makougoum, 2018 ; Noufé, 2020, etc.). La particularité de notre étude est de faire une distinction entre l'agriculture biologique et l'agriculture conventionnelle dans l'analyse de l'impact des chocs climatiques sur l'efficience des parcelles agricoles. L'agriculture biologique, dans ce travail, est celle qui utilise les semences locales tout en excluant l'utilisation des engrais inorganiques et les produits phytosanitaires. De fait, la majorité des agriculteurs du Burkina font de l'agriculture familiale avec des moyens très modestes. Le manque de moyens les contraint à ne pas utiliser des engrais chimiques et des produits phytosanitaires. Ainsi, 78% des parcelles sont cultivées de façon biologique. L'agriculture intensive ou conventionnelle est par opposition celle qui utilise des engrais chimiques et des produits phytosanitaires.

Dans cette étude, les chocs climatiques sont mesurés à travers les perceptions[1] des agriculteurs sur les chocs climatiques de précipitations durant la campagne agricole 2014-2015 résultant d'une enquête sur les conditions de vie des ménages.

Nous utilisons la méthode des frontières non paramétriques dites « d'ordre m », un modèle proposé par Cazals et al. (2002). Ce modèle prend en compte les limites du modèle DEA[2] classique et le FDH[3] notamment sa robustesse aux valeurs aberrantes ou *outliers* et aux problèmes d'échantillonnage. Cette méthode est fondée sur le concept de la fonction de production de maximum espérée.

Les résultats montrent que les chocs climatiques agissent négativement et avec la même ampleur sur l'efficience des parcelles qu'elles soient biologiques ou conventionnelles. Cependant, les chocs climatiques n'ont aucun effet sur l'efficience des parcelles de mil biologique. En prenant en compte les zones agro-climatiques, les résultats sont identiques à l'exception de la zone sahélienne.

Cet article présente d'abord la méthodologie et les données utilisées (section 1), puis l'analyse des principaux résultats (section 2).

---

[1] Il s'agit de la perception du gérant principal de la parcelle.
[2] Data Envelopment Analysis.
[3] Free Disposal Hull.

1. MÉTHODOLOGIE ET DONNÉES

1.1. Méthodologie et approche économétrique

Les économistes portent une attention particulière aux modèles d'efficience depuis les années 1970 avec la redécouverte des travaux de Debreu (1951), Koopmans (1951, 1957) et Farrell (1957). On peut définir l'efficience comme la capacité d'une unité de décision (DMU)[4] à maximiser sa production ou à minimiser ses coûts de production à partir d'un ensemble d'inputs donnés. Dans cette logique nous allons considérer les parcelles de production comme unités décisionnelles. En effet, les agriculteurs pour chaque parcelle utilisent des inputs (les fertilisants comme les engrais organiques ou chimiques, des équipements, de la main d'œuvre, etc.) pour produire, en essayant d'optimiser l'utilisation des ressources de façon systématique (Daraio et Simar, 2007).

Les deux méthodes principales utilisées pour construire la frontière d'efficience dans l'étude de l'efficience des parcelles sont les méthodes paramétriques basées sur la spécification fonctionnelle de la frontière, et celles non paramétriques dont les plus connues sont les méthodes FDH[5] et DEA[6] selon la littérature. L'approche paramétrique nécessite d'avoir des hypothèses sur les formes fonctionnelles touchant la frontière de production. Cette frontière peut être considérée comme déterministe ou stochastique (N'gbo, 1994, et Aigner et al., 1994). Ceci constitue une limite majeure car, en retenant cette méthode, nous sommes obligés de spécifier la forme fonctionnelle de la relation entre les inputs et les outputs. Pour pallier ces difficultés, nous utiliserons la méthode non paramétrique qui a l'avantage de reposer sur des hypothèses moins contraignantes.

Comme mentionné plus haut, l'Analyse d'Enveloppement des Données (DEA) est fréquemment utilisée pour mesurer l'efficience des différentes cultures dans la littérature. Cependant, cette technique présente plusieurs limites qui impactent la robustesse des résultats obtenus. D'abord, l'utilisation de cette méthode nécessite que les données sur les unités de production représentées ici par les parcelles agricoles soient homogènes. En outre, ces modèles considèrent que les DMU hétérogènes sont des variables indépendantes.

Il faut noter que la méthode DEA est très sensible aux *outliers* c'est-à-dire aux valeurs aberrantes ou aux DMU situées loin de la frontière. Dans ce cas, la méthode DEA implique soit de repousser la frontière (ce qui peut entraîner une sous-évaluation des autres DMU), soit de supprimer ces DMU considérées cette fois-ci comme des valeurs aberrantes alors même qu'il peut s'agir de DMU super efficientes. Ces insuffisances nous conduisent à privilégier la méthode de frontières non paramétriques « d'ordre m » proposée par Cazals, Florens et Simar (2002) au détriment de la méthode DEA.

Cette méthode présente plusieurs avantages. Elle prend en compte les valeurs dites aberrantes comme la méthode DEA mais conduit à des résultats plus robustes que les méthodes DEA et FDH. La prise en compte des *outliers* permet de ne pas envelopper toutes les observations, ainsi la frontière n'est pas entièrement impactée par les DMU les plus éloignées de sorte que l'efficience d'une observation spécifique peut se révéler supérieure à celle du groupe de référence, et dans ce cas son score d'efficience sera inférieur à l'unité (Daraio et Simar, 2007).

[4] Le terme DMU se réfère à toute entité qui est à même d'être évaluée quant à ses capacités à transformer des inputs en outputs ; ces évaluations pouvant concerner toutes les activités de production et de services, marchandes et non marchandes.

[5] Free Disposal Hull, qui suppose la libre disposition des productions et des intrants comme l'indique son nom.

[6] Analyse d'enveloppement des données.

La méthode d'estimation de la frontière de production « d'ordre m » proposée par Cazals, Florens et Simar (2002) est fondée sur le concept de la fonction de production maximum espérée. Elle définit, pour un certain niveau d'inputs, le niveau de production maximum espéré parmi un nombre fixé *m* de parcelles utilisant une quantité d'inputs inférieure à *X*. Ainsi, de façon formelle, l'estimateur s'écrit comme suit :

$$\varphi_m(x) = E[max(Y^1, \ldots, Y^m)X \leq x] \tag{1}$$

$$\varphi_m(x) = \int_0^{\infty} [1 - F_c(y|x)^m]\, dy \tag{2}$$

Un estimateur naturel est alors donné par la formule :

$$\hat{\varphi}_{m,n} = \int_0^{\infty} \left[1 - \hat{F}_c(y|x)^m\right] dy \tag{3}$$

où F représente la fonction de distribution empirique.

L'estimation de cette frontière peut s'effectuer par une méthode de *bootstraping*. Il est également important de noter que l'efficience « d'ordre m » représente une variation des *outliers* robustes de l'approche FDH, qui relâche l'hypothèse de convexité inhérente au modèle DEA (Cazals, Florens et Simar, 2002).

En ce qui concerne la méthode dite « d'ordre m », il convient de souligner que la distinction entre les versions d'orientation en inputs et outputs y est encore plus importante que dans le modèle DEA. En effet, dans la méthode « d'ordre m », les orientations des inputs et outputs ne diffèrent pas seulement par rapport à la direction dans laquelle la distance de la frontière de production est mesurée, mais aussi par rapport aux frontières elles-mêmes (Felder et Tauchmann, 2013). Le choix de « m » est donc important pour les applications. En effet, quand $m \rightarrow \infty$, l'efficience « d'ordre m » coïncide avec FDH[7]. Ainsi, pour la robustesse aux données aberrantes, les valeurs de « m » doivent être relativement petites, car plus « m » devient petit, plus la part des DMU super-efficientes augmente. Notons que le choix de « m » se fait de façon arbitraire (Simar, 2003). Dans le cas d'un ensemble d'inputs multi-dimensionnels, le nuage n'est quasiment enveloppé que par des valeurs de « m » très importantes. Ainsi dans ce cas des valeurs de « m » importantes sont nécessaires afin d'assurer un nombre raisonnable d'observations au-dessous de la frontière. Un nombre trop élevé de parcelles efficientes rendra l'interprétation des résultats difficiles et diminuera de façon mécanique le nombre d'observations utilisées pour la seconde étape.

L'objectif final de la mesure de l'efficience relative est d'identifier deux catégories, selon que le score d'efficience soit égal ou supérieur à l'unité[8]. Étant donné que les parcelles n'ont pas les mêmes inputs, nous avons utilisé deux frontières, une frontière pour les parcelles biologiques et une frontière pour les parcelles conventionnelles. La deuxième étape vise à expliquer les scores d'inefficience ($\hat{\lambda}_k$) obtenus lors de la première étape par un ensemble de variables explicatives ou de variables environnementales.

$$\begin{cases} \hat{\lambda}_k = \beta z_k + \varepsilon_k \\ \quad st. \hat{\lambda}_k \geq 1 \end{cases} \tag{4}$$

Le recours aux modèles de troncature s'appuie sur les travaux de Simar et Wilson (2007) qui montrent que les estimateurs Tobit sont biaisés pour deux raisons. Tout

---

7 Pour plus de détails, voir Felder et Tauchmann (2013).

8 Pour la version d'orientation en outputs, le score d'efficience λ est compris entre 1 et plus l'infini.

d'abord, étant donné que la véritable frontière ne peut être observée et que les scores d'efficience sont remplacés par les valeurs estimées de $\hat{\lambda}_k$, il est possible que se manifeste une corrélation sérielle du terme d'erreur. Deuxièmement, il existe une corrélation potentielle entre les variables Z et le terme d'erreur, car les variables d'environnement peuvent être corrélées aux inputs et outputs retenus lors de la première étape (et donc avec $\widehat{\lambda}_k$). Dans de telles circonstances, il apparaît donc que, lors de la deuxième étape, les approches standards d'inférence peuvent être invalidées.

De ce fait, afin d'obtenir des coefficients bêta non biaisés et des intervalles de confiance valides, nous retenons, pour nos estimations, la procédure de double bootstrap recommandée par Simar et Wilson (2007). Ici, l'équation (4) est estimée par la méthode dite « de maximum de vraisemblance tronquée », qui permet d'obtenir $\hat{\beta}$ et $\hat{\sigma}$. En ajoutant que, pour chaque observation, un ensemble de ε_k d'une distribution $N(0, \sigma_\varepsilon^2)$ et une troncature à $1 - \beta z_k$ est reprise afin de calculer $\lambda_k^* = \hat{\beta} z_k + \varepsilon_k$. Par la suite, cette procédure sera répliquée 1000 fois et la fréquence des estimations de bootstrap sera alors utilisée pour fournir l'inférence pour $\hat{\beta}$.

1.2. Données

Nous utilisons l'enquête multisectorielle réalisée par l'INSD (Institut National de la Statistique et de la Démographie) en 2014. Ces données émanent de la Banque mondiale. Après la réalisation de l'enquête, le nombre de ménages était de 10081. Il s'agit d'une enquête sur les conditions de vie des ménages. C'est un sondage stratifié à double degré sur l'ensemble du territoire national et qui aborde plusieurs thématiques. Pour notre étude, nous avons conservé uniquement les ménages agricoles cultivant le sorgho, le mil et le maïs en agriculture biologique et/ou conventionnelle. Nous avons retenu 21294 parcelles cultivées pour la campagne agricole 2014/2015 (biologiques et conventionnelles). Notons que les ménages peuvent avoir plusieurs parcelles. Dans cet échantillon, l'agriculture biologique occupe 16706 parcelles (soit 78%) et l'agriculture conventionnelle 4588 (soit 22%).

1.3. Choix des inputs et de l'output

Pour étudier l'efficience de la production agricole, certains auteurs utilisent comme output la production agricole (Koirala et al., 2016 ; Bacombe et al., 2008), d'autres utilisent les rendements agricoles. Dans ce travail, nous utilisons comme output la production récoltée pour la campagne agricole 2014-2015 des trois céréales mesurées en kilogramme. Les inputs peuvent être classés en quatre grandes catégories : la main d'œuvre, les fertilisants, les équipements agricoles et la superficie des parcelles cultivées.

- La main d'œuvre est l'ensemble des travailleurs de la parcelle[9]. La main d'œuvre moyenne utilisée par parcelle pour l'ensemble des trois cultures est de 20 personnes par parcelle pour l'agriculture biologique et de 23 personnes par parcelle pour l'agriculture conventionnelle (annexes 1 et 2).
- Les fertilisants sont de deux types. Pour l'agriculture biologique, ce sont les déchets des animaux et les ordures ménagères. Pour l'agriculture conventionnelle, ils sont constitués d'engrais inorganiques et chimiques (Burkina phosphate, NPK/formule unique, autres engrais chimiques et produits phytosanitaires). Les agriculteurs ont utilisé en moyenne 9,22 kg de fertilisants par parcelle pour l'agriculture conventionnelle (annexes 1 et 2).
- Les équipements sont mesurés par la valeur de l'ensemble des équipements utilisés sur une parcelle (tracteurs, pulvérisateurs, motoculteurs, charrues, houe/asine étoile,

[9] Elle est constituée essentiellement des membres du ménage, qui représentent une main-d'œuvre non rémunérée.

semoir, animaux de labour, etc.). En moyenne, la valeur des équipements utilisés est de 73700 francs CFA par parcelle.

- Les superficies sont données par des mesures objectives à l'aide de matériel topographique (boussole, ruban métrique et jalon) de toutes les parcelles. Il s'agit essentiellement de petites exploitations familiales dont la superficie moyenne pour notre échantillon est de 1,60 hectare.

1.4. Choix des variables explicatives

La variable de choc climatique considérée est une variable dichotomique qui prend la valeur 1 si le gérant de la parcelle déclare avoir subi la sécheresse[10] ou l'inondation et 0 sinon. Suivant cette distinction, 75,2% des agriculteurs déclarent avoir subi des chocs climatiques durant cette campagne agricole ; 75% des agriculteurs qui ont subi un choc climatique ont perdu plus d'un tiers de leurs récoltes (tableau 1).

Tableau 1. Statistique descriptive sur la perception d'un choc climatique et de ses effets sur la production

Proportion de la récolte perdue avant la récolte	Choc climatique[a]				Total
	0		1		
	Nombre	%	Nombre	%	
0	16	0.26	0	0	16
Entre 0 et 1/3	718	11,90	2475	41,03	3193
Entre 1/3 et 2/3	554	9,1	1818	30,14	2372
2/3 ou plus	147	2,43	573	9,5	720
Total	1435	23,79	4866	74,50	6031

[a] 1 si le ménage a déclaré avoir subi un choc climatique, 0 si le ménage n'a pas subi de choc climatique.
Source: construit par les auteurs avec les données de l'enquête.

La littérature sur le sujet tend à s'accorder quant au choix des caractéristiques socioéconomiques à retenir (par exemple Chirwa, 2007 ; Bacombe et al., 2008 ; Mulwa et al., 2009 ; Mango et al., 2015 ; Choukou et al., 2017 ; Combary, 2017 ; Noufé, 2020). Pour notre étude, les variables retenues sont résumées dans les tableaux 2, 3 et 4.

Tableau 2. Description des variables explicatives

Variables	Description
Genre du gérant principal	Variable dichotomique qui prend la valeur 1 si le gérant principal de la parcelle est un homme et 0 si c'est une femme. Nous avons beaucoup plus de gérants (environ 92,8%) que de gérantes (7,2%) dans l'échantillon global (tableau 3).
Alphabétisation du gérant principal	Variable dichotomique qui prend la valeur 1 si le gérant principal de la parcelle est alphabétisé et 0 sinon. 65% de gérants sont alphabétisés (tableau 3).
Activité principale du gérant principal	Variable dichotomique qui prend la valeur 1 si le gérant principal de la parcelle a pour activité principale l'agriculture et 0 sinon.
Choc climatique	Variable dichotomique qui prend la valeur 1 si le gérant principal de la parcelle déclare avoir subi un choc climatique et 0 sinon.
Mode de propriété de parcelles	Variable dichotomique qui prend la valeur 1 si le gérant principal de la parcelle est propriétaire de la parcelle cultivée et 0 sinon.
Labour	Variable dichotomique qui prend la valeur 1 si la parcelle a été labourée et 0 sinon.

Source : auteurs.

[10] La sécheresse dans cette étude est définie comme une insuffisance des précipitations qui se manifeste soit par un démarrage tardif des pluies ou par l'irrégularité des pluies.

Tableau 3. Statistique descriptive des variables quantitatives

Variable	Obs.	Moyenne	Écart-type	Min	Max
Mil bio					
Âge	4570	50.08249	15.374771	16	99
Taille du ménage	4570	9.867834	6.348426	1	63
Maïs bio					
Âge	4468	47.73702	15.0958	15	99
Taille du ménage	4468	8.798568	5.516053	1	63
Sorgho bio					
Âge	7764	49.79225	15.7164	15	99
Taille du ménage	7764	9.6232261	6.416589	1	63
Mil conventionnel					
Âge	807	50.4039	14.90467	19	97
Taille du ménage	807	11.04089	7.400091	1	63
Maïs conventionnel					
Âge	2345	46.55011	14.91049	15	99
Taille du ménage	2345	8.65032	5.175391	1	49
Scores d'efficience	2345	0.4127907	0.3188257	0.00094	1
Sorgho conventionnel					
Âge	1465	49.73174	15.25305	15	97
Taille du ménage	1465	10.71672	7.451365	1	60

Source : auteurs.

Tableau 4. Statistique descriptive des variables dichotomiques

		Biologique		Conventionnel	
Variable	Modalité	Nombre	%	Nombre	%
Sorgho					
Choc	1 : Déclare avoir subi un choc climatique	2188	28.18	311	21.23
	0 : Déclare n'avoir pas subi un choc climatique	5576	71.82	1154	78.77
Genre	1 : Homme	7143	92.00	1371	93.50
	0 : Femme	621	8.00	94	6.50
Mode de propriété	1 : Propriétaire	6135	21.00	1151	78.50
	0 : Non propriétaire	1629	79.00	314	21.50
Type de sol	1 : argileux	3343	43.06	592	40.41
	0 : autre type de sol	4421	56.94	813	53.59
Branche d'activité	1 : agriculteur	6756	87.02	1253	85.53
	0 : autre branche d'activité	1008	12.98	212	14.47
Labour	1 : labouré	4143	53.36	1033	70.51
	0 : pas labouré	3621	46.64	432	29.49
Alphabétisation	1 : alphabétisé	1643	21.16	395	26.96
	0 : non alphabétisé	6121	78.84	1070	73.04
Mil					
Choc	1 : Déclare avoir subi un choc climatique	1448	31.68	191	23.67
	0 : Déclare n'avoir pas subi un choc climatique	3122	68.32	616	76.33
Genre	1 : Homme	4251	93.02	763	94.55
	0 : Femme	319	6.98	44	5.45
Mode de propriété	1 : Propriétaire	3739	81.82	655	81.16
	0 : Non propriétaire	831	18.18	152	18.84
Type de sol	1 : argileux	2540	55.58	450	55.76
	0 : autre type de sol	2030	44.42	357	44.24
Branche d'activité	1 : agriculteur	3989	87.29	694	86.00
	0 : autre branche d'activité	581	12.71	113	14.00
Labour	1 : labouré	2216	51.51	522	64.68
	0 : pas labouré	2354	48.49	285	35.32
Alphabétisation	1 : alphabétisé	1016	22.23	227	28.13
	0 : non alphabétisé	3554	77.77	580	71.87
Maïs					
Choc	1 : Déclare avoir subi des irrégularités des pluies	1188	26.59	556	23.71
	0 : Déclare n'avoir pas subi d'irrégularités des pluies	3280	73.81	1789	76.29
Genre	1 : Homme	4195	93.89	2217	94.54
	0 : Femme	273	6.11	128	5.46
Mode de propriété	1 : Propriétaire	3409	76.30	1756	74.88
	0 : Non propriétaire	1059	23.70	589	25.12
Branche d'activité	1 : agriculteur	3680	86.39	2032	86.35
	0 : autre branche d'activité	608	16.61	313	13.35
Labour	1 : labouré	3117	30.24	1338	78.38
	0 : pas labouré	3351	69.76	509	21.62
Alphabétisation	1 : alphabétisé	1144	25.60	686	29.25
	0 : non alphabétisé	3324	74.40	1659	70.75

Source: construit par les auteurs avec les données de l'enquête.

2. ANALYSES DES RÉSULTATS

2.1. Analyse des scores d'efficience

Après avoir contrôlé la sensibilité des résultats en faisant varier m sur un intervalle suffisamment large, nous avons fixé *m* à 25 car il existe une forte corrélation entre les différentes valeurs de *m* (annexe 3 et 4). Cette forte corrélation implique que le classement en termes d'efficience des parcelles agricoles par les différents modèles (*m*=15, *m*=25, *m*=35, *m*=50, *m*=75) est similaire. Les parcelles conventionnelles sont en moyennes plus efficientes que les parcelles biologiques (tableau 5).

Tableau 5. Statistique descriptive des scores d'efficience

	Observations	Moyenne	Écart-type	Minimum	Maximum
Mil bio	4570	9.14	3.77	1	20
Maïs bio	4468	8.87	4.86	1	17
Sorgho bio	7764	13.72	16.55	1	28
Mil conventionnel	807	7.32	2.67	1	12
Maïs conventionnel	2345	8.12	3.12	1	14
Sorgho conventionnel	1465	5.34	2.11	1	11

Source : auteurs.

Tableau 6. Résumé des scores d'efficience

Parcelles biologique	**Nombre**	**Super efficients**	**Efficientes**	**Inefficientes**
Mil	4570	0,007%	4,5%	95,49%
Sorgho	7764	0,004%	2,9%	97,10%
Maïs	4468	0,008%	4,7%	95,29%
Total	16706			
Parcelles conventionnelles	**Nombre**	**Super efficients**	**Efficientes**	**Inefficientes**
Mil	807	0,12%	18,9%	80,98%
Sorgho	1464	0,16%	11,4%	88,44%
Maïs	2329	0.09%	12,9%	87,01%
Total	4588			

Source : auteurs.

Notre analyse des scores d'efficience montre en moyenne des résultats beaucoup plus faibles pour les parcelles biologiques comparativement aux parcelles conventionnelles. Les résultats indiquent que seulement 4,5%, 4,7%, et 2,9% des parcelles sont efficientes, respectivement dans la culture biologique du mil, du maïs et du sorgho. Pour l'agriculture conventionnelle, les parcelles les plus efficientes sont celles du mil (18,9%), suivies du maïs (12,9%) et du sorgho (11,04%) (tableau 6).

Les parcelles les plus efficientes dans les trois cultures, aussi bien dans l'agriculture biologique que conventionnelle, se situent dans les régions de la Boucle du Mouhoun (Banwa, Balé, Kossi, Mouhoun, Nayala, et Sourou) et la région des Hauts Bassins (Houet, Kénédougou, et Tuy). Il apparaît une augmentation significative des scores d'efficience des parcelles conventionnelles du mil par rapport aux parcelles biologiques dans la province de l'Oudalan et des Balé.

Pour la culture du sorgho, le nombre de parcelles efficientes représente 2,9% pour l'agriculture biologique et 11% pour l'agriculture conventionnelle, avec de fortes disparités provinciales. Pour la culture du maïs, on note 4,7% de parcelles efficientes dans l'agriculture biologique et 12,9% dans l'agriculture conventionnelle. La région de l'Est (Gnagna, Gourma, Komandjari, Kompienga et Tapoa) enregistre les parcelles les plus efficientes pour la culture du maïs biologique et conventionnelle. Enfin, pour la culture du mil les disparités provinciales des scores d'efficience entre les parcelles de mil biologique et conventionnelle ne sont pas très significatives (figure 1).

Figure 1. Scores d'efficience par provinces

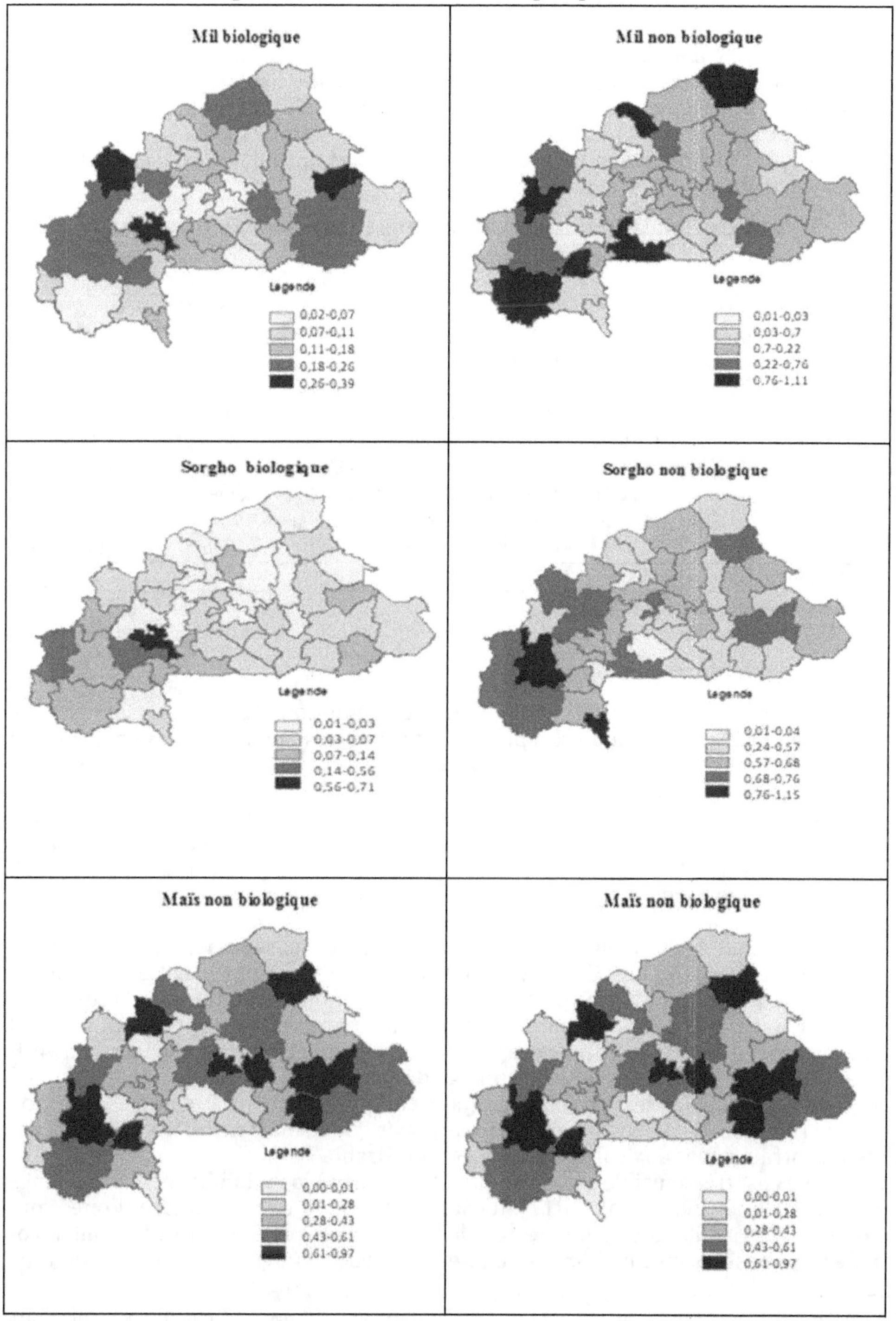

Source: construit par les auteurs.

2.2. Discussion des résultats

Dans la première étape, nous avons calculé les scores d'efficience. En moyenne près de 90% des parcelles sont inefficientes (tableau 6). L'objectif de la deuxième étape est de chercher les facteurs explicatifs de cette inefficience. Dans cette étape, les résultats des régressions bootstrap tronquées, appliquées aux scores d'inefficience (avec score m=25) identifiés lors de la première étape (soit 21294 parcelles), ont été réunis. Les résultats des estimations avec des outputs (scores m=25) et des inputs sont reportés dans le tableau 7.

Tableau 7. Résultats des estimations sans effet fixe frontière

	Agriculture biologique			Agriculture conventionnelle		
	Mil	Sorgho	Maïs	Mil	Sorgho	Maïs
Choc climatique	0.019**	0.022***	0.068***	0.0348	0.098***	0.05***
Genre du gérant	-0.019	-0.068***	-0.051***	-0.025	-0.0244	-0.065**
Mode de propriété	-0.00970	-0.0130**	0.0460***	-0.0412	-0.00436**	0.06***
Branche d'activité	-0.0161	-0.0243***	-0.00258	-0.0421	-0.0536**	-0.0106
Labour	-0.00902	0.0237***	0.0160**	-0.0278	-0.00484	-0.0122
Alphabétisation	0.0107	0.00637	0.00810	-0.057**	-0.00212**	-0.033**
Taille du ménage	-0.04***	-0.0018***	-0.004***	-0.0030*	-0.0038***	-0.0073***
Âge du gérant	0.00673	0.000960	0.0042***	0.0087*	0.0095***	0.00533**
Âge^2	-1.3e-06	1.02e-06	3.33e-05**	6.43e-05	7.9e-05***	4.78e-05*
Constante	0.241***	0.179***	0.399***	0.617***	0.746***	0.640***
Observations	4474	7764	4468	795	1465	2329

Variable expliquée : score d'inefficience.
, **, * indiquent respectivement la significativité des coefficients à 10%, 5% et 1%.*

2.2.1. *Agriculture biologique*

Dans ce travail, l'agriculture biologique est définie comme celle utilisant comme fertilisant l'engrais organique composé des déchets des animaux et les ordures ménagères. L'exclusion de semences améliorées et d'engrais inorganiques et produits phytosanitaires s'explique la plupart du temps par l'état de pauvreté des agriculteurs qui sont contraints de faire de l'agriculture biologique par manque de ressources financières. On peut donc qualifier cette agriculture, « d'agriculture biologique contrainte ». Ces agriculteurs n'ont pas de label AB (agriculture biologique), mais cette appellation est en phase avec la définition de l'agriculture biologique dans plusieurs pays[11].

Pour l'ensemble des trois cultures, les chocs climatiques impactent positivement l'inefficience des parcelles. Ce résultat pourrait s'expliquer par le fait que les chocs climatiques perturbent la planification dans l'utilisation de ressources. Par exemple le démarrage tardif des pluies peut entraîner une pourriture des premiers semis. Il en est de même pour l'arrêt précoce des pluies. L'incapacité des agriculteurs à anticiper ces chocs peut expliquer le gaspillage de ressources qui en résulte. Cet impact est plus accentué sur les parcelles de maïs comparativement aux autres types de culture (tableau 4). Il peut s'expliquer par le fait que le maïs ne tolère pas la sécheresse contrairement aux cultures du mil et du sorgho.

Le maïs est très sensible aux aléas climatiques liés à la variabilité et aux extrêmes pluviométriques (Sarr et al., 2011). Il est généralement cultivé dans les zones soudaniennes et soudano-sahéliennes où les conditions pluviométriques sont favorables. Les besoins en eau du maïs augmentent avec la longueur du cycle et du type

11 Par exemple en France elle est définie comme toute agriculture n'utilisant pas de produits chimiques de synthèse, selon la loi du 4 juillet 1980 sur l'orientation de la politique agricole.

de climat. Il faut en fonction du type de climat entre 400 mm et 800 mm de pluie pour boucler son cycle (Doorenbos et Kassam, 1980). Le résultat concernant le maïs quant à l'effet négatif du changement climatique sur la production est en phase avec la littérature (Sarr et al., 2011). Pour la culture du mil, nos résultats retrouvent ceux de Bougma et al. (2018) qui montrent que les effets du changement climatique les plus perçus par les agriculteurs de mil sont la fréquence des sécheresses et le raccourcissement des saisons. Ils montrent en outre que les effets du changement climatique entraînent une baisse des rendements de mil.

Les résultats montrent en outre que la spécialisation du gérant principal de l'activité agricole impacte négativement l'inefficience des parcelles de sorgho, tandis que cette spécialisation n'a aucun impact sur l'inefficience des parcelles de maïs et de mil. Ce résultat retrouve celui de Bacombe et al. (2008). La spécialisation permet aux agriculteurs de mieux maîtriser le cycle des cultures et se présente donc comme une bonne méthode d'adaptation à la sécheresse et aux inondations.

Il apparaît aussi que les parcelles de sorgho et de maïs gérés par les hommes sont beaucoup plus efficientes que celles gérées par les femmes. Généralement, les hommes participent à des séances de formation et de sensibilisation sur les différentes méthodes à utiliser pour faire face aux effets du changement climatique. Les hommes sont les plus actifs dans les organisations professionnelles des producteurs et sont généralement membres dirigeants dans ces organisations. Ce qui leur permet de bénéficier en premier des différentes formations. À l'inverse, la majorité des femmes ne bénéficient pas de ces formations par manque de temps et doivent s'occuper en général des enfants et des tâches ménagères. Ce résultat corrobore ceux trouvés par Mulwa et al. (2009), Mango et al. (2015) et Choukou et al. (2017).

Le capital humain mesuré par l'alphabétisation n'a aucun impact sur l'inefficience des parcelles biologique des trois cultures au Burkina Faso. Ces résultats contredisent ceux de Nana et Atangana (2012) qui trouvent que le capital humain améliore l'utilisation des ressources d'où un effet négatif sur l'inefficience. Cependant, pour les parcelles conventionnelles, l'alphabétisation joue un rôle négatif sur l'inefficience. Cela pourrait s'expliquer par le fait que l'utilisation des engrais dans l'agriculture conventionnelle demande une certaine formation, ce qui n'est pas le cas dans l'agriculture biologique.

Nous trouvons les mêmes résultats que Alvarez et Arias (2004), Thiam et al. (2001) et Nyemeck et al. (2006) sur l'impact négatif de la taille du ménage sur l'inefficience des parcelles de sorgho et de mil. Nous trouvons cependant un impact positif de la taille du ménage sur l'inefficience des parcelles de maïs. Les parcelles biologiques de maïs étant de petite taille, elles nécessitent moins de main-d'œuvre.

Nos résultats montrent que l'âge du gérant principal joue positivement sur l'inefficience des parcelles de maïs. Ceci peut sembler paradoxal mais cela pourrait s'expliquer par le fait que plus le gérant vieillit moins il a de force pour s'occuper de sa parcelle. De plus avec l'âge les agriculteurs ont moins accès aux services de vulgarisation et sont moins réceptifs à l'adoption de nouvelles variétés et à l'emploi de nouvelles technologies de production. Toutefois il existe un âge seuil au-delà duquel l'inefficience se réduit. Il se peut que grâce à leur expérience accumulée au cours des années, les agriculteurs les plus âgés puissent mieux contribuer à l'efficience de leurs parcelles.

Le fait de labourer les parcelles de sorgho et de maïs diminue l'inefficience. Ceci pourrait s'expliquer par le fait que le labour permet à la plante une consommation optimale de l'eau. L'entretien d'une parcelle labourée devient plus facile et nécessite moins de main-d'œuvre. Ce résultat corrobore ceux de Mulwa et al. (2009) et Billaz (1982). La non-significativité du labour sur les parcelles de mil semble s'expliquer d'une part par la mauvaise maîtrise des techniques de labour sur ces parcelles et d'autre part par le manque d'entretien car le labour est une condition nécessaire mais pas suffisante pour améliorer l'efficience d'une parcelle.

Il apparaît aussi que le fait d'être propriétaire de la parcelle réduit l'inefficience des parcelles de sorgho biologique contrairement aux parcelles de maïs. On peut supposer que les propriétaires s'investissent beaucoup dans l'entretien des parcelles de sorgho car elles constituent généralement la culture et la source d'approvisionnement principales du grenier. L'accent est donc mis sur l'entretien des parcelles de sorgho au détriment relatif de celles du maïs.

2.2.2. Agriculture intensive ou conventionnelle

Pour l'agriculture conventionnelle, c'est-à-dire celle utilisant des semences améliorées et des fertilisants inorganiques tels que l'engrais chimique y compris des produits phytosanitaires, les résultats montrent que les chocs climatiques accentuent nettement l'inefficience des parcelles de sorgho et de maïs, mais n'ont aucun effet sur celles du mil. Par rapport aux parcelles biologiques, l'impact des chocs climatiques est beaucoup plus élevé sur l'inefficience des parcelles conventionnelles de sorgho. On peut dire que l'utilisation d'engrais sur les parcelles de mil permet de compenser les pertes de production résultant de chocs climatiques. Cependant, on constate un impact plus élevé des chocs climatiques sur les scores d'inefficience des parcelles de maïs biologique comparativement au maïs conventionnel.

Les parcelles de maïs gérées principalement par les hommes sont plus efficientes que celles gérées par les femmes. Ce résultat est en phase avec celui trouvé dans l'agriculture biologique. De plus, l'alphabétisation du gérant principal de la parcelle permet d'améliorer l'efficience des parcelles pour les trois cultures contrairement à l'agriculture biologique. L'alphabétisation permet aux gérants des parcelles de s'auto-former à travers des documents sur les techniques de résilience écrits en langues locales. De plus, les formations des agriculteurs concernent généralement les parcelles conventionnelles. Or l'alphabétisation a pour objectif de permettre aux agriculteurs de suivre ces formations ou de s'auto-former. Pour la taille du ménage, les résultats sont identiques à ceux de l'agriculture biologique à l'exception des parcelles de sorgho.

Quant aux modes de propriété de la parcelle, l'âge et la spécialisation de l'activité agricole, on trouve les mêmes résultats que dans l'agriculture biologique. Cependant, le fait de labourer n'a aucun effet sur l'inefficience des parcelles contrairement aux parcelles biologiques. L'utilisation des engrais chimiques et des produits phytosanitaires pourrait compenser le manque d'entretien lié au labour.

Les résultats ainsi obtenus ne prennent pas en compte l'effet spécifique de chaque région. Les régions étant très hétérogènes du point de vue de la répartition pluviométrique et de la fertilité des sols, la prise en compte de leurs spécificités peut être importante pour l'analyse des chocs climatiques sur l'efficience des parcelles.

2.2.3. Analyse inter-régionale ou analyse avec effet fixe frontière

Les résultats sans effet fixe frontière donnés au tableau 7 cachent une grande hétérogénéité régionale. Afin de saisir l'impact spécifique des effets propres à chaque région, nous avons introduit des *dummies* pour chaque région. Pour éviter le problème de surdétermination d'une part et de colinéarité d'autre part, cette méthode nécessite l'omission volontaire d'une région qui sera considérée comme région de référence à laquelle les 12 autres régions seront comparées.

Nous avons choisi d'omettre la région du Sahel, car cette région se caractérise par une pluviométrie très irrégulière et des températures en hausse continue (PANA, 2011). Les résultats montrent que les coefficients des variables *dummies* des régions sont statistiquement significatifs (tableau 8). Les régions sont ainsi très hétérogènes dans la culture du mil et du sorgho, aussi bien pour l'agriculture biologique que pour l'agriculture conventionnelle. On note par contre une certaine homogénéité des régions dans la culture du maïs conventionnelle.

Tableau 8. Résultats des estimations avec effet des différentes régions

	Agriculture biologique			Agriculture conventionnelle		
	Sorgho	Mil	Maïs	Sorgho	Mil	Maïs
Choc climatique	0.0536***	0.0410***	0.0535***	0.0936***	0.0515*	0.0455***
Genre du gérant	-0.0512***	0.00492	-0.0346**	-0.0218	-0.0233	-0.0590**
Mode propriété	0.0105*	0.0128	-0.0259***	-0.00714	0.0422	-0.0737***
Branche d'activité	-0.0193***	-0.0270**	-0.00198	-0.0644***	-0.0458	-0.0114
Labour	-0.0338***	-0.00371	-0.00970	-0.0105	-0.0145	-0.0118
Alphabétisation	-0.00474	-0.00790	-0.000299	-0.0252	0.0333	-0.0339**
Taille du ménage	-0.0016***	-0.0036***	-0.00290***	-0.00484***	0.00114	-0.00742***
Âge du gérant	0.000505	-0.000651	-0.00265*	-0.00903***	-0.00753*	-0.00502**
$Âge^2$	-9.24e-06	2.59e-06	1.92e-05	7.34e-05**	5.33e-05	4.42e-05*
Sahel	*Réf.*	*Réf.*	*Réf.*	*Réf.*	*Réf.*	*Réf.*
Est	0.0539***	0.0343*	0.117***	0.178**	0.359***	0.121
Sud-Est	0.0561***	0.0616***	0.0516	0.292***	0.405***	0.145
Centre-Nord	0.0657***	0.0923***	0.0194	0.238***	0.220***	0.233
Centre-Ouest	0.128***	0.174***	0.0539	0.222***	0.320***	0.208
Plateau central	0.0903***	0.116***	0.0309	0.179**	0.348***	0.0371
Nord	0.0841***	0.0925***	0.0426	0.203***	0.259***	0.223
Centre-Est	0.150***	0.137***	0.0240	0.368***	0.422***	0.190
Centre	0.132***	0.150***	0.00167	0.349***	0.333***	0.0333
Cascade	0.0677***	0.0679	0.151***	0.229**	0.330***	0.153
Centre-Sud	0.108***	0.155***	0.0739**	0.315***	0.417***	0.137
Hauts-Bassins	0.131***	0.0679**	0.217***	0.112	0.215***	0.115
Boucle de Mouhoun	0.0219	0.0141	0.0921***	0.103	0.244***	0.139
Constant	0.216***	0.323***	0.256***	0.948***	0.879***	0.782***
Observations	7,764	4,474	4,468	1,465	795	2,329

Variable expliquée : score d'inefficience.
, **, * indiquent respectivement la significativité des coefficients à 10%, 5% et 1%.*

En prenant en compte l'hétérogénéité des régions, les chocs climatiques ont un impact sur les scores d'inefficience des parcelles des trois cultures considérées, avec une accentuation marquée sur les parcelles de sorgho conventionnelles.

La nature fortement hétérogène des régions dans la culture du mil et du sorgho nous a conduit à effectuer une analyse de chaque région par rapport à ces deux cultures. Les résultats montrent que les chocs climatiques agissent sur l'inefficience des parcelles de mil biologique dans toutes les régions à l'exception de la région des Cascades, la région de la Boucle du Mouhoun et la région de l'Est. On note en outre une grande disparité de l'ampleur des chocs climatiques sur l'efficience entre les différentes régions. Pour les parcelles de mil conventionnel, seules les régions du Centre-Sud, du Sahel, de l'Est et Sud-Est connaissent un impact des chocs climatiques sur les scores d'inefficience (annexe 5).

2.2.4. Analyse selon la zone agro-climatique

Afin de mettre en exergue l'effet des chocs climatiques sur les cultures dans chaque zone agro-climatique, nous avons repris les estimations avec les mêmes variables de contrôle pour chaque culture biologique et conventionnelle dans chaque zone agro-climatique.

Rappelons que le Burkina Faso peut être subdivisé en trois zones agro-climatiques. La zone sahélienne est située au nord avec des précipitations comprises entre 400 mm et 700 mm, les sols secs et dégradés conduisent à de faibles niveaux de production. La production de mil et de bétail est dominante. La zone soudano-sahélienne est située au centre avec des précipitations comprises entre 700 mm et

900 mm ; avec des sols de plus en plus fertiles la production agricole est dominée par le sorgho et l'arachide. Enfin la zone soudanienne avec des précipitations moyennes annuelles qui peuvent dépasser 1200 mm, les sols sont plus fertiles. Le maïs, le coton et le riz sont les plus cultivés dans cette zone.

Les résultats donnés dans les tableaux 9 et 10 montrent que les chocs climatiques ont un effet sur l'inefficience des parcelles dans les différentes zones agro-climatiques à l'exception de la zone sahélienne. Dans cette zone, cela pourrait s'expliquer, d'une part, par le fait que les gérants des parcelles ont une mauvaise perception des chocs climatiques et, d'autre part, par la faible population agricole. En effet, dans cette zone, l'activité principale est l'élevage, ce qui peut rendre les chocs climatiques moins perceptibles que dans la zone soudano-sahélienne caractérisée par une forte démographie essentiellement agricole avec une forte pression sur les terres agricoles.

Tableau 9. Résultats des estimations pour le sorgho et le mil biologiques

	Zone soudanienne		Zone soudano-sahélienne		Zone sahélienne	
	Agriculture biologique		Agriculture biologique		Agriculture biologique	
	Sorgho	Mil	Sorgho	Mil	Mil	Sorgho
Choc climatique	0.1***	0.12***	0.0099	0.0333***	0.0179	0.0109
Genre	-0.0544**	-0.0207	-0.0635***	-0.0151	-0.0384	-0.0560**
Mode propriété	-0.0381*	-0.0412	-0.0206***	-0.0009	-0.0404**	-0.0078
Branche d'activité	-0.0056	-0.0211	-0.0279***	-0.0219*	-0.0050	-0.0306*
Labour	-0.134***	-0.0482	-0.0121**	-0.0133	-0.0030	-0.0081
Alphabétisation	0.0399	-0.128***	0.0049	-0.0018**	-0.0056	-0.0108
Taille du ménage	0.007***	0.0050	0.0013***	0.0026***	0.0052***	0.0024***
Âge	-0.001	0.0068	-0.0014	0.0005	-0.0043	-0.0007
Âge^2	-1.76e-06	-6.79e-05	5.52e-06	-7.03e-06	2.38e-05	-4.00e-07
Constante	0.154	0.170	0.173***	0.194***	0.351***	0.182***
Observations	809	378	5620	2715	1381	1335

Variable expliquée : score d'inefficience.
, **, * indiquent respectivement la significativité des coefficients à 10%, 5% et 1%.*

Tableau 10. Résultats des estimations pour le sorgho, le maïs et le mil conventionnels

	Zone soudanienne			Zone soudano-sahélienne			Zone sahélienne		
	Agriculture conventionnelle			Agriculture conventionnelle			Agriculture conventionnelle		
	Sorgho	Mil	Maïs	Sorgho	Mil	Maïs	Sorgho	Mil	Maïs
Choc climatique	0.353***	0.226**	0.0485**	0.117***	0.0181	0.0378*	0.0309	0.0020	0.269
Genre	-0.126	-0.144	0.0496	-0.106**	0.0973	-0.0896**	-0.0988*	-0.0865	-0.0868
Mode propriété	-0.0195	-0.118	-0.0942***	0.0017	0.0722	-0.0238	0.0370	0.0979*	-0.230
Branche d'activité	-0.0195	0.0476	-0.0054	0.0391	0.0200	0.0409	0.154***	0.0150	-0.0532
Labour	0.0529	0.0523	0.0388*	0.0074**	0.0162	0.0206**	-0.0412	0.0204	-0.0471
Alphabétisation	0.0954*	0.285***	0.0187	0.0784***	-0.0030	0.0443**	-0.0571*	0.0546	0.0566
Taille du ménage	-0.0042	-0.0039	-0.0077***	-0.0064***	-0.0019	-0.0076***	-0.0011	0.0039*	0.0009
Âge	-0.0001	-0.0133	-0.0040	-0.0126***	0.0021	-0.0071**	-0.0162***	-0.0095	-0.0195
Âge^2	3.43e-05	0.0001	4.43e-05	0.0001**	-1.5e-05	5.81e-05*	0.0001**	4.87e-05	0.0002
Constante	0.637**	0.970***	0.660***	0.913***	0.163	0.586***	0.694***	0.688***	1.113**
Observations	228	132	212	736	349	1112	485	314	54

Variable expliquée : score d'inefficience.
, **, * indiquent respectivement la significativité des coefficients à 10%, 5% et 1%.*

CONCLUSION

L'objectif de l'article a été d'étudier l'impact des chocs climatiques au Burkina Faso sur l'efficience des parcelles des cultures vivrières notamment le sorgho, le maïs et le mil. Il apporte une certaine contribution au débat sur l'impact du réchauffement climatique sur l'agriculture dans ce pays. Pour ce faire, dans une première étape, un modèle de frontière non paramétrique d'ordre m a été appliqué à un échantillon de 21294 parcelles divisées entre les parcelles biologiques, au nombre de 16706, et les parcelles conventionnelles, au nombre de 4588.

Les résultats montrent que les chocs climatiques, notamment la sécheresse et l'irrégularité des pluies, impactent très négativement l'efficience des parcelles des trois cultures, qu'elles soient biologiques ou conventionnelles. L'impact est beaucoup plus marqué sur l'agriculture conventionnelle, à l'exception du maïs. Les parcelles conventionnelles de sorgho et les parcelles biologiques de maïs sont les cultures les plus affectées par les chocs climatiques tandis que ces chocs n'ont qu'un très faible effet sur les parcelles de mil aussi bien biologiques que conventionnelles.

Lorsqu'on prend en compte les zones agro-climatiques, on retrouve les mêmes résultats pour la zone soudanienne et soudano-sahélienne à savoir un impact négatif des chocs climatiques sur l'efficience des parcelles de mil, de sorgho ou de maïs. À la différence, dans la zone sahélienne, les chocs climatiques n'ont aucun effet sur l'efficience des cultures de mil et de sorgho à l'exception du maïs conventionnel.

Nous trouvons les mêmes résultats à l'exception du maïs, exigeant en eau, en prenant en compte l'impact spécifique des effets propres à chaque région. L'impact des chocs reste significatif et négatif sur les scores d'efficience des parcelles de mil et de sorgho biologique, à l'exception de la région des Cascades, de l'Est et du Centre-Est pour les scores d'efficience des parcelles de mil biologique. Quant aux parcelles conventionnelles de sorgho et de mil par région, les chocs climatiques jouent uniquement pour les régions du Centre-Ouest et la Boucle du Mouhoun pour les parcelles de sorgho et les régions du Centre-Sud, du Sahel et l'Est pour les parcelles de mil.

Il convient d'ajouter que l'alphabétisation des agriculteurs permet d'améliorer significativement les scores d'efficience des parcelles dans l'agriculture conventionnelle pour les trois cultures. De manière générale, l'alphabétisation peut aider à sensibiliser et à former les agriculteurs sur les techniques de résilience et les méthodes d'anticipation des effets du changement climatique. En somme, il serait opportun de former les ménages à l'utilisation des nouvelles méthodes agricoles qui permettent d'anticiper les chocs climatiques. De plus les femmes doivent être plus spécifiquement accompagnées à la fois financièrement et dans leur formation agricole, dans la mesure où les parcelles qu'elles gèrent sont en général moins efficientes. À moyen et long terme, il serait bienvenu de pouvoir construire plusieurs barrages permettant de stoker l'eau pendant les saisons pluvieuses afin de faciliter la mise en œuvre des cultures de contre saisons. Le développement de telles infrastructures pourrait permettre de réduire l'impact négatif de la sécheresse et de l'irrégularité des pluies.

Les agriculteurs qui sont déjà pauvres doivent supporter les pertes liées aux aléas climatiques. Nous préconisons la mise en place par le gouvernement d'une assurance agricole pour faire face aux pertes liées aux aléas climatiques[12], notamment lors des épisodes de sécheresse. Cette assurance pourrait sécuriser le capital de production des agriculteurs pendant la floraison et la phase végétative, où la plante est très vulnérable. Cette assurance pourrait s'étendre également à la phase de stockage.

Enfin, parce que les parcelles gérées par leurs propriétaires sont plus efficientes, nous recommandons la mise en place d'une politique rurale de sécurisation foncière. Cette politique pourrait rassurer les agriculteurs et leur permettre d'investir davantage sur ces parcelles. L'utilisation des nouvelles technologies comme par exemple l'utilisation de drones faciliterait le suivi et le traitement phytosanitaire des cultures.

[12] Assurance climatique qui peut se présenter sous différents dispositifs possibles (Ferrari, 2016).

RÉFÉRENCES

Alvarez A., Arias C. (2004). Technical efficiency and farm size: a conditional analysis. *Agricultural Economics*, 30(3), 241-250.

Balcombe K., Fraser I., Latruffe L., Rahman M., Smith L. (2008). An application of the DEA double bootstrap to examine sources of efficiency in Bangladesh rice farming. *Applied Economics*, 40(15), 1919-1925.

Billaz R. (1982). Problèmes posés par l'évaluation d'un programme de culture attelée : l'exemple du Yatenga en Haute-Volta. *Économie rurale*, 147(1), 136-138.

Bougma A.L., Ouédraogo M.N., Sawadogo N., Balma D., Vernoy R. (2018). Perceptions paysannes de l'impact du changement climatique sur le mil dans les zones sahéliennes et soudano-sahéliennes du Burkina Faso. *Afrique Sciences*, 14(4), 264-275.

Cazals C., Florens J.P., Simar L. (2002). Non parametric frontier estimation : a robust approach. *Journal of econometrics*, 106(1), 1-25.

Chirwa E.W. (2007). *Sources of technical efficiency among smallholder maize farmers in Southern Malawi*. The African Economic Research Consortium.

Choukou M.M., Zannou A., Biaou G., Ahohuendo B. (2017). Analyse de l'efficacité économique d'allocation des ressources dans la production du maïs au Kanem-Tchad. *Revue Marocaine des Sciences Agronomiques et Vétérinaires, 5*(2).

Combary O.S. (2017). Analysing the efficiency of farms in Burkina Faso. *African Journal of Agricultural and Resource Economics*, 12(3), 242-256.

Daraio C., Simar L. (2007). *Advanced robust and nonparametric methods in efficiency analysis: Methodology and applications*, Vol. 4. Springer.

Debreu G. (1951). The measurement of productive efficiency. *Econometrica*, 19(3), 273-292.

Debreu G. (1982). Existence of competitive equilibrium. *Handbook of mathematical economics*, 2, 697-743.

Doorenbos J., Kassam A.H. (1979). Yield response to water. *Irrigation and drainage paper*, (33), 257.

Farell P. (1957). DEA in production center: An input-output mode. *Journal of Econometrics*, 3, 23-49.

Felder S., Tauchmann H. (2013). Federal state differentials in the efficiency of health production in Germany: an artifact of spatial dependence? *The European Journal of Health Economics*, 14(1), 21-39.

Ferrari J.B. (2016). *L'économie de la pauvreté. Les incertitudes du monde rural des pays du Sud.* L'harmattan, 380 p.

Koirala K.H., Mishra A., Mohanty S. (2016). Impact of land ownership on productivity and efficiency of rice farmers: The case of the Philippines. *Land use policy*, 50, 371-378.

Koopmans T.C., Beckmann M. (1957). Assignment problems and the location of economic activities. *Econometrica: journal of the Econometric Society*, 53-76.

Mango N., Makate C., Hanyani-Mlambo B., Siziba S., Lundy M. (2015). A stochastic frontier analysis of technical efficiency in smallholder maize production in Zimbabwe: The post-fast-track land reform outlook. *Cogent Economics & Finance*, 3(1).

Mulwa R., Emrouznejad A., Muhammad L. (2009). Economic efficiency of smallholder maize producers in Western Kenya: a DEA meta-frontier analysis. *International Journal of Operational Research*, 4(3), 250-267.

Nana D.J., Atangana O.H. (2012) *capital humain, capital social et efficacité technique dans le secteur agricole au Cameroun*, Université de Yaoundé II, Rapport de Recherche du FR-CIEA n°28/12.

N'Gbo A.G. (1994). L'efficacité productive des SCOP françaises : estimation et simulation à partir d'une frontière de production stochastique. *Revue économique*, 115-128.

Noufé T. (2020). Agricultural productivity and poverty of agricultural households in Burkina Faso. *African Journal of Economic and Sustainable Development*, 7(4), 287-306.

Nyemeck J.B., Nkamleu G.B. (2006). Potentiel de productivité et efficacité technique du secteur agricole en Afrique. *Canadian Journal of Agricultural Economics/Revue canadienne d'agroéconomie*, 54(3), 361-377.

PANA (2011). Programme d'action national d'adaptation à la variabilité et au changement climatique, ministère de l'Environnement et du Développement durable, République CentrAfricaine.

Sarr B., Kafando L., Atta S. (2011). Identification des risques climatiques de la culture du maïs au Burkina Faso. *International Journal of Biological and Chemical Sciences, 5*(4), 1659-1675.

Simar L., Wilson P.W. (2007). Statistical inference in nonparametric frontier models: recent developments and perspectives. Discussion paper, Institut de statistique, Université Catholique de Louvain, Belgique.

Simar L., Lovell, C.K., van den Eeckaut P. (1994). Stochastic frontiers incorporating exogenous influences on efficiency. STAT Discussion Papers, 9403.

Tauchmann H. (2011). Order alpha: non-parametric order-α Efficiency Analysis for tata, In *German Stata Users' Group Meetings 2011,* No. 05. Stata Users Group.

Tchoupé Makougoum C.F. (2018). Changement climatique au Mali : impact de la sècheresse sur l'agriculture et stratégies d'adaptation, thèse de doctorat, Université d'Auvergne, Clermont-Ferrand.

Thiam A., Bravo-Ureta B.E. Rivas T. (2001), Technical Efficiency in Developing Country Agriculture: a meta-analysis, *Agricultural Economics*, 25, 235-243.

ANNEXES

Annexe 1 : Statistiques descriptives des inputs et output par culture (agriculture biologique)

		Mil			
	Obs	Moyenne	Ecart type	Min	Max
Production en Kg	4570	795.5523	9676.173	3	635 000
Nombre de travailleurs	4570	20	22.4031	1	106
Valeur des équipements	4570	55784.34	192740.8	50	5 500 000
Superficie de la parcelle	4570	1.477439	3.890834	0.1	90
		Maïs			
	Obs	Moyenne	Ecart type	Min	Max
Production en Kg	4468	2157.974	15276.13	5	640 000
Nombre de travailleurs	4468	20	15.57	1	228
Valeur des équipements	4468	117926.3	1814582	100	12 000 000
Superficie de la parcelle	4468	2.122234	5.967057	0.1	80
		Sorgho			
	Obs	Moyenne	Ecart type	Min	Max
Production en Kg	7764	1097.486	11395.66	3	422 500
Nombre de travailleurs	7764	20	19.96	1	1006
Valeur des équipements	7764	58262.6	216565.3	50	1000 000
Superficie de la parcelle	7764	1.47263	4.020166	0.1	99

Source : auteurs.

Annexe 2 : Statistiques descriptives des inputs et output par culture (agriculture intensive)

	Obs	Moyenne	Ecart type	Min	Max
Mil					
Production en Kg	807	1939.967	9574296	3	635 000
Engrais chimique	807	147.1648	3297168	0	20100
Produit phytosanitaire	807	3.257862	15.91683	0	
Nombre de travailleurs	807	26	21.94	1	157
Valeur des équipements	807	75251.45	230509	200	4 000 000
Superficie de la parcelle	807	1.904214	3.203207	0.1	50
Maïs					
	Obs	Moyenne	Ecart type	Min	Max
Production en Kg	2345	3293.507	19025.52	6	640000
Engrais chimique	2345	309.8471	1058.951	1	40000
Produit phytosanitaire	2345	4.649206	17.20198	0	504
Nombre de travailleurs	2345	23	17.330	1	238
Valeur des équipements	2345	162751.1	2505733	200	12 000 000
Superficie de la parcelle	2345	2.771803	6.728214	0.1	75
Sorgho					
	Obs	Moyenne	Ecart type	Min	Max
Production en Kg	1465	2788.296	25431.83	14	422500
Engrais chimique	1465	145.1283	629.288	1	20 000
Produit phytosanitaire	1465	1.784983	15.25165	0	500
Nombre de travailleurs	1465	25	19.53	3	211
Valeur des équipements	1465	74831.02	236060.3	0	5 000 000
Superficie de la parcelle	1465	1.749495	2.869088	0.02	50

Source : auteurs.

Annexe 3 : Corrélation de Spearman entre les scores d'efficience du mil biologique

	S_M15	S_M25	S_M35	S_M50	S_M75
S_M15	1,0000				
S_M25	0,8133	1,0000			
S_M35	0,9848	0,7618	1,0000		
S_M50	0,9765	0,7400	0,9969	1,0000	
S_M75	0,8096	0,9738	0,7678	0,7484	1,0000

Source : auteurs.

Annexe 4 : Corrélation de Spearman entre les scores d'efficience du mil conventionnel

	S_M15	S_M25	S_M35	S_M50	S_M75
S_M15	1,0000				
S_M25	0,9938	1,0000			
S_M35	0,9873	0,9955	1,0000		
S_M50	0,9784	0,9915	0,9960	1,0000	
S_M75	0,9658	0,9832	0,9905	0,9968	1,0000

Source : auteurs.

Note : S_M15 correspond aux scores d'efficience obtenus par la méthode de frontière d'ordre « m » avec m=15 ; S_M25 correspond aux scores d'efficience obtenus par la méthode de frontière d'ordre « m » avec m=25 ; S_M35 correspond aux scores d'efficience obtenus par la méthode de frontière d'ordre « m » avec m=35 ; S_M50 correspond aux scores d'efficience obtenus par la méthode de frontière d'ordre « m » avec m=50 ; S_M75 correspond aux scores d'efficience obtenus par la méthode de frontière d'ordre « m » avec m=75.

Annexe 5 : Effet des chocs climatiques sur l'inefficience des parcelles par région

Régions	Sorgho biologique	Sorgho conventionnel	Mil biologique	Mil conventionnel
Boucle du Mouhoun	0,264***	0,501***	0,065*	0,085
Sahel	0,074	0,105	0,059**	0,123*
Est	0,001	0,112	0,003	0,051**
Sud-est	0,088***	1,174	0,05**	0,025*
Centre-nord	0,046**	0,093	0,065**	0,162
Centre-ouest	0,060***	0,157	0,053**	0,082
Plateau-central	0,046***	0,014	0,064**	0,025
Nord	0,039**	0,148	0,089***	0,208
Centre-est	0,045***	0,018	0,028	0,073*
Centre	0,048***	0,075	0,054	0,041
Cascade	-0,036*	-0,318	-0,021	0,035
Centre-sud	-0,071**	-0,243	-0,259*	0,074**
Hauts-bassins	0,004**	0,031	0,018	0,127

Source : auteurs.

Farmers' perception of climate shocks and agricultural production efficiency in Burkina Faso

Abstract - This paper assesses the impact of climate shocks measured by farmers' perceptions on the inefficiency of agricultural plots in Burkina Faso. To do so, we applied the non-parametric m-order efficiency model to a set of more than 21,000 agricultural plots, of which more than two thirds are classified as organic plots and one third as conventional plots. The results show that climate shocks have a positive impact on plot inefficiency with the exception of millet plots. The effect of climate shock on plot inefficiency varied by region. Plots located in the Boucle du Mouhoun and South-West regions are the most affected by climate shocks. When analyzed by agro-climatic zone, we find that all agro-climatic zones, with the exception of the Sahelian zone, are affected regardless of the crop.

Key-words

Climate shocks
Agriculture
Nonparametric method
Efficiency score
Burkina Faso

Région et Développement
n° 55-2022
www.regionetdeveloppement.org

The effect of climate change on the production of irrigated and non-irrigated plants: A short and long term ARDL modelling for the case of Tunisia

Oussama ZOUABI*

Abstract - We propose to analyze the direct effect of climate change on the agricultural production of irrigated and non-irrigated plants, in the short and long term, in Tunisia. The methodological is based on the Autoregressive Distributed Lag (ARDL) model. The originality of this method is that it allows time dynamics to be taken into account in the explanation of a variable, thus improving forecasts and economic policies to be implemented in the short and long term. To this end, we used a highly disaggregated database describing the evolution of average temperature, rainfall, fertilizer, agricultural labor and the surface area of each plant in Tunisia over a long period, from 1984 to 2019.The results found reveal that, in the long term, there is a strong positive correlation between cereal production and rainfall in the governorates of North-West Tunisia. Contrary to the results found by the cereal crop, our results show that the average temperature has a positive effect on vegetable production. They also show that rainfall generally has a greater effect on vegetable and cereal production in the long term than in the short term. Our results also show that long term fruit production shows remarkable declines in the most fruit-producing governorates following an increase in rainfall and fertilizers, while an increase in production has taken place following an increase in labor force and agricultural area.

JEL Classification
Q54, O13, C21

Key-words
Agricultural production
Climatic change
ARDL model
Tunisia

I thank anonymous referees for their insightful comments and suggestions.

* LAPE, University of Tunis EL Manar, Tunisia & LEAD, University of Toulon, France ; oussama.zouabi@gmail.com

INTRODUCTION

A unanimous and clear observation, the climate of our planet is changing. This natural phenomenon is affirmed and proven by scientific research, there is no longer any ambiguity. In fact, we are already observing climatic meteorological disturbances, unprecedented for several decades. The main thing, at present, would be to estimate the potential effects of this change, which will be felt at all levels (Yang Chwen Ming, 2015).

Although the observed climate change has had an impact on all natural and human systems on all continents (IPCC, 2014) by affecting, negatively or positively, the economy, human well-being and the environment, this change is very little perceptible and the extent of its threats remains difficult to grasp by human perception.

Tunisia is considered as a Mediterranean-Saharan climate transition zone. It lies between the temperate European domain (Hufty, 2001) in the north of the Mediterranean and the subtropical African domain (Leroux, 2001) in the south, where the great Sahara begins. (Treyer, 2000 ; IPCC 2001).

It is a very irregular climate in time and space. Rainfall in the north of the country is relatively more important in quantity, while in the south, not only is it low, but also, the variability is great with very low minima and relatively very high maxima sometimes with multiple damages. The temperature is also quite variable. The winter in Tunisia is not very cold with temperatures ranging between 8°C and 15°C and can reach almost zero degrees in the highlands; the summer, on the contrary, is hot and dry with average temperatures ranging between 22°C and 35°C and can even exceed 40°C in the south of the country.

In addition, Tunisia is part of the Mediterranean region, which according to the studies of the Intergovernmental Panel on Climate Change (IPCC), is among the "hot-spot" areas of climate change. These are areas that would be harder hit than the rest of the planet. The results of research by the Mediterranean network of experts on climate and environmental change (MedECC), predicted that in these regions, the expected effects would be particularly significant and the environmental and socio-economic impacts would be likely to be very pronounced. Arid and semi-arid lands are expected to suffer more from climate change.

The impact of climate change can then be transmitted from one economic sector to another and can affect different macroeconomic aggregates. On the one hand, agriculture is the economic sector most strongly influenced by weather and climate (IPCC, 2001; Lobel et al., 2008). On the other hand, this sector is a source of many food products that are included in the basket of consumer goods.

Several works have been treated in the empirical literature to analyze the effects of climate change on agricultural production. Within this framework, empirical studies have been considered according to two approaches, partial equilibrium models and general equilibrium models.

The work carried out by Bosello et al. (2017) provides an economic assessment of the impacts of climate change on the four major crops that characterize Nigerien agriculture. The computable general equilibrium model is used to show that climate change is negative for Nigeria with production losses. Indeed, total agricultural production in 2050 will decline from 4.8% to 7.4%, while the northern regions of Nigeria and cereal cultivation will be more penalized. On the other hand, climate change will reduce Nigeria's development potential.

Wood and Mendelsohn (2014) show that an increase in temperature and rainfall during the rainy season is correlated with a loss of farm income. However, during the cooler, drier season the high temperature increases net agricultural income in northern Guinea and southern Senegal.

Alboghdady and El Hendawy (2016) analyze the impact of climate change and variability on agricultural production for 20 countries in the Middle East and North Africa (MENA) region. The results show that an increase in winter temperature led to a 1.12% decrease in agricultural production.

Despite increasing productivity in the case of developed countries, Europe is suffering from the impacts of climate change on agriculture. Using the Ricardian approach, Bozzola et al. (2017) the results revealed that a 1°C increase in temperature in spring increases land values by 37%. For rains, a decrease in rainfall has strong negative effects in autumn and winter.

According to IFPRI (2009), "In developing countries, climate change will lead to a decline in the production of the most important crops; this decline will be particularly felt in South Asia".

Abidoye, Kurukulasuriya, Reed and Mendelshon (2017) show that seasonal temperature and rainfall affect annual net income, such as Sri Lanka, which is particularly vulnerable with losses in each climate scenario, Bangladesh would also have either a large gain or a large loss. Similarly, Lee, Nadolnyak and Hartarska (2012) show that rising temperature and rainfall during the summer increase agricultural production in tropical Asian countries, while high temperatures in autumn are detrimental in South and Southeast Asia.

American agriculture is very vulnerable to climate change. Taking into account the IPCC (2014) forecasts, Assuncao and Chein (2016) show that climate change is likely to aggravate regional disparities between Brazilian municipalities and states. They also show that the 6.57% increase in average temperature and the 0.71% decrease in rainfall have led to an 18% reduction in agricultural productivity. Nevertheless, the impact of climate change is far greater than the impact on the south.

According to Lu et al. (2017) who examine the impact of intra-seasonal weather conditions on irrigated agriculture and crop production in southern Alberta, Canada. The authors show that warming and increased precipitation tend to increase crop yields on drylands while increased precipitation in June and July tends to have opposite effects on crop yields on irrigated land.

The originality of this work is to develop a new and original analysis that allows assessing the impact of rainfall and temperatures on the production of irrigated and non-irrigated plants in the short and long term. To achieve this objective, we use econometric methods adapted to the nature of economic data. These methods are based on the ARDL approach of Pesaran et al. (2001) which has several advantages. Firstly, it makes it possible to estimate the short- and long term elasticities of the effect of climate change on agricultural production. Second, it is appropriate to test co-integration between variables not integrated in the same order. Thirdly, the model belongs to the category of dynamic models that allow to capture temporal effects (adjustment delays, anticipation, lag effect, etc.).

The objective of this work is to assist policy makers, for the implementation of agricultural policy, sustainable development in agrarian areas, local water resource management policy and the prediction of the direct effect of climate change on agricultural production in the short and long term are paramount to anticipate the risks of climate change on agriculture and intervene effectively in the most affected governorates.

This paper is organized as follows: the first section is devoted to descriptive analysis. The second section is reserved for the presentation of the model and the data used. In the last section, the different results found are discussed.

1. DESCRIPTIVE ANALYSIS

1.1. Relationship between rainfall and agricultural production

Figure 1 visualizes the evolution of annual rainfall levels with the evolution of the levels of overall annual agricultural production, and Figures 2 to 5 with certain fresh consumer products of agricultural origin: potatoes, citrus fruits, cereals and olives.

Figure 1. Relationship between rainfall and overall agricultural production

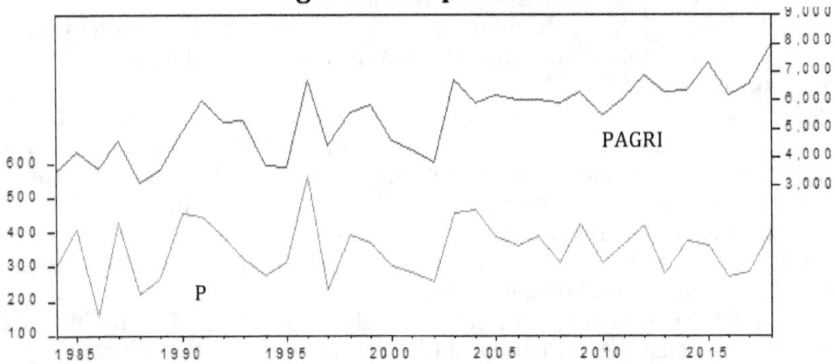

From 1986 to 1987, for example, the level of rainfall recorded jumped from 157.6mm to 426.7mm; a 170% growth rate, the increase in the level of agricultural production was from 3630.306 million tonnes to 4575.737 million tonnes, an increase of 26%. The increase in the quantity of cereals observed was remarkable, from 6060 thousand quintals to 19229 thousand quintals, i.e. a growth rate of 217%, and the quantity of olives observed increased to 570,000 T in 1987, against 144,380 T in the previous year. This growth rate is 295%.

The year 1996 is the most rainy year since 1984, during this year, the level of rainfall reached an average of 564.8 mm, against 318.6 mm the previous year, that is an increase of 77%. The corresponding global agricultural production reached 6690.740 million tonnes, cereals 28672 thousand quintals, Potatoes 270,000 tonnes and tomatoes 700,000 tonnes, against respectively 3676.087 million tonnes, 6196 thousand quintals, 233,000 tonnes and 580,000 tonnes, representing leap of 82% for production, 363% for cereals, 16% for potatoes and 21% for tomatoes.

Figure 2. Relationship between rainfall and potatoes

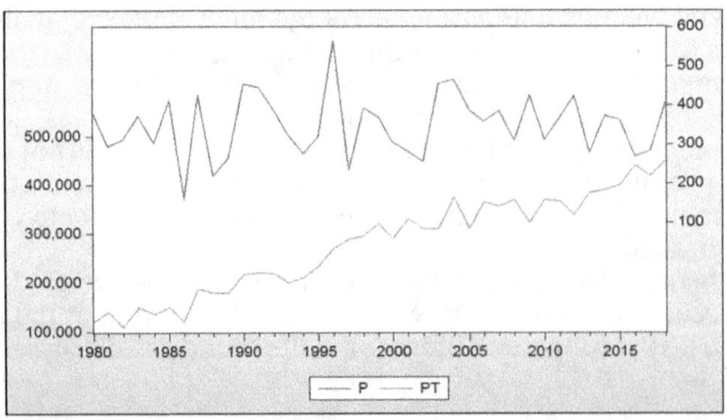

Figure 3. Relationship between rainfall and citrus fruits

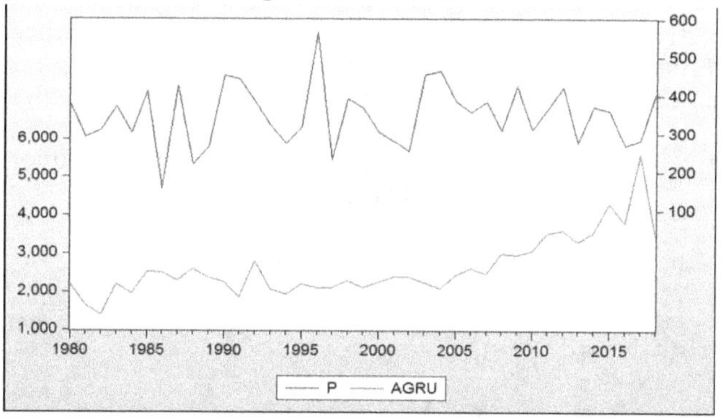

Figure 4. Relationship between rainfall and cereals

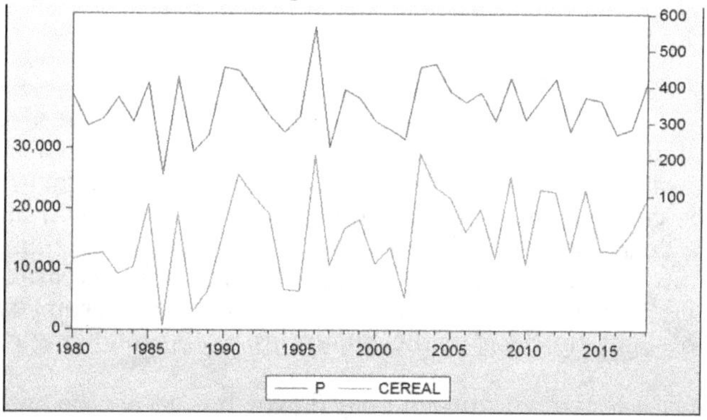

Figure 5. Relationship between rainfall and olives

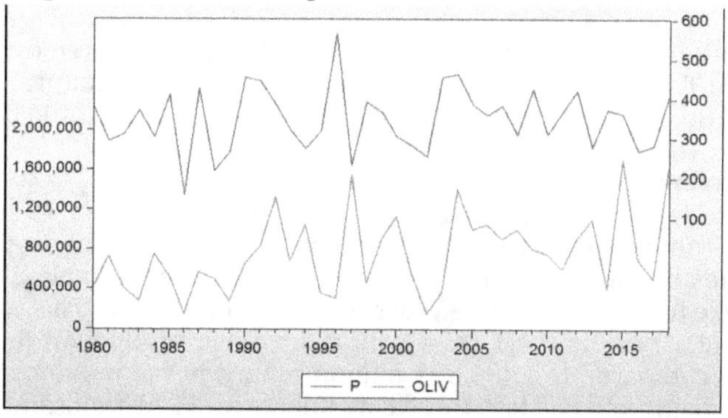

While between 2000 and 2002, the level of rainfall recorded fell from 281.6 mm to 254.9 mm, a decline of 10%, the corresponding level of agricultural production fell from 4632.450 million tonnes to 3852.680 million tonnes, a decrease of 17%; the quantity of cereals during this season was remarkable at 5140 thousand quintals only as against 13542 thousand quintals the previous year, i.e. a 163% drop; the level of olive production went from 550,000 T to 150,000 T, a drop of 267%, and the same for potatoes from 330,000 T to 310,000 T, i.e. a 6% drop.

1.2. Relationship between temperature and agricultural production

Figure 6 illustrates the variation in average annual temperature, starting with the annual estimate of overall agricultural production, and Figures 7 to 10 with crop income for selected consumer agricultural products.

Figure 6. Relationship between temperature and overall agricultural production

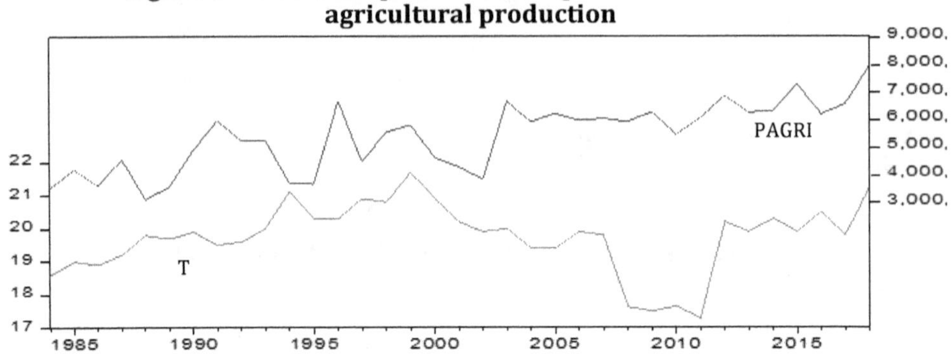

We can see that during certain seasons the negative impact of a rise in temperature on agricultural production can be more or less visible. This impact could well be explained by the connection of the rise in temperature with low rain generally accompanied by a decrease in cloud cover and an increase in the number of days of insolation. This prolonged heat damages growing plants and increases the amount of water evaporated. Also, the impact of the temperature in one crop year may well be reflected with a slight time lag in the quantities of the following calendar year's crops.

In 1988, the rise in temperature to 19.8°C, which is above the average of the series (19.6°C), resulted in a drop in the level of agricultural production from 4575.737 million tonnes to 3128.863 million tonnes (a drop of 32%). The drought affected cereal production in particular, which reached 2,898 thousand quintals against 19,289 thousand quintals the previous year, and it did not spare olives (500,000 T. against 570,000 T. the previous year) and other consumer agricultural products such as potatoes (180,000 T. against 188,000 T.) and tomatoes (400,000 T. against 485,000 T.).

Similarly, following two successive dry years in 1993 (T°=20°C) and 1994 (T°=21.1°C), the level of recorded agricultural production fell in 1995 to 3676.087 million tonnes, compared with 5275.469 million tonnes in 1993, a drop of 30%.

In 1999, the annual average temperature reached a remarkable 21.7°C and then continued to rise for two successive years to 20.9°C and 20.2°C. This was reflected in the 2002 calendar year harvest, in which agricultural production fell to 3852.680 million tonnes, compared to 4286.691 million tonnes in the previous year, with the cereal harvest being hit hardest this year, falling to 5140 thousand quintals. The annual quantities of olive and potato production also fell to 150 thousand tonnes against 550 thousand tonnes and 310 thousand tonnes against 330 thousand tonnes respectively, as a result of these years of drought.

On the contrary, in 2011, the annual average temperature level fell to 17.28°C, following a drop in this level for three successive years previously (to 17.62°C in 2008; 17.49°C in 2009 and 17.64°C in 2010), while the level of agricultural production rose from 5467.038 million tonnes in 2010 to 6067.091 million tonnes in 2011.

Figure 7. Relationship between temperature and potatoes

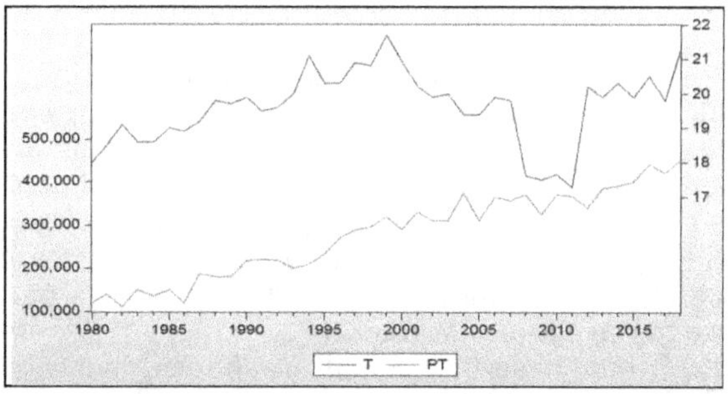

Figure 8. Relationship between temperature and citrus fruits

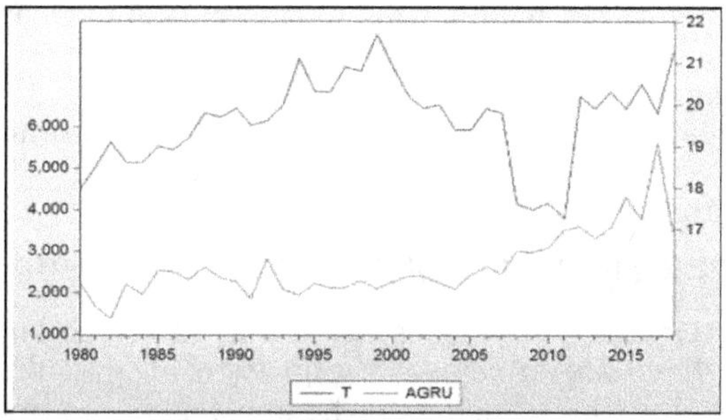

Figure 9. Relationship between temperature and cereals

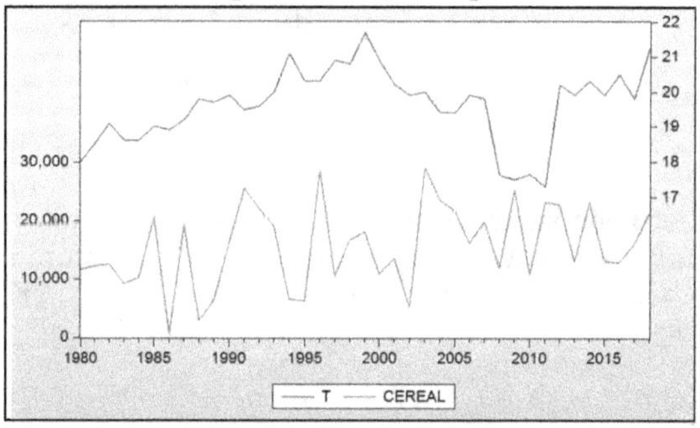

Figure 10. Relationship between temperature and olives

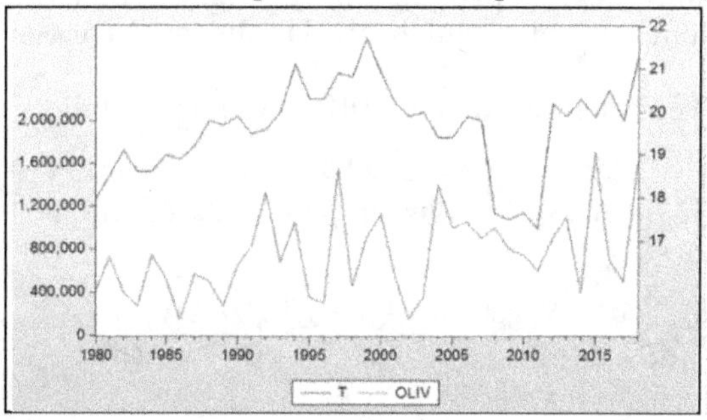

A more in-depth analysis of the effect of climatic variables on field crops in Tunisia, using the principal component analysis (PCA) method, reveals the following results.

Rainfall seems to be more correlated with cereal cultivation with an equal correlation (0.71), which can also be seen in Graph 4. This strong correlation between rainfall and cereal production is justified, given that cereals are a non-irrigated crop, which means that their growth is essentially dependent on rainfall levels.

Conversely, the relationship between temperature and cereal production is not significative (-0.057). This can be justified by the fact that cereal production in Tunisia takes place mainly during March, April and May, a period in which the temperature is close to the annual average.

In sum, the results of the descriptive analysis showed that rainfall has a positive impact on the agricultural production of certain crops, particularly non-irrigated plants (cereals and olives). On the other hand, the effect of temperature is hardly observable but seems to be negative for some years, for example, in the 2000s when drought seriously affected agricultural yield.

Unlike non-irrigated plants which are strongly linked to the direct impact of climate change, irrigated plants are indirectly dependent on rainfall and temperature variation. However, they are directly dependent on the effect of climate change via dams, water tables, wadis, rivers, etc.

2. PRESENTATION OF THE ESTIMATING MODEL

We propose to test the hypotheses according to which short and long term weather variations have an impact on the growth of agricultural production in Tunisia. This will be done by focusing on the analysis of the production of certain plants with a higher contribution to agricultural production, namely cereals, fruits and citrus fruits:

For this purpose, the ARDL model is as follows:

$$Y_t = \varphi + a_1 Y_{t-1} + \dots + a_p Y_{t-p} + b_0 X_t + \dots + b_p X_{t-p} + e_t$$

$$Y_t = \varphi + \sum_{i=1}^{p} a_i Y_{t-i} + \sum_{j=0}^{q} b_j X_{t-j} + e_t$$

Co-integration between series assumes the existence of one or more long term equilibrium relationships between them, which can be combined with the short term dynamics of these series in an error-correction model (VECM) that takes the following form:

$$\Delta Yt = A0 + \sum_{i=1}^{i=p} ai\ \Delta Yt - i + \sum_{i=1}^{i=q} bi\ \Delta Xt - i + b0\ \Delta Xt + Et$$

In our analysis, we consider three models where we define for each one a dependent variable namely cereal production, vegetable production and fruit production and independent variables which are labour, average temperature, rainfall, fertilizer and area.

In our case, the representation of an ARDL model is as follows:

$$\mathbf{\Delta Cereal}_t = \alpha_0 + \sum_{i=1}^{p} \alpha 1\ \Delta Cerealt - i + \sum_{i=0}^{q} \alpha 2\ \Delta Tt - i + \sum_{i=0}^{q} \alpha 3\ \Delta Pt - i + \sum_{i=0}^{q} \alpha 4\ \Delta Lt - i + \sum_{i=0}^{q} \alpha 5\ \Delta Et - i + \sum_{i=0}^{q} \alpha 6\ \Delta St - i + \beta 1\ Vegetable - 1 + \beta 2\ Tt - 1 + \beta 3\ Pt - 1 + \beta 4\ Lt - 1 + \beta 5\ Et - 1 + \beta 6\ St - 1 + \varepsilon_{it} \quad (1)$$

$$\mathbf{\Delta\ Vegetable}_t = \alpha_0 + \sum_{i=1}^{p} \alpha 1\ \Delta\ Vegetable\ t - i + \sum_{i=0}^{q} \alpha 2\ \Delta Tt - i + \sum_{i=0}^{q} \alpha 3\ \Delta Pt - i + \sum_{i=0}^{q} \alpha 4\ \Delta Lt - i + \sum_{i=0}^{q} \alpha 5\ \Delta Et - i + \sum_{i=0}^{q} \alpha 6\ \Delta St - i + \beta 1\ Vegetablet - 1 + \beta 2\ Tt - 1 + \beta 3\ Pt - 1 + \beta 4\ Lt - 1 + \beta 5\ Et - 1 + \beta 6\ St - 1 + \varepsilon_{it} \quad (2)$$

$$\Delta \mathbf{Fruit}_t = \alpha_0 + \sum_{i=1}^{p} \alpha 1\ \Delta \text{Fruitst} - \text{i} + \sum_{i=0}^{q} \alpha 2\ \Delta \text{Tt} - \text{i} + \sum_{i=0}^{q} \alpha 3\ \Delta \text{Pt} - \text{i} + \sum_{i=0}^{q} \alpha 4\ \Delta \text{Lt} - \text{i} + \sum_{i=0}^{q} \alpha 5\ \Delta \text{Et} - \text{i} + \sum_{i=0}^{q} \alpha 6\ \Delta \text{St} - \text{i} + \beta 1\ \text{Fruit}_{t-1} + \beta 2\ \text{T}_{t-1} + \beta 3\ \text{P}_{t-1} + \beta 4\ \text{L}_{t-1} + \beta 5\ \text{E}_{t-1} + \beta 6\ \text{S}_{t-1} + \varepsilon_{it} \quad (3)$$

with P: precipitation in mm, T: the average temperature in °C, S: Surface area and E: Fertilizer; Δ : First difference operator; α0, α1, α2 ... α6: short term effect.

We can select an optimal ARDL model by choosing an optimal delay number for each variable, this choice is made on the basis of information criteria (AIC, SBC, FPE or HQ). Thus, the coefficients of the long term relationships can be estimated, once these are established, the error correction model (ECM) can then be estimated, stationarity and co-integration are previously verified.

The data used in this work are derived from the Tunisian National Institute of Statistics (INS) and the Tunisian Institute of Competitiveness and Quantitative Studies (ITCEQ). The source of the data concerning agriculture is the Ministry of Agriculture, Water Resources and Fishing, General Directorate of Studies and Agricultural Development (DGEDA). Finally, climate data are derived from the National Institute of Meteorology (Institut National de la Météorologie). These annual data cover the period from 1984 to 2019.

The table 1 presents the agricultural production of each crop (the endogenous variables), the most productive governorates of the crop and the climatic requirements of each crop.

Table 1. Regional database by crop

Crop	Period	Governorate	Temperature/ Rainfall
Cereal	1984/2019	Ariana, Manouba, Ben Arous, Tunis, Nabeul, Bizerte, Béja, Jendouba, Siliana, El Kef, Zaghouane, Kairouane, Sousse, Mounastir, Mahdia, Bouzid, Kasserine, Gafsa, Gabes, Kebili, Tozeur, Médenine and Tataouine	From November 15 to June 30
Vegetable	1984/2019	Ariana, Manouba, Ben Arous, Tunis, Nabeul, Bizerte, Béja, Jendouba, Siliana, El Kef, Zaghouane, Kairouane, Sousse, Mounastir, Bouzid, Sfax, , Gabes, Tozeur, and Médenine	From January to December (Agricultural year)
Fruit	1984/2019	Ariana, Manouba, Ben Arous, Tunis, Nabeul, Bizerte, Béja, Jendouba, Siliana,El Kef, Zaghouane, Kairouane, Sousse, Mounastir, Mahdia, Bouzid, Kasserine, Sfax, Gafsa, Gabes, Kebili, Tozeur	From January to December (Agricultural year))

3. ECONOMETRIC RESULTS

3.1. Stationarity test of the variables

The stationarity or unit root test is essential in any econometric treatment. It makes it possible to highlight the stationary or non-stationary character of a series by determining a deterministic or stochastic trend, in order to ensure the stationarity of the selected variable.

However, the most widely used unit root tests were developed by Fuller (1976), then Dickey and Fuller (1979), Kwiatkowski, Phillips, Schmidt and Shin (1992) and the Andrews and Zivot/AZ. The null hypothesis of the ADF test is that the variable is non-stationary whereas that of the KPSS test is that the variable is stationary.

The results in Table 2 clearly prove the rejection of the null hypothesis of stationarity for the fertilizer, work and temperature series. The first difference is that these series become stationary. With the exception of cereal production, area and rainfall which are stationary in level. The results obtained then reveal the possibility of the existence of a co-integrating relationship between the different variables studied.

Table 2. Unit root tests

Variable	ADF test			Andrews et Zivot/AZ Test		
	In level	**In first difference**	**Order of integration**	**In Level**	**In first difference**	**Order of integration**
			Model 1			
Cereal production	-5.928 (0.000)	-	I(0)	-6.910 (0.010)	-	I(0)
Temperature	-2.414 (0.145)	-6.922 (0.000)	I(1)	-3.955 (0.170)	-8.175 (0.010)	I(1)
Rainfall	-7.160 (0.000)	-	I(0)	-8.167 (0.010)	-	I(0)
Cereal work	-1.947 (0.307)	-7.936 (0.000)	I(1)	-5.466 (0.010)	-	I(0)
Cereal fertilizer	-2.186 (0.214)	-7.119 (0.000)	I(1)	-5.661 (0.010)	-	I(0)
Cereal area	-5.415 (0.000)	-	I(0)	-6.739 (0.010)	-	I(0)
			Model 2			
Vegetable production	-1.432 (0.553)	-6.653 (0.000)	I(1)	-4.462 (0.253)	-7.585 (0.010)	I(1)
Temperature	-2.378 (0.385)	-6.819 (0.000)	I(1)	-4.643 (0.176)	-7.892 (0.010)	I(1)
Rainfall	-7.242 (0.000)	-	I(0)	-8.035 (0.010)	-	I(0)
Vegetable work	-6.869 (0.000)	-	I(0)	-5.411 (0.010)	-	I(0)
Vegetable Fertilizer	-3.788 (0.029)	-	I(0)	4.851 (0.010)	-	I(0)
Vegetable Area	-3.565 (0.012)	-	I(0)	-6.536 (0.010)	-	I(0)
			Model 3			
Fruit Production	0.099 (0.961)	-9.30 (0.000)	I(1)	-4.859 (0.114)	-7.500 (0.010)	I(1)
Temperature	-6.278 (0.000)	-	I(0)	-7.045 (0.010)	-	I(0)
Rainfall	-6.382 (0.000)	-	I(0)	-7.170 (0.010)	-	I(0)
Fruit Work	-5.621 (0.000)	-	I(0)	-3.627 (0.010)	-	I(0)
Fruit Fertilizers	-1.122 (0.695)	-8.833 (0.000)	I(1)	-7.324 (0.010)	-	I(0)
Fruit Area	-3.556 (0.000)	-	I(0)	-4.151 (0.111)	-11.16 (0.010)	I(1)

For vegetables, the results show that the variables rainfall, labour, fertiliser and area are stationary in level, while the vegetable production and temperature variables became stationary only after a first difference and are integrated of order 1, I(1). In line with the results found previously, the Andrews and Zivot test results for model 2 are consistent and similar to those found for the ADF test.

The first difference is that the variables of fruit production and fertilizer become stationary, so they are integrated in order one. Moreover, the rainfall, temperature, surface area and labour series are stationary in level since the calculated statistics are below the critical values of 1% and 5%. Therefore no variables are integrated of order two or higher. This proves that there may be co-integrating relationships between the variables and confirms our choice to use the Bounds test ARDL approach to verify this co-integration.

3.2. Co-integration study: optimal ARDL and Bounds test

The underlying idea of co-integration is that, in the short term, the variables may have a divergent evolution (they are therefore non-stationary), so they will evolve together in the long term. There is then a stable long term relationship between the different variables. This long term relationship is called the co-integrating relationship.

After confirming the stationary nature of the variables at a given level of integration and determining the number of lags, it is possible that some variables may be co-integrated, hence the Granger or Johnson co-integration test to detect whether or not co-integrating relationships exist between the variables in the model.

Co-integration is now being studied using the method of Pesaran et al. (2001) and that of Narayan (2005) for a small sample, bearing in mind that the adoption of the Johansen test is admitted in cases where the series are integrated of the same order, whereas the "bounds test to co-integration" or "bounds test to co-integration" is adopted in cases where the series are integrated of two different orders I(0) and I(1), but it should be specified that this does not exclude the adoption of the "bounds test" in cases where the series are integrated of the same order.

3.3. Estimation and validation of the optimal ARDL model

Starting from 6 variables for each model we can be confronted with several possible models, corresponding to different combinations of the variables. The ARDL method estimates [p+1]k regressions where p is the maximum number of lags and k the number of variables in the equation, hence the automatic selection of an optimal ARDL, for our case was based on the Akaike Information Criterion (AIC).

The results show that for model 1, ARDL (3,4,3,4,3,4) is the most optimal among the 19 others presented, as it offers the lowest AIC value. ARDL(4,4,4,4,1,2) and ARDL(3,2,2,3,3) represent respectively the models retained for vegetable and fruit production.

The results (Table 3) of the estimations of the optimal ARDL model for the different plants are presented in the following table.

The results of the diagnostic tests of the estimated ARDL model are presented in Table 4. The different test results lead us to conclude that there is no autocorrelation of the errors, there is no heteroskedasticity and there is normality of the errors, which means that the models have been well specified.

3.4. Cointegration test at the terminals of Model ARDL

Table 5 provides values for the Bounds test, which uses the Fisher test to test co-integration assumptions. Thus, we test the null hypothesis of the absence of co-integration against the alternative hypothesis of the existence of a co-integrating relationship in the traditional approach of Pesaran et al. (2001) and in the approach of Naranyan (2005) for small samples.

The results of the procedure show that the Fischer statistic is well above the upper bound for the different significance thresholds. We therefore reject the H0 hypothesis of the absence of a co-integrating relationship and conclude that there is a long term relationship between the different variables in the agricultural production function for the different plants, by its main determinants.

Table 3. ARDL Estimations

Model 1 : ARDL(3,4,3,4,3,4)			Model 2 : ARDL(4,4,4,4,1,2)			Model 3 : ARDL(3,2,2,3,3,3)		
Variables	Coef.	Prob.	Variables	Coef.	Prob.	Variables	Coef.	Prob.
D(cereal(-1))	-1.345	0.002	D(Vegetable(-1)	-0.071	0.732	D(Fruits(-1))	0.713	0.002
D(cereal(-2))	-0.504	0.022	D(Vegetable (-2))	0.160	0.465	D(Fruits(-2))	0.458	0.750
D(cereal(-3))	-0.377	0.026	D(Vegetable (-3))	-0.069	0.727	D(Fruits(-3))	-0.396	0.021
D(T)	0.870	0.042	D(Vegetable (-4))	0.692	0.004	D(T)	17.358	0.000
D(T(-1))	0.215	0.490	D(T)	-0.331	0.290	D(T(-1))	-9.165	0.083
D(T(-2))	1.164	0.015	D(T(-1))	0.218	0.585	D(T(-2))	-7.913	0.091
D(T(-3))	-0.699	0.099	D(T(-2))	0.134	0.737	D(P)	1.004	0.152
D(P)	0.411	0.041	D(T(-3))	0.609	0.154	D(P(-1))	0.893	0.213
D(P(-1))	0.550	0.043	D(T(-4))	0.656	0.061	D(P(-2))	1.275	0.075
D(P(-2))	0.438	0.049	D(P)	0.145	0.054	D(L)	-5.831	0.070
D(P(-3))	0.352	0.026	D(P(-1))	0.137	0.072	D(L(-1))	0.135	0.966
D(P(-4))	0.059	0.050	D(P(-2))	0.130	0.026	D(L(-2))	4.747	0.154
D(L)	-0.229	0.335	D(P(-3))	0.125	0.064	D(L(-3)	5.502	0.128
D(L(-1))	0.503	0.229	D(P(-4))	0.087	0.081	D(E)	0.242	0.604
D(L(-2))	0.344	0.171	D(L)	0.002	0.992	D(E(-1))	-0.591	0.248
D(L(-3))	0.816	0.027	D(L(-1))	0.280	0.363	D(E(-2))	-0.618	0.200
D(E)	0.067	0.246	D(L(-2))	0.653	0.061	D(E(-3))	1.448	0.009
D(E(-1))	0.114	0.050	D(L(-3))	0.342	0.323	D(S)	-1.390	0.308
D(E(-2))	-0.015	0.823	D(L(-4))	0.440	0.198	D(S(-1))	1.279	0.426
D(E(-3))	0.816	0.024	D(E)	-0.026	0.563	D(S(-2))	2.096	0.198
D(E(-4))	-0.087	0.267	D(E(-1))	-0.124	0.064	D(S(-3))	4.323	0.010
D(S)	0.777	0.000	D(S)	0.147	0.260			
D(S(-1))	1.164	0.002	D(S(-1))	-0.132	0.288			
D(S(-2))	0.425	0.011	D(S(-2))	0.180	0.205			
D(S(-3))	0.301	0.057						
D(S(-4))	0.081	0.153						
C	-38.885	0.004	C	-13.546	0.007	C	-24.066	0.060
R^2	0.999		0.994			0.985		
Adjusted- R^2	0.997		0.975			0.957		
F	470.01	0.000		53.093	0.000	35.072		0.000

Source : Author (our estimates on Eviews 10).

Table 4. Diagnostic tests of the ARDL model

Test hypothesis	Tests	Model (1) Values (probability)	Model (2) Values (probability)	Model (3) Values (probability)
Autocorrelation	Breusch-Godfrey	3.338 (0.058)	2.186 (0.207)	8.679 (0.35)
Heteroskedasticity	Breusch-Pagan-Godfrey	1.149 (0.318)	0.837 (0.656)	1.060 (0.588)
	Arch-test	0.116 (0.734)	0.830 (0.369)	0.382 (0.540)
Normality	Jarque-Bera	1.273 (0.528)	2.500 (0.286)	6.600 (0.30)
Specification	Ramsey (Fisher)	0.338 (0.58)	0.168 (0.998)	0.642 (0.785)

Source : Author (our estimates on Eviews 10).

Table 5. Co-integration test at the terminals

Variables	Cereal production		Vegetable production		Fruit Production	
F-stat calculated	13.913		7.077		23.07	
Critical threshold	Born <	Born >	Born <	Born >	Born <	Born >
1%	3.06	4.15	4.13	5.76	3.90	5.41
5%	2.39	3.38	2.91	4.19	2.80	4.01
10%	2.08	3	4.13	5.76	2.33	3.14

Source : Author (our estimates on Eviews 10).

3.5. Short term coefficients

Based on the results of the estimations of the optimal ARDL model for the different plants found previously, we will present the results of the short term equilibrium relationship for each plant.

The production function may include labour as the main determinant of production. This variable, which appears to be important, will positively affect the agricultural production of all three plants. However, its macroeconomic effect has shown a rather elaborate positive side. Moreover, it is clear from the ARDL model estimated in the short term that the labour factor only positively affects the production of cereals, vegetables and fruits after three and four years.

Table 6. Results of estimating CT coefficients

Model ARDL(3,4,3,4,4,3)			Model ARDL(4,4,4,4,1,2)			Model ARDL(4,4,0,4,4,4)		
Variables	Coef.	Prob.	Variables	Coef.	Prob.	Variables	Coef.	Prob.
D(cereal(-1))	0.881	0.000	D(Vegetable (-1))	-0.783	0.003	D(Fruits(-1))	-0.061	0.35
D(cereal(-2))	0.377	0.001	D(Vegetable (-2))	-0.623	0.000	D(Fruits(-2))	0.396	0.002
D(T)	0.870	0.000	D(Vegetable (-3))	-0.692	0.000	D(T)	3.510	0.000
D(T(-1))	-0.465	0.009	D(T)	-0.331	0.129	D(T(-1))	-7.913	0.016
D(T(-2))	0.699	0.002	D(T(-1))	-1.400	0.000	D(P)	1.004	0.022
D(P)	0.411	0.000	D(T(-2))	-1.265	0.001	D(P(-1))	1.275	0.004
D(P(-1))	0.731	0.000	D(T(-3))	-0.656	0.008	D(L)	-5.831	0.007
D(P(-2))	0.292	0.005	D(P)	0.145	0.001	D(L(-1))	10.249	0.001
D(P(-3))	0.059	0.079	D(P(-1))	0.168	0.006	D(L(-2))	5.502	0.033
D(L)	-0.229	0.072	D(P(-2))	0.037	0.303	D(E)	0.242	0.431
D(L(-1))	1.160	0.000	D(P(-3))	0.087	0.008	D(E(-1))	-0.830	0.024
D(L(-2))	0.816	0.001	D(L)	-0.002	0.987	D(E(-2))	-1.448	0.000
D(E)	0.067	0.009	D(L(-1))	1.437	0.001	D(S)	-1.390	0.146
D(E(-1))	0.210	0.000	D(L(-2))	0.783	0.015	D(S(-1))	2.227	0.026
D(E(-2))	-0.194	0.003	D(L(-3))	0.440	0.060	D(S(-2))	4.323	0.000
D(E(-3))	-0.087	0.007	D(E)	-0.026	0.309	Coint Eq(-1)	-0.224	0.000
D(S)	0.777	0.000	D(S)	0.147	0.053			
D(S(-1))	0.808	0.000	D(S(-1))	0.180	0.041			
D(S(-2))	0.383	0.000	Coint Eq(-1)	-0.287	0.000			
D(S(-3))	0.081	0.000						
Coint Eq(-1)	-3.227	0.000						

Source: Author (our estimates on Eviews 10).

In terms of the impact of surface area, this factor has a positive and significant effect in the 24 governorates. It is of national importance and positively affects long term production. This expected economic result reveals that the area in the production process is an extremely important factor in increasing the agricultural production of irrigated and non-irrigated plants in Tunisia. However, an exception of the individual impact in vegetable production indicates that in the short term area used may negatively influence vegetable production in these regions. Consequently, at least two years must pass before it is expected that the agricultural area will stimulate vegetable production.

Contrary to expectations, fertilizers have a significant and negative effect on the production of different plants. Firstly, this short term negative effect can be explained by the fact that the quantity of fertilizers is not sufficient to increase agricultural production due to the increase in fertilizer prices at the international level, which can consequently affect the demand for fertilizers at the national level. Secondly, there is a lack of adequate training for farmers, i.e. most farmers are workers who are not trained in the use of fertilizers and who use agricultural calendars that are too old and poorly adhered to, which can negatively affect quality and subsequently production as a whole.

In light of the above results, it is concluded that the average temperature represents a transmission channel through which a rise in temperature has a negative effect on agricultural production in the short term, especially for cereals and fruit. However, the time dimension is an important variable not to be ignored here. Over time, the effects of this variable are mixed: three years and two years respectively for cereals and fruits must be allowed to pass before concluding that temperature represents a negative external effect on the production of irrigated and non-irrigated plants in Tunisia. This result can be explained by the fact that high temperature accelerates plant development by shortening the length of its phenological cycle and causes a decrease in yield (Delecolle et al., 1999).

On the other hand, the direct effect of climate change on cereal production is captured by the coefficient of the climate change indicator (rainfall), which appears to have a positive but statistically significant sign.

With regard to irrigated plants, the results of the ARDL model estimates show that the direct effect of climate change has a positive and significant effect, but with low elasticity that is close to zero. The results of the short term equilibrium relationship estimates are in line with the theory and our expectations.

3.6. Long term coefficients

Table 7 summarizes the results of long term estimates for the full panel of exogenous variables expressed in logarithm. These coefficients are only the long term elasticities of fertilizer work, area, mean temperature and rainfall on irrigated and non-irrigated crop production in Tunisia.

Labour is one of the economic variables that can positively influence agricultural production. It is integrated into the production function as an explanatory variable. The latter is measured in 1000 persons. The results of the estimation via the ARDL model show that labour is significant. In the long term, in terms of the results specific to the different plants, we note that labour has a significant and positive impact on cereal production in all the governorates studied, where a 1% increase in labour leads to a 0.44% increase in production. Thus, our conclusions are similar to our expectations and perspectives.

With regard to fruit and cereal crops and reading the results of the estimations of the long term equilibrium relationship using the ARDL method, we can first of all see that the impact of the area on the production of the latter is in line with the conclusions of economic theory. Contrary to expectations, fertiliser has a negative and statistically significant effect on fruit production. It can be seen that the long term results confirm the results found in the short term but differ according to the plants.

Estimation of the long term relationship shows that the direct effect of climate change as measured by rainfall positively and significantly affects cereal production for the entire panel. At the level of irrigated plants, rainfall has a positive effect on all plants with the exception of fruits, which show negative but insignificant signs. These results show the important role that rainfall plays as a channel for transmitting the direct effect of climate change on cereal production. This is in line with most studies in the Maghreb countries and the Mediterranean basin (Plan Bleu, 2008).

Unlike the results found previously and in line with expectations, temperature has a negative and significant effect on cereal production. A 1% increase in the average temperature during the growing period of the plant contributes to a decrease in cereal production of 0.48%. In this context and concerning the direct effect of average temperature on irrigated plant production, it is noted that temperature has a negative effect on fruit production, where the estimated long term elasticity shows that a 1% increase in average temperature will reduce fruit production by 3.30%. This result is in line with the work of Zouabi and Péridy (2015).

Table 7. Results of estimation of long term coefficients

Dependent variable	Dependent variable : LCereal		Dependent variable : LVegetable		Dependent variable : LFruits	
Variables	Coef.	Prob.	Coef.	Prob.	Coef.	Prob.
Modèle ARDL(3,4,3,4,4,3)						
Temperature	-0.480	0.002				
Rainfall	0.524	0.011				
Labour	0.444	0.027				
Fertilizers	-0.008	0.737				
Surface	0.852	0.000				
Model ARDL(4,4,4,4,1,2)						
Temperature			4.477	0.159		
Rainfall			1.568	1.080		
Labour			5.982	0.048		
Fertilizers			-5.526	0.404		
Surface			-0.579	0.208		
Model ARDL (4,4,0,4,4,4)						
Temperature					-3.306	0.000
Rainfall					-2.037	0.121
Labour					7.187	0.000
Fertilizers					-2.401	0.004
Surface					6.210	0.001

Source: Author (our estimates on Eviews 10).

This result underlines the need for action to adapt to climate change. Such an initiative can roughly maintain production at current levels and avoid the negative impact of rising temperatures and water shortages for agricultural crops.

Our results show that climatic effects and climate variability on food production should be considered as a serious threat in Tunisia. The results found reveal that in the long term, there would be a strong positive correlation between cereal production and rainfall.

The results of the long term equilibrium relationship reveal that cereal production is strongly dependent on rainfall in the most cereal-producing governorates, namely Beja, Jendouba, El Kef and Siliana.

However, there is a strong correlation between temperature and fruit production in the Sahel and Southern governorates. In contrast to the results found for cereal crops, our results show that rainfall harms vegetable production.

They also show that the two variables fertiliser and area have stronger effects in the central regions than in the northwestern governorates.

CONCLUSION AND POLICY IMPLICATIONS

In this paper, we analysed the direct effect of climate change at the regional level on cereal, citrus and fruit production in the short and long term using a disaggregated microeconomic database covering the period 1984-2019. The ARDL technique was used for this purpose and the co-integration tests of Pesaran et al. (2001) in the production function framework were applied.

To this end, we conducted a descriptive analysis of the effects of climatic hazards on the production of irrigated plants, namely vegetables and fruits. In contrast to the results found for non-irrigated plants (cereals), the results of the analysis revealed that there is a low dependency between the production of these plants and the direct effect of climate change measured by rainfall and temperature. This can be explained by the important role played by the available water resource; more specifically dam water and groundwater in the production of irrigated plants.

Based on a sample of 24 governorates, and integrating the direct effects of climate change in the short and long term, the negative and significant effect of temperature on cereal production was highlighted. This negative effect of temperature is greater in the long term in the northern regions than in the central and southern regions. This factor negatively affects the behaviour of farmers in the governorates most affected by this phenomenon, i.e. the most cereal-producing governorates. As far as the rainfall channel is concerned, the results of the estimates are in line with our intuition and economic theory,

We have also shown that taking into account the direct effect of climate change on the production of irrigated plants reveals unprecedented results. The first step is to test the effect of climatic hazards on fruit in the short and long term in a more detailed manner. The results revealed that the impact of temperature on fruit production has a direct negative effect at the macro spatial level. It thus shows the importance of taking into account the effects of externalities and dependence between governorates.

As far as vegetable cultivation is concerned, the estimation of the long term relationship shows that the direct effect of climate change as measured by rainfall positively and significantly affects vegetable production for the whole panel. Moreover, the estimated long term elasticities show identical results to those found in the short term.

These findings show that the adoption of any economic and agricultural policy to improve citrus fruit production in the governorates of Nabeul and Bizerte must take into consideration the effect of future climate change in the governorates that emit the water from the dam and not the receiving governorates.

Similarly, we analysed the spatial location of agricultural production of irrigated and non-irrigated plants in Tunisia. The results at the micro spatial level show that the movement of the localisation of agricultural production of irrigated and non-irrigated plants shows that there is a spatial dynamic between governorates in terms of agricultural production in Tunisia. The results of the global autocorrelation test for irrigated and non-irrigated plants in Tunisia show the presence of a positive spatial autocorrelation between the variables.

The above findings lead us to make a few recommendations that may provide even partial solutions to the consequences of climate change. These findings point to the need for a long term agricultural policy in order to reduce or limit the economic and social consequences of climate change. These policies should be oriented according to the productive potential of the governorates and the nature and degree of impact generated by the modification of climate variables, failing which they could have limited or even negative repercussions.

The authorities can also use other techniques such as developing crops with the same or higher yields, but with less water requirements for their growth or, in extreme cases, promoting genetically modified (GM) crops to compensate for water shortages and lack of rainfall, following the example of countries such as China and India.

The role of the Ministry of Agriculture, in this context, is crucial in the medium and long term. Indeed, Ministry of Agriculture officials must intervene with farmers located at dams or wadis, providing them with support and advice adapted to the nature of the problems that arise. This support can be in the form of actions to substitute initially non-irrigated products such as rice, by others important in terms of percentage in the exports of products of the Tunisian economy, products such as olives, cereals or citrus fruit and which can withstand climate change.

However, the intervention of the authorities must be materialised by offering the necessary irrigation equipment from the state to farmers with good training in the field in order to make better use of the new machines and consequently increase agricultural production. These measures must be part of a plan to make up the shortfall resulting from the negative effect of climate change in the short and long term on agricultural production in the governorates most affected by this phenomenon.

Consequently, they will have to be based on preliminary studies in collaboration with all the actors intervening in the economic and environmental fields in order to be sustainable.

REFERENCES

Abidoye B.O., Kurukulasuriya P., Reed B., Mendelsohn R., 2017, Structural Ricardian analysis of south-east Asian agriculture, *Climate Change Economics*, 8,3.

Alboghdady M., El-Hendawy S.E., 2016, Economic impacts of climate change and variability on agricultural production in the Middle East and North Africa region, *International Journal of Climate Change Strategies and Management*, 8,3.

Assunção J., Chein F., 2016, Climate change and agricultural productivity in Brazil: future perspectives, *Environment and Development Economics*, 20, 5, 581–602.

Bosello F., Campagnolo L., Cervigni R., Eboli F., 2017, Climate Change and Adaptation: The Case of Nigerian Agriculture, *Environmental and Resource Economics*, 69,4, 787–810.

Bozzola M., Massetti E., Mendelsohn R., Capitanio F., 2017, A Ricardian analysis of the impact of climate change on Italian agriculture, *European Review of Agricultural Economics*, 45,1, 57–79.

Delecolle R., Soussana J., Legros, J., 1999, Expected impacts of climate change on French agriculture, Comptes Rendus de l'Académie d'Agriculture de France, 4, 45-51.

Dubé J., Legros D., 2014, *Econométrie spatiale appliquée des microdonnées*, ISTE editions.

GIEC., 2014, Climate Change 2014: Impacts, Adaptation, and Vulnerability, Fifth Report of the Intergovernmental Panel on Climate Change.

Hufty A., 2001, *Introduction to climatology: radiation and temperature, atmosphere, water, climate and human activity*, Presses Université Laval.

IFPRI, 2009, Climate change: Impact on agriculture and costs of adaptation. Food Policy Report 21, Washington, D.C : International Food Policy Research Institute.

IPCC, 2001, Climate Change 2001 Assessment: The Scientific Evidence, Report of IPCC Wor-king Group I.

Lee J., Nadolnyak D., Hartarska V., 2012, Impact of Climate Change on Agricultural Production in Asian Countries: Evidence from Panel Study, Southern Agricultural Economics Association Annual Meeting.

Leroux M., 2001, *The meteorology and climate of tropical Africa*, Springer Science and Business Media.

Lobell D., Burke M., Tebaldi C., Mastrandrea, M., Falcon W., Naylor L., 2008, Prioritizing climate change adaptation needs for food security in 2030, *Science*, 319, 5863, 607-610.

Lu W., Adamowicz W., Jeffrey S., Goss G., Faramarzi M., 2017, Crop Yield Response to Climate Variables on Dryland versus Irrigated Lands, *Canadian Journal of Agricultural Economics*, 66, 2, 283–303.

Narayan P. K., 2005, The saving and investment nexus for China: evidence from cointegration tests, *Applied Economics*, 37, 1979-1990.

Pesaran M.H., Shin Y., Smith R., 2001, Bounds Testing Approaches to the Analysis of Level Relationships, *Journal of Applied Econometrics*, 16, 3, 289-326.
Plan Bleu, 2008, Climate Change and Energy in the Mediterranean.
Treyer S., 2000, Analysis of water strategies and prospects in Tunisia. Report I: Water monograph in Tunisia, Blue Plan: Sophia Antipolis Regional Activity Centre.
Wood S., Mendelsohn R, 2014, The impact of climate change on agricultural net revenue: a case study in the Fouta Djallon, West Africa, *Environment and Development Economics*, 20, 1, 20–36.
Yang C.M., 2015, Strategies of adaptation and mitigation for coping with climate change: Taiwan viewpoints and experience, *Crop, Environment & Bioinformatics*, 12, 3, 120-125.
Zouabi O, Péridy N., 2015, The impact of climate change on agriculture: an application of a spatial panel data analysis to Tunisia, *Climatic Change*, 133, 2, 301–320.

L'effet du changement climatique sur la production des plantes irriguées et non irriguées en Tunisie : une modélisation ARDL à court et à long terme

Résumé - Nous proposons d'analyser l'effet direct du changement climatique sur la production agricole des plantes irriguées et non irriguées, à court et à long terme, en Tunisie. Pour ce faire, un modèle ARDL (Auto Regressive Distributed Lag model) est utilisé. L'originalité de cette méthode est qu'elle permet de tenir compte de la dynamique temporelle dans l'explication d'une variable, améliorant ainsi les prévisions et les politiques économiques à mettre en œuvre à court et à long terme. Nous avons utilisé une base de données très désagrégée décrivant l'évolution de la température moyenne, les précipitations, les engrais, la main-d'œuvre agricole et la superficie des cultures en Tunisie de 1984 à 2019. Les résultats révèlent qu'à long terme il existerait une forte corrélation positive entre la production de céréales et les précipitations dans les gouvernorats du nord-ouest de la Tunisie. À l'inverse, l'élévation de la température moyenne exerce un effet positif sur la production des légumes. Les précipitations ont de manière générale un effet plus important sur la production de légumes et de céréales à long terme qu'à court terme. Nos résultats montrent aussi que la production des fruits à long terme connaît des baisses sensibles dans les gouvernorats les plus producteurs de fruits suite à une hausse des précipitations et de l'utilisation des engrais, alors que la production a crû suite à une augmentation de la main d'œuvre et de la superficie agricole.

Mots-clés
Production agricole
Température
Précipitations
Modèle ARDL
Tunisie

Région et Développement
n° 55-2022
www.regionetdeveloppement.org

L'urbanisation accroît-elle l'assiette fiscale locale dans un contexte de décentralisation en Afrique subsaharienne ?

Bruno Emmanuel ONGO NKOA*
Derick Ulrich YOUNDA**

Résumé - Nous examinons l'effet de l'urbanisation sur l'assiette fiscale locale de 14 pays d'Afrique subsaharienne au cours de la période 2002-2017. L'urbanisation croissante de l'Afrique, observée depuis le début des années 1980, s'est accompagnée d'un certain processus de décentralisation et d'un transfert de responsabilité dans la fourniture des biens publics. Nous estimons un modèle en données de panel par la méthode des doubles moindres carrés. Nos résultats montrent que l'urbanisation accroît le niveau de recettes fiscales locales en Afrique subsaharienne. La décentralisation fiscale est favorisée dans le cas de régimes démocratiques et de bonne gouvernance par la scolarisation et l'employabilité des jeunes en milieux urbains.

Classification JEL
E02, H23, O18, O23, O55, R51.

Mots-clés
Afrique subsaharienne
Décentralisation fiscale
Urbanisation
Doubles moindres carrés

Les auteurs tiennent à remercier très sincèrement les rapporteurs anonymes et la direction de la revue dont les commentaires, critiques et suggestions ont permis d'améliorer substantiellement la première version de cet article.

* Auteur Correspondant. Université de Dschang, BP 110, Dschang, Cameroun ; ongoema@yahoo.fr
** Université de Dschang, Cameroun ; youndaderick@gmail.com

INTRODUCTION

L'Afrique comptait déjà en 2018 trois villes de plus de 10 millions d'habitants (17,7 millions au Caire ; 13,12 millions à Lagos et 11,58 millions à Kinshasa), quatre villes où la population était comprise entre 5 et 10 millions d'habitants, 49 villes ayant une population comprise entre 1 et 5 millions d'habitants, 53 villes de 500 000 à 1 million d'habitants et 85 villes comptant entre 300 000 et 500 000 habitants (CGLU Afrique, 2018). La plupart de ces villes se situent au sud du Sahara. Selon ONU/DEAS/DP (2018), le taux d'urbanisation de l'Afrique subsaharienne (ASS) est passé de 11,1 % en 1950 à 38,8 % en 2015, et atteindrait 58,1 % d'ici 2050. Toutefois, des disparités importantes subsistent entre les pays. Au Burundi, en Éthiopie, au Malawi, au Niger et en Ouganda, moins de 20 % de la population totale vit en ville alors que ce taux est compris entre 50 % et 80 % au Botswana, au Congo, au Cameroun, au Gabon et en Afrique du Sud (ONU-HABITAT, 2014).

L'urbanisation est généralement considérée comme un indicateur de développement et de création de richesse. Elle favorise les économies d'agglomération, l'investissement, la construction d'infrastructures[1]. Si la contribution de l'urbanisation a été étudiée sur plusieurs plans, son impact sur la décentralisation reste peu investigué dans les pays en développement, notamment ceux d'ASS.

Comme ailleurs dans les pays en développement, les pays d'ASS ont adopté différentes formes de décentralisation. D'un point de vue du droit constitutionnel, la notion de décentralisation n'a pas la même portée selon que l'État concerné soit unitaire ou fédéral. Pour un État unitaire, la souveraineté peut être partiellement cédée aux unités locales constituantes, mais réside fondamentalement au niveau central. Pour les États fédéraux, les gouvernements des territoires constituants et le gouvernement central décident conjointement du partage des compétences (Caldeira et Rota-Graziosi, 2015). De plus, tandis que le pouvoir dans les États unitaires est délégué aux gouvernements locaux par une loi selon la volonté de l'exécutif, dans les États fédéraux la répartition du pouvoir est prévue par la constitution et ne peut être modifiée aisément.

L'existence d'un État unitaire ou fédéral ne préjuge pas du degré de décentralisation. Ce dernier, difficilement mesurable, dépend de la répartition qualitative et quantitative des compétences entre les différents niveaux de gouvernements. Dans ce cadre, il est possible de distinguer les notions de déconcentration, de délégation et de dévolution (Rondinelli et al., 1989 ; Bird et Vaillancourt, 1998 ; Gauthier et Vaillancourt, 2002). La déconcentration[2] a pour seul but d'améliorer l'efficacité opérationnelle de l'action de l'État. La délégation correspond quant à elle au transfert de pouvoir et de responsabilité dans un domaine bien défini à des entités agissant au nom de l'État central mais disposant d'une relative autonomie budgétaire. La dévolution implique enfin le transfert de compétences, de responsabilités et de la décision politique à des personnes morales de droit public, gouvernées par des élus locaux. Sous une forme la plus avancée, la décentralisation confère aux élus locaux un pouvoir décisionnel substantiel pour mobiliser leurs propres ressources financières (décentralisation fiscale) et déterminer leur politique de dépenses et leur domaine de compétences (décentralisation budgétaire). Les trois degrés de décentralisation coexistent généralement de

---

[1] Voir Duranton (2008) et Spence et al. (2009). L'urbanisation, de manière générale, accroît la productivité et la croissance économique dans les pays en développement. L'existence des grandes villes peut permettre de réaliser des économies d'échelle plus importantes dans la mesure où la densité de la population réduit le coût par habitant de la plupart des infrastructures et des services, notamment à travers les économies d'agglomération, la proximité de la main-d'œuvre, du capital et des idées permettant de créer des marchés et des opportunités avec des retombées en termes de connaissances et de spécialisation.

[2] Elle consiste en un transfert de responsabilités de l'État central à des agents d'une circonscription territoriale, alors subordonnés à l'autorité hiérarchique du gouvernement central.

fait. Notre analyse porte ici davantage sur ce dernier cas, la dévolution encore appelée décentralisation fiscale[3] ou fédéralisme financier.

L'argument théorique invoqué en faveur de la décentralisation fiscale est que chaque service public devrait être fourni par le pouvoir public exerçant un contrôle sur le territoire géographique minimum permettant d'internaliser les coûts et les avantages d'une telle prestation[4]. Les préférences pour les biens et services publics sont susceptibles de varier entre des régions géographiquement différenciées. Ainsi un pays territorialement vaste est souvent synonyme de diversité culturelle, linguistique et donc de fragmentation. L'impact de la fragmentation géographique se traduit par une "dégradation spatiale" (Arzaghi et Henderson, 2005) qui a un impact sur la fourniture de biens publics (Canavire-Bacarreza et al., 2017). La fragmentation géographique, par son impact sur l'hétérogénéité des préférences, est susceptible de contribuer à un processus de "décomposition spatiale" ou à ce que les urbanistes appellent l'étalement urbain. Ces phénomènes entraînent des coûts plus élevés en raison des investissements importants en matière d'infrastructures physiques à réaliser sur de longues distances pour atteindre un nombre relativement moins élevé de personnes (Carruthers, 2002a).

En Afrique en général et en Afrique subsaharienne en particulier, la mobilisation des ressources financières locales constitue le principal enjeu de la décentralisation. Selon Yatta (2009), les processus de décentralisation en Afrique sont caractérisés par la faiblesse des ressources financières des collectivités locales et l'inadéquation des arrangements financiers avec l'État. En Afrique, la part des dépenses locales dans le total des dépenses publiques est de l'ordre de 9% en moyenne, contre 60% en Europe. Comme pour les dépenses, très peu de villes en Afrique ont une autonomie financière. L'indicateur d'autonomie laisse entrevoir que la moyenne africaine est très faible (environ 3%) et que les pays les plus décentralisés du point de vue de l'autonomie de leurs finances locales sont l'Éthiopie (11,4%), l'Afrique du Sud (9%), le Zimbabwe (6,9%) et la Zambie (4,8%) (Mbassi, 2014).

Le faible niveau de décentralisation fiscale dans les pays africains est d'autant plus préoccupant que ses enjeux pour le développement au niveau local sont importants. Un rapport conjoint de la Banque mondiale, de l'Agence Française de Développement (AFD) et de *Cities Alliance* de 2012[5], estime que 25 milliards de dollars US par an sont nécessaires pour combler le déficit d'investissement au niveau local en Afrique, alors que la capacité d'investissement actuelle des gouvernements locaux africains est estimée à 10 milliards de dollars US cumulés sur dix ans soit un milliard par an, représentant seulement 4% de l'investissement public nécessaire au développement urbain. Ce chiffre est inférieur aux deux tiers des investissements publics réalisés par les autorités locales dans les pays de l'OCDE (CGLU Afrique, 2018). En outre, la croissance économique relativement faible dans de nombreux pays affecte la capacité à financer les investissements urbains. Les recettes fiscales des États et des autorités locales sont affaiblies entre autres facteurs par une mobilisation fiscale inefficace et jonchée d'actes de corruption (Fjeldstad et al., 2003). En moyenne, la part du budget local dans le PIB national est de l'ordre de 1% (CGLU Afrique, 2018). De nombreux investissements publics urbains au niveau local sont toujours facilités et actés par l'État central ou des entités nationales, telles que les sociétés de service public ou les sociétés de développement foncier.

Bien que de nombreuses études empiriques portent sur les effets de la décentralisation fiscale, très peu analysent ses déterminants. À la base, Oates (1972), Panizza

---

[3] Le terme décentralisation fiscale ou budgétaire est davantage utilisé pour les pays unitaires tandis que le terme de fédéralisme financier est utilisé pour les États fédérés (voir Gilbert, 1996 pour plus de détails).
[4] Voir Oates (1972).
[5] Banque mondiale (2012), AFD et Cities Alliance sur le « Financing Africa's Cities ».

(1999), Arzaghi et Henderson (2005) et Treisman (2006) ont proposé des modèles empiriques sur les déterminants de la décentralisation fiscale. Leurs conclusions suggèrent que plusieurs facteurs notamment historiques, culturels, politiques, économiques et géographiques sont à l'origine du fédéralisme financier. Pour Arzaghi et Henderson (2005) et Holcombe et Williams (2008), les variables économiques (PIB par habitant, ouverture commerciale) et géographiques (population, surface du territoire, densité de la population) expliquent l'essentiel des variations observées du degré de décentralisation institutionnelle et fiscale d'un pays à l'autre. Canavire-Bacarreza et al. (2017) ont modélisé et examiné, pour un échantillon de 94 pays, les effets des facteurs de la géographie physique sur la décentralisation fiscale et ont trouvé que la fragmentation géographique et une large superficie favorisent la décentralisation fiscale. Récemment, Pickard (2020) a souligné que la diversité ethnique et linguistique peut être un facteur pertinent de la décentralisation fiscale. Par ailleurs, la démocratie et la forme constitutionnelle expliquent une bonne partie du niveau du fédéralisme fiscal dans les pays développés et en développement (Qiao et al., 2019). Pour Demante et Tyminsky (2008), la décentralisation fiscale est accélérée par l'éducation et un meilleur système démocratique. Selon les auteurs, le capital humain constitue un préalable au transfert des compétences dans les collectivités à travers la décentralisation lorsque les dirigeants locaux sont choisis démocratiquement. Alors que des études concluent à un effet positif de l'urbanisation, d'autres aboutissent à un effet négatif. La plupart de ces études portent davantage sur les pays développés que sur les pays en développement.

L'objectif de cet article est d'examiner l'effet de l'urbanisation sur l'assiette fiscale locale dans les pays en développement et précisément, dans un contexte de décentralisation fiscale, en Afrique subsaharienne. Le caractère réduit de l'échantillon, à savoir 14 pays, s'explique par la disponibilité des données portant sur la période 2002-2017.

Notre analyse des effets de l'urbanisation sur la décentralisation fiscale apparaît d'un apport à la littérature sur plusieurs plans. D'abord parce que peu d'études existent sur le sujet en Afrique subsaharienne. Par ailleurs, cette problématique peut s'inscrire utilement dans les analyses d'inégalités de développement régional et de développement durable. Ensuite, par rapport aux travaux existants, notre étude va au-delà sur le plan méthodologique en se basant sur des techniques plus robustes comme les doubles moindres carrés (DMC) et les variables instrumentales en données de panel. Les résultats obtenus confirment globalement un effet positif de l'urbanisation sur la décentralisation fiscale.

L'article est structuré autour de quatre sections. La première présente une revue sélective de la littérature. La deuxième identifie quelques faits stylisés. La troisième expose le modèle et la technique d'estimation. La quatrième analyse les résultats.

1. REVUE DE LA LITTÉRATURE

Pour rendre compte de la relation entre urbanisation et décentralisation fiscale dans la littérature, nous en présentons d'une part les fondements théoriques et d'autre part une synthèse des travaux empiriques.

1.1. Les effets de l'urbanisation sur la décentralisation fiscale : une synthèse des travaux théoriques

Trois principales théories expliquent le lien entre l'urbanisation et la décentralisation fiscale : la théorie du « vote par les pieds » (Tiebout, 1956), la théorie de l'étalement urbain et la théorie du fédéralisme financier (Oates, 1972 ; Canavire-Bacarreza et al., 2017).

En suivant la théorie du vote par les pieds développée par Tiebout en 1956, les individus cherchent à se déplacer vers les localités où la fourniture des biens et services publics rencontre leurs préférences. Tandis que Tiebout (1956) qualifie ce mouvement de concurrence horizontale, Breton (1974) conclut à une concurrence verticale entre les différents niveaux de « juridiction locale » pour attirer la population. Dans un cas comme dans l'autre, le principe de concurrence ou de compétition, avec la mobilité de la population entre différentes zones décentralisées, permet non seulement de minimiser le comportement du Léviathan maximisateur des recettes fiscales[6] (Brenan et Buchanan, 1980), mais aussi et surtout d'accroître l'efficacité dans la fourniture des services publics (Tiebout, 1956).

À première vue, tout programme de dépenses décentralisées pourrait également être mis en œuvre par un gouvernement centralisé, de sorte que l'argument de l'efficacité nécessite quelques hypothèses supplémentaires. En particulier, il faut considérer que les gouvernements locaux sont soit plus efficaces pour collecter des informations sur les préférences des populations locales, soit ils sont mieux à même d'amener les électeurs à révéler de telles informations (Tanzi, 2000 ; Lockwood, 2002). Selon Seabright (1996) la responsabilité joue un rôle clé, car la décentralisation peut être le meilleur moyen, pour les politiciens, de distinguer de manière adéquate les préférences des différents groupes de citoyens et donc d'optimiser la fourniture de biens publics.

L'ancrage théorique de l'effet de l'urbanisation sur la décentralisation fiscale est également expliqué par la théorie de l'étalement urbain qui contrarie la fourniture efficiente des services publics[7]. Le phénomène de l'étalement urbain remonte au début des années 1960 avec les travaux pionniers de Mumford (1961) et Jacobs (1961) sur les problèmes de l'expansion urbaine à faible densité aux États-Unis et notamment des coûts économiques importants de sa gestion. Par étalement urbain, nous entendons une extension non maitrisée des zones construites à la périphérie d'un espace urbain. Selon Fregolent et Tonin (2016), l'étalement urbain est souvent associé à la diffusion, la dispersion, l'urbanisation périphérique et l'éparpillement. Cette définition ignore ses différentes origines (sociales, culturelles, économiques, historiques) et l'évolution de l'économie locale (secteurs agricoles, industriels...). Le développement local lorsque la densité de population est faible suppose des coûts plus élevés en termes d'investissements publics nécessaires pour satisfaire un nombre relativement plus réduit de personnes (Carruthers, 2002a). Dans cette perspective, l'étalement urbain tend à compromettre la réalisation d'économies d'échelle pour des services comme la police et l'éducation, dans la mesure où les biens et services publics sont tarifés en fonction de leur coût moyen et non de leur coût marginal (Carruthers et Ulfarsson, 2002). Ainsi, ces services coûteront plus cher à l'État central, pour les fournir en petite quantité dans plusieurs zones à faible densité, qu'aux collectivités locales à les fournir sur place. Plusieurs travaux ont montré que la fragmentation géographique contribue à l'étalement urbain en favorisant la croissance d'activités économiques à la périphérie urbaine (Carruthers, 2002b; Carruthers et Ulfarsson, 2002; Shen, 1996). Ainsi, même si des coûts inférieurs sont attribuables à la concurrence inter-juridictionnelle, comme le suggère le modèle de Tiebout, ils peuvent ne pas compenser les effets causés par le processus de développement urbain (Carruthers et Ulfarsson, 2002).

Enfin, la relation entre urbanisation et décentralisation fiscale est présente dans la théorie du fédéralisme financier dont les pionniers sont Oates (1972) et Panizza

[6] L'hypothèse de Léviathan fiscal stipule que les responsables politiques ont intérêt à maximiser les dépenses mais qu'en situation de concurrence fiscale où les entreprises et les individus peuvent se déplacer d'une zone géographique à l'autre, ils doivent les modérer.

[7] Lire Altshuler et Gomëz-Ibänez (1993) et Kaiser et al. (1995).

(1999). À la base, il est soutenu que la géographie physique et la démographie d'un pays expliquent la décentralisation. À l'origine, la répartition et la structure des villes sur un territoire peuvent dépendre des avantages et des coûts liés aux conditions géographiques. Dès lors, la mise sur pied d'un système de gouvernance décentralisé pourrait se justifier par les arguments issus du théorème de décentralisation développé par Oates (1972). Cet argument stipule que la décentralisation améliore l'efficacité économique pour des populations ayant des préférences et des besoins différents selon les régions. Un bien public doit être fourni au niveau local lorsque les préférences des citoyens sont très hétérogènes. En considérant chaque zone urbaine comme une zone de regroupement de personnes ayant les mêmes préférences en termes de bien public, l'existence de plusieurs zones urbaines sur un territoire géographiquement vaste favorise dès lors la décentralisation fiscale puisque chaque zone a des besoins spécifiques en termes de biens et services publics dont la fourniture par le centre ne peut se faire qu'au prix de coûts importants (coût d'information, coût de transaction, coût financier, etc.)[8].

Il en résulte que pour internaliser les coûts de fournitures de services publics au niveau urbain, l'État devrait accroître les ressources des collectivités urbaines si les préférences des populations sont relativement hétérogènes, et ainsi augmenter l'assiette fiscale locale. En revanche, s'ils sont fournis par le gouvernement central du fait de l'existence d'externalités entre juridictions, cela diminue la décentralisation fiscale. D'après Breton et Scott (1978), un système décentralisé peut réduire les coûts de mobilité et de signalisation, mais il est susceptible d'augmenter les coûts administratifs et de coordination. Le niveau optimal de décentralisation est celui qui minimise la somme de ces coûts.

1.2. Les effets de l'urbanisation sur la décentralisation fiscale : une synthèse des travaux empiriques

La littérature décline trois groupes de travaux empiriques permettant d'apprécier l'effet de l'urbanisation sur la décentralisation fiscale. Le premier groupe de travaux (Kee, 1977 ; Bahl et Nath, 1986 ; Carruthers et Ulfarsson, 2003 ; Khadondi, 2015 ; Canavire-Bacarreza et al., 2017 ; Elkhdari, 2019 ; Kakpo et al., 2019) souligne que l'urbanisation favorise la décentralisation fiscale. Le deuxième groupe (Ubogu, 1983 ; Alesina et Spolaore, 1997 ; Sacchi et Saloti, 2013 ; Fregolent et Tonin, 2016) souligne à l'inverse que l'urbanisation entrave la décentralisation fiscale. Le troisième groupe enfin (Wasylenko, 1987 ; Letelier, 2005 ; Bodman et al., 2009) aboutit à des résultats non concluants.

Dans le premier groupe de travaux, Kee (1977), sur un panel de 64 pays, montre que l'urbanisation accélère la décentralisation des dépenses fiscales locales mais pas des revenus, aussi bien pour les pays développés que les pays en développement. Selon l'auteur, lorsqu'on utilise le revenu comme indicateur de mesure de la décentralisation fiscale, la relation perd sa significativité. De manière concordante, Bahl et Nath (1986) et Caldeira (2011) aboutissent aux mêmes résultats sur les provinces chinoises en utilisant la méthode des moments généralisés en système.

En analysant les déterminants de transferts intergouvernementaux dans les régions marocaines sur la période 2005-2009, Elkhdari (2019) utilise plusieurs méthodes d'estimation dont les effets fixes, les effets fixes à vecteur décomposé et la régression quantile avec effet fixe. Il trouve pour toutes ces méthodes une relation positive entre l'urbanisation et la Taxe sur la Valeur Ajoutée (TVA) transférée aux

[8] Idée qu'on peut rapprocher de la notion de "dégradation spatiale" d'Arzaghi et Henderson (2005). L'intuition de base du concept est que plus on s'éloigne du "centre", plus on est susceptible de rencontrer des préférences différentes de celles supposées prévaloir par les autorités centrales.

collectivités locales. L'auteur retient cependant une mesure particulière de l'urbanisation. Il utilise des variables muettes avec 1 pour les zones urbaines et 0 pour les zones rurales. Canavire-Bacarreza et al. (2017), en utilisant les moindres carrés ordinaires (MCO), la procédure de Hausman-Taylor et des effets aléatoires, parviennent au même résultat dans le cadre d'un échantillon de 94 pays sur la période 1970-2010.

Pour Kakpo et al. (2019), l'impact de l'étalement urbain sur les dépenses par tête des communes (dépenses courantes et dépenses en capital) est positif. Sur un panel de 3037 communes françaises étudiées sur la période 2003-2015, les auteurs trouvent que l'urbanisation accroît les dépenses courantes communales ainsi que les dépenses en capital. Plus précisément, les économies d'échelle semblent accompagner le niveau de densité jusqu'au seuil critique d'environ 20 habitants employés par hectare (ha), où les coûts supplémentaires de la congestion l'emportent. De même, lorsque la mesure est basée sur le spot urbain, l'élasticité est négative pour les faibles densités (moins de 20 habitants employés par ha), mais devient positive entre 20 et 30 habitants employés par ha. Pour les dépenses totales et en utilisant une définition de la densité basée sur l'empreinte des bâtiments, les auteurs estiment une relation d'abord négative puis qui augmente avec une pente assez forte pour les zones dont la densité est supérieure à 160 habitants employés par ha.

Un second groupe de travaux aboutit plutôt à une relation négative entre l'urbanisation et la décentralisation fiscale. L'étude d'Ubogu (1983) dans les régions du Nigéria, et plus précisément dans les États fédérés entre 1960 et 1972, a révélé que l'urbanisation réduit la décentralisation fiscale mesurée par plusieurs indicateurs. Ainsi, au fur et à mesure que la population urbaine augmente, les dépenses et les revenus de la décentralisation diminuent. La raison est que la contribution de la population urbaine à la fourniture des biens et services locaux est peu importante en raison de l'incapacité des gouvernements centraux à imposer aux citadins des taxes urbaines telles que la taxe sur la propriété, la taxe sur l'utilisation des sols, etc. Par ailleurs, Sacchi et Salotti (2013) investiguent les facteurs qui affectent la décentralisation des différentes catégories de dépenses pour la fourniture des biens et services publics dans les collectivités locales de 19 pays développés entre 1980 et 2006. Par la méthode des moments généralisés, les auteurs aboutissent à une relation négative entre l'urbanisation et la décentralisation des dépenses de santé et à une relation non significative avec les dépenses totales. Fregolent et Tonin (2016) utilisent la méthode des variables instrumentales sur un échantillon de 145 communes italiennes sur la période 1970-2007. Ils montrent que l'impact de l'étalement urbain, mesuré par la densité urbaine totale, est négatif sur un ensemble de dépenses publiques courantes. Autrement dit, un faible niveau d'urbanisation accroît les dépenses des communes et régions italiennes. Les mêmes résultats sont obtenus lorsque des fonctions de dépenses spécifiques sont estimées séparément intégrant les coûts de fourniture de services routiers et environnementaux (collecte des déchets et services d'eau usée).

Le dernier groupe de travaux aboutit à des résultats non concluants. Wasylenko (1987) utilise quatre mesures alternatives de décentralisation fiscale donc deux pour les dépenses et deux pour les revenus. L'auteur teste plusieurs facteurs susceptibles d'expliquer la décentralisation fiscale par un modèle en coupe transversale sur un échantillon de 47 pays développés et en développement. Les résultats sont non significatifs et se justifient par le niveau de développement des pays. De même, Letelier (2005) aboutit à un résultat non significatif obtenu sur un échantillon de 64 pays développés et en développement sur la période 1973-1997. Un tel résultat s'explique par les deux étapes retenues dans la méthode. Dans la première étape, l'auteur analyse séparément les pays développés et les pays en développement et dans la deuxième étape, il constitue un échantillon global. Appliquant les DMC, l'auteur trouve que dans les pays à revenu élevé, l'urbanisation n'a aucun effet sur la décentralisation, car les zones décentralisées bénéficient comme les autres de l'attention du gouvernement central. Bodman et al. (2009) concluent que le signe de la relation entre les facteurs démographiques (croissance de la population, densité de la population et urbanisation) et la décentralisation fiscale est difficile à établir. Lorsque les mesures traditionnelles de la décentralisation fiscale sont utilisées, ces variables n'apparaissent pas significatives.

2. URBANISATION ET DÉCENTRALISATION FISCALE : QUELQUES FAITS STYLISÉS

Trois faits stylisés émergent de l'observation de l'urbanisation et de la décentralisation fiscale en ASS.

2.1. L'Afrique subsaharienne s'urbanise à un rythme croissant

Selon le *World Urbanization Prospects* (United Nations, 2018), le taux d'urbanisation est passé de 14,9 % en 1960 à 38,8 % en 2015 en Afrique subsaharienne. Il devrait atteindre 49,7 % en 2035 et s'établirait à 58,9 % en 2050. Le graphique 1 illustre l'évolution en ASS de la population totale et de la population urbaine.

Graphique 1. Population totale et urbaine en Afrique subsaharienne (en millions d'habitants) entre 1960 et 2050

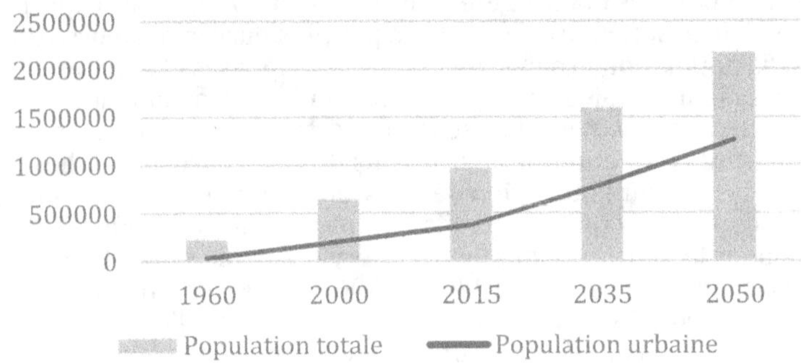

Source : auteurs, à partir d'United Nations (2018).

Malgré la forte urbanisation récente, l'Afrique subsaharienne reste loin comparée aux autres régions du monde. En 2015, le taux d'urbanisation en Asie était de 48,2%, en Océanie de 70%, en Europe de 73,6% et en Amérique de 80%. Le rythme d'urbanisation en Afrique est différent selon les sous-régions : l'Afrique australe connaît le taux d'urbanisation le plus fort (61,6%) suivie de l'Afrique du Nord (51,6%), l'Afrique de l'Ouest (45,1%), l'Afrique centrale (44%) et l'Afrique de l'Est (25,6%).

2.2. La décentralisation fiscale en Afrique est hétérogène

Suivant les données collectées par CGLU Afrique (2018), la part du budget local dans le PIB national est de l'ordre de 1% en moyenne en Afrique. La part des dépenses locales dans le total des dépenses publiques est de l'ordre de 9%, très inférieure à celle des pays développés où cette part se situe au-delà de 60%.

Le graphique 2 laisse entrevoir que les pays qui réalisent une plus forte décentralisation des ressources (Nigéria : 31% ; Ouganda : 23% ; Afrique du Sud : 19,3% ; Éthiopie : 15%...) sont essentiellement de culture anglo-saxonne. Les pays du Maghreb, à la différence de l'Égypte, se situent en dessous de la moyenne africaine soit 8,7 % : le taux de décentralisation fiscale en Égypte est de 11,2% ; au Maroc, il est de 7,2% et en Tunisie de 3,7%. L'Afrique francophone demeure la région la moins décentralisée au niveau fiscal : Burkina Faso (2,2%), Gabon (1%), Togo (0,3%), entre autres.

Graphique 2. Part des ressources publiques locales dans le PIB

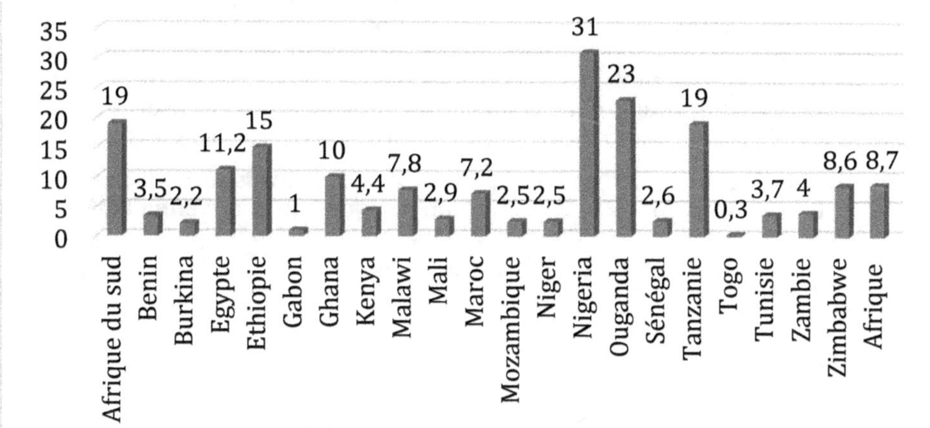

Source : CGLU Afrique (2018).

2.3. Une corrélation positive entre la décentralisation fiscale et l'urbanisation en Afrique subsaharienne

Le graphique 3 montre une corrélation positive entre la décentralisation fiscale et l'urbanisation en ASS. Comme on peut l'observer, en dehors du Cameroun dont le niveau de décentralisation fiscale échappe à l'analyse, les 13 autres pays observés sont relativement situés autour de la droite d'ajustement.

Graphique 3. Corrélation entre la décentralisation fiscale et l'urbanisation en Afrique

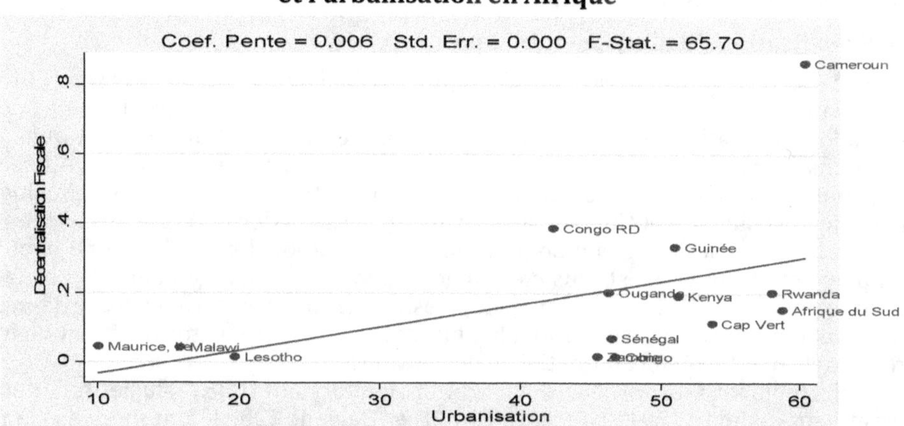

Source : auteurs.

De nombreux investissements publics urbains en Afrique sont financés directement par l'État ou des entités nationales, telles que les sociétés de services publics ou les sociétés de développement foncier (CGLU Afrique, 2018). C'est ce qui peut expliquer la faiblesse des ressources financières des collectivités locales urbaines. Toutefois, dans la plupart des pays africains, les besoins en investissements urbains sont de plus en plus importants. Entre 2002 et 2017, aussi bien le niveau d'urbanisation que celui de la décentralisation fiscale se sont accrus sensiblement. Le niveau moyen de la décentralisation fiscale est passé de 3,9% en 2002 à 7,6% en 2017 tandis que sur la même période, le taux moyen d'urbanisation des pays considérés est passé de 33,8% à 39,1%. Le graphique 4 montre que la courbe de décentralisation fiscale en moyenne est semblable à celle de l'urbanisation. Une augmentation de la population en zone urbaine coïncide avec une augmentation des ressources transférées aux collectivités locales dans ces pays, même si la pente de la courbe de l'urbanisation est plus raide que celle de la décentralisation fiscale entre 2002 et 2017.

Graphique 4. Évolution du niveau moyen de décentralisation fiscale et d'urbanisation entre 2002 et 2017 en Afrique subsaharienne (%)

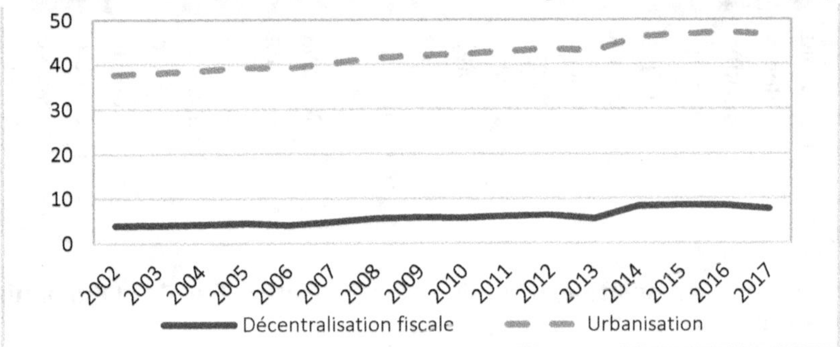

Source : auteurs, à partir de WUP (2018) et de la GFS (2019).

3. STRATÉGIE MÉTHODOLOGIQUE

Nous présentons d'abord les fondements et la spécification du modèle empirique ; nous identifions ensuite les variables et les sources des données ; enfin, nous exposons la technique d'estimation.

3.1. Spécification du modèle empirique

Le modèle que nous utilisons s'inspire du travail d'Azarghi et Henderson (2005). Les auteurs proposent un modèle théorique de décentralisation fiscale et de séparation. Par séparation, ils entendent la création de nouvelles unités politiques locales dans un pays qui était auparavant gouverné par un système unitaire. Ainsi, un modèle empirique est estimé sous différentes hypothèses. Les auteurs concluent qu'un pays est plus susceptible de passer à une structure fédérale ou à une plus grande décentralisation fiscale s'il a notamment un revenu national plus élevé, une population plus importante, s'il est plus étendu géographiquement, si le degré de primatie (poids la population de la ville principale) n'est pas trop fort et s'il a un degré de « culture démocratique » locale et nationale plus élevé ou dispose historiquement ou institutionnellement d'un fort potentiel de décentralisation.

Conformément à l'approche d'Azarghi et Henderson (2005), plusieurs auteurs notamment Elkhdari (2019), Pickard (2020) et Delgado (2021) ont modélisé la relation entre la décentralisation fiscale et l'urbanisation. Notre modèle empirique, qui s'appuie sur ces différents travaux, prend la forme suivante :

$$DF_{it} = \alpha + \beta_1 Urbanisation_{it} + \beta_2 Informalité_{it} + \beta_3 Conso\_Ménages_{it} + \beta_4 Education_{it} + \beta_5 Emploi\_Jeune_{it} + \beta_6 Democratie_{it} + \beta_7 Corruption_{it} + \varepsilon_{it} \quad (1)$$

où DF_{it} représente la décentralisation fiscale du pays i à la période t ; $Urbanisation_{it}$ le taux d'urbanisation ; $Informalité_{it}$ le poids du secteur informel ; $Conso\_Ménages_{it}$ la consommation des ménages ; $Education_{it}$ le niveau d'éducation tertiaire ; $Emploi\_Jeune_{it}$ le taux d'emploi des jeunes ; $Democratie_{it}$ le niveau de démocratie ; $Corruption_{it}$ le niveau de corruption et ε_{ti} le terme d'erreur, avec $i = 1,2, \ldots, 14$ représentant la taille de l'échantillon et $t = 2002, \ldots, 2017$ l'horizon temporel.

3.2. Choix et définition des variables

3.2.1. La variable expliquée : Décentralisation fiscale (DF)

La mesure de la décentralisation fiscale ou budgétaire fait débat dans la littérature parce qu'elle revêt plusieurs aspects et a plusieurs dimensions (Qiao, 2019). Aucun indice simple n'est en mesure d'en capter les différents aspects (Martinez-Vazquez et McNab, 2003 ; Stegarescu, 2005). Les statistiques des finances publiques publiées par le Fonds Monétaire International (FMI) fournissent sept indicateurs de la décentralisation fiscale mais seulement trois sont couramment utilisés dans la littérature : l'indice de revenu, l'indice de dépenses et plus rarement l'indice de taxes. L'indice de revenu mesure la part du revenu des gouvernements locaux dans les ressources totales de l'État (centrales et locales). L'indice des dépenses mesure la part des dépenses des gouvernements locaux dans les dépenses totales de l'État. L'indice des taxes mesure la part des taxes dans le revenu collecté par les gouvernements locaux. En l'absence de données statistiques suffisantes dans les pays considérés, nous nous référons à l'indicateur le plus renseigné, à savoir l'indice de revenu.

3.2.2. Les variables explicatives

L'urbanisation (Urbanisation)

La variable Urbanisation mesure le taux d'urbanisation d'un pays. C'est la somme de la population urbaine divisée par la population totale multipliée par 100. C'est notre variable d'intérêt. L'effet peut a priori être positif ou négatif sur la DF. Une urbanisation croissante est censée induire la centralisation parce que le gouvernement central se doit d'améliorer les installations publiques urbaines. Ceci est susceptible d'être le cas si une grande part de la population continue à se concentrer dans un grand pôle urbain. Cependant, lorsque de nombreuses villes importantes coexistent et se développent de manière relativement équilibrée, l'urbanisation n'implique pas nécessairement une plus grande centralisation. Il faut distinguer ici l'évolution du taux d'urbanisation et celle de la ville primatiale dont les déterminants diffèrent (Catin et al., 2008). Quoi qu'il en soit, le taux d'urbanisation peut être pressenti pour déterminer d'une manière ou d'une autre le niveau de consommation et d'investissement public et son degré de décentralisation.

Le poids de l'économie informelle (Informalité)

L'économie informelle désigne la part des activités économiques qui se déroulent en dehors des structures réglementaires établies. A priori, une économie constituée d'une partie importante d'activités informelles peut s'interpréter comme un manque à gagner en termes de recettes fiscales pour l'administration centrale ou locale. De ce point de vue, Huynh et Tran (2020), en utilisant la base de données de Medina et Schneider (2018), montrent qu'un secteur informel plus grand peut réduire la croissance économique.

L'éducation (Éducation)

La variable Éducation est mesurée par la proportion de la population scolarisée au niveau tertiaire dans un pays. Un niveau élevé d'éducation est à la base des emplois et des initiatives créatrices de richesses qui constituent l'assiette fiscale.

La consommation des ménages (Conso_Ménages)

La variable Conso_Ménages est mesurée par la part dans le PIB des dépenses en consommation finale des ménages (anciennement appelées la consommation privée). Cette consommation dépend du revenu des ménages. C'est aussi sur la base de la consommation des ménages que la TVA est payée par les entreprises (Banque mondiale, 2018).

L'emploi des jeunes (Emploi_Jeune)

C'est la proportion de la population âgée de 15 à 24 ans qui occupe un emploi. L'effet attendu est indéterminé. La recherche d'emploi conduit souvent les jeunes à migrer vers les zones urbaines créant ainsi un manque à gagner en termes de recettes fiscales locales dans les zones d'émigration. Mais l'augmentation de la population active en zones urbaines peut accroître par la même occasion leur assiette fiscale.

La démocratie (Democratie)

La démocratie est un indicateur de la gouvernance et de la qualité des institutions. Nous utilisons l'indicateur composite de Freedom House qui renseigne sur les libertés civiles et les droits politiques, c'est-à-dire sur le processus électoral, la participation et le pluralisme politique, les droits des associations et organisations, la liberté d'expression, le respect des règles et le droit des individus. Comme le précisent Qiao et al. (2019), la théorie traditionnelle du fédéralisme budgétaire prédit une taille de gouvernement plus importante dans les économies décentralisées, ce qui suppose (i) la présence d'un gouvernement bienveillant, réactif et responsable des préférences et des besoins des résidents locaux et (ii) une mobilité des résidents (votant « avec leurs pieds ») renforçant la concurrence et la responsabilité locale. Sous ces hypothèses, concluent les auteurs, il semble que la démocratie est un des principes fondamentaux de la décentralisation. Une relation positive est par conséquent attendue entre la décentralisation fiscale et la démocratie.

La corruption (Corruption)

La corruption est aussi un indicateur de la qualité de la gouvernance et des institutions. Nous utilisons l'indicateur composite de Kaufmann et al. (2010) tel que fourni par la *Worldwide Governance Indicator* de la Banque mondiale. Cet indicateur rend compte de la possibilité qu'ont de hauts fonctionnaires au pouvoir de bénéficier de paiements illégaux pour la réalisation d'un service public. Elle peut constituer une fuite de ressources importantes pour le développement des collectivités locales et un frein à la décentralisation fiscale.

3.3. Données et sources

Les données sont issues de sources diverses. Elles portent sur 14 pays d'Afrique subsaharienne entre 2002 et 2017 (Cap-Vert, Cameroun, Congo, République Démocratique du Congo, Guinée, Kenya, Lesotho, Malawi, Maurice, Ouganda, Rwanda, Sénégal, Zambie, Afrique du Sud).

Les données sur les revenus du gouvernement dans son ensemble et du gouvernement local sont fournies par les statistiques des finances publiques (GFS, 2019) du FMI. Les données sur l'urbanisation proviennent de la World Urbanisation Prospect (WUP, 2018) de l'ONU. Les données relatives aux variables de contrôle proviennent de deux bases de la Banque mondiale : World Development Indicators (WDI, 2019) pour les variables économiques et la base de données sur la gouvernance mondiale (WGI, 2019) pour les variables institutionnelles. La définition des variables explicatives et les sources des données sont consignées dans le Tableau 1.

Le choix de la période, 2002 à 2017, est dicté par la disponibilité des données obtenues simultanément pour les pays de l'échantillon. Les statistiques descriptives sont retracées dans le Tableau 2. Le Tableau 3 montre que les différentes corrélations entre les variables utilisées ne sont en général pas assez élevées pour créer de sérieux problèmes de multicolinéarité, sauf de manière attendue entre Éducations et Informalité (-0.72), entre Éducation et Emploi Jeune (-0.62), entre Corruption et Démocratie (-0.59), et sans paradoxe entre la perception de la corruption et l'informalité (-0,60).

Tableau 1. Spécification des variables explicatives et sources des données

Variables explicatives	Description des variables	Sources
Urbanisation	Proportion de la population totale vivant en zone urbaine	WUP (2018)
Informalité	Poids de l'économie informelle (activités économiques qui échappent à la réglementation) dans l'économie totale	OIT (2020)
Conso_Ménages	Ensemble des biens et services consommés par les ménages	WDI (2019)
Éducation	Taux de scolarisation au niveau tertiaire (en %)	WDI (2019)
Démocratie	Indice de démocratie compilé par Freedom House. Cet indice varie entre 0-30 (démocratie), 31-60 (démocratie partielle) et 61-100 (dictature)	FIW (2018)
Corruption	Rente captée par les fonctionnaires. Elle est comprise entre -2.5 (corruption) et 2.5 (absence de corruption)	WGI (2019)
Emploi_Jeune	Proportion des jeunes économiquement actifs (en % de la population de 15 à 24 ans)	WDI (2019)

Source : auteurs.

Tableau 2. Statistiques descriptives

Variable	Obs.	Moyenne	Écart-type	Min	Max
DF	156	0.083	0.066	0	0.256
Urbanisation	224	43.261	18.350	6.455	72.052
Informalité	220	34.124	7.312	19.23	49.01
Conso_Ménages	204	87.729	15.525	40.355	138.106
Éducation	158	10.609	9.073	0.426	40.596
Démocratie	224	55.008	17.193	17.0	87.0
Corruption	224	-0.450	0.676	-1.525	0.950
Emploi_Jeune	224	48.722	11.814	26.05	74.96

Source : auteurs à partir de GFS (2019), WDI (2018) et WGI (2018).

Tableau 3. Matrice de corrélation

	(1)	(2)	(3)	(4)	(5)	(6)	(7)	(8)
(1) DF	1							
(2) Urbanisation	0.3633	1						
(3) Informalité	0.0315	0.1747	1					
(4) Conso_ Ménages	0.0483	-0.3333	-0.1736	1				
(5) Éducation	-0.1726	-0.2505	-0.7228	0.0454	1			
(6) Démocratie	0.4282	0.2229	0.5395	0.0931	-0.4908	1		
(7) Corruption	-0.4303	-0.1512	-0.5987	0.2196	0.4780	-0.5927	1	
(8) Emploi_Jeune	0.2380	-0.0491	0.2281	0.1366	-0.6188	0.5106	-0.1328	1

Source : auteurs.

3.4. Technique d'estimation

Le problème de causalité inverse et d'endogénéité est un problème méthodologique récurrent dans les travaux sur la décentralisation fiscale (Martinez-Vazquez et al., 2017). Suivant la littérature, la méthode des variables instrumentales est généralement utilisée pour traiter ces problèmes. En nous inspirant de ces travaux, nous considérons un modèle de panel avec des effets individuels aléatoires :

$$Y_{it} = \alpha i + \beta' X_{it} + \delta' Zi + \varepsilon_{it} \quad (2)$$

où i = 1, ..., N et t = 1,...,T. α_i représente les effets individuels inobservés, $X_{i,t}$ est le vecteur des K_1 variables explicatives temporelles et Z_i est le vecteur des K_2 variables explicatives invariantes dans le temps. $\varepsilon_{i,t}$ est le terme d'erreur avec $E(\varepsilon_{it}) = 0$ et $E(\varepsilon_{it}\varepsilon_{js}) = \sigma_\varepsilon^2$ si j= i et t = s et $E(\varepsilon_{it}\varepsilon_{js})$= o sinon. Nous supposons que $E(\alpha_i) = 0$, $E(\alpha_i X_{i,t}) = 0$, $E(\varepsilon_{it}X_{it}) =0$.

L'approche standard dans le cas où les variables explicatives sont corrélées avec les résidus est d'estimer l'équation en utilisant la régression des variables instrumentales. L'idée sous-jacente de l'utilisation des variables instrumentales est de trouver un ensemble de variables, ou instruments, qui sont à la fois corrélées avec les variables explicatives dans l'équation et non corrélées avec les perturbations. Ces instruments dans notre cas sont les variables explicatives retardées sur deux périodes en vue de chercher l'homogénéité des résultats et d'éliminer les problèmes d'endogénéité dans le modèle.

En accord avec Letelier (2005) et Treisman (2006), nous utilisons la méthode des doubles moindres carrés (DMC). Les DMC sont un cas particulier de régression avec des variables instrumentales. Il existe deux étapes distinctes dans l'application des doubles moindres carrés. Dans la première étape, les DMC trouvent les valeurs des variables endogènes et exogènes qui peuvent être attribuées aux instruments. Cette étape consiste à régresser les variables explicatives susceptibles d'être endogènes par les MCO. La deuxième étape est une régression de l'équation originale, toutes les variables étant remplacées par les valeurs ajustées des régressions de la première étape y compris les instruments. Les coefficients de cette régression sont les estimateurs des DMC.

4. RÉSULTATS ET DISCUSSION

Le tableau 4 présente les résultats de l'estimation de l'équation de base (1) par la méthode des doubles moindres carrés. Dans les quatre modèles estimés (colonnes 1 à 4), la relation entre l'urbanisation et la décentralisation fiscale est positive et statistiquement significative au seuil de 1%. Ce qui suggère qu'une augmentation de la population urbaine contribue à élever le niveau de décentralisation fiscale pour l'échantillon des pays d'ASS considérés. L'urbanisation accroît la décentralisation fiscale à travers les impôts et taxes collectés dans les villes et les métropoles où est logé l'essentiel des activités économiques.

L'urbanisation rapide est non seulement l'ingrédient d'une plus forte croissance économique mais aussi un accélérateur de la collecte des ressources financières au niveau local. Le départ des populations des zones rurales proches peut constituer une source de création de richesses en ville et même peut alimenter, via des transferts financiers, la création d'activités génératrices de revenus dans les localités rurales. On peut ajouter que les élites ayant constitué un patrimoine important en ville peuvent être incitées à promouvoir des comités de développement dans leurs localités d'origine. Le développement de services et de commerces peut constituer des ressources financières en termes de taxes communales pour les autorités locales (Elkhdari, 2019).

Dans le tableau 4, le premier modèle est estimé en tenant compte de l'impact du secteur informel, de la consommation des ménages et du niveau d'éducation (colonne 1). Mais des trois variables, aucune ne vient en support de l'urbanisation pour expliquer le niveau de décentralisation fiscale. Ce résultat est à rapprocher de la faible corrélation constatée entre la décentralisation fiscale et ces trois variables dans le tableau 3. Mais il apparaît que l'informalité affecte significativement (colonnes 2 et 3) la décentralisation fiscale lorsque les variables de qualité institutionnelle (Démocratie et Corruption) sont introduites. Les conclusions du travail de Yu et Vorisek (2021) selon lesquelles la prédominance du secteur informel s'accompagne d'un niveau de recettes et de dépenses moins élevé et d'institutions moins efficaces sont vérifiées.

Tableau 4 : Décentralisation fiscale et urbanisation

Technique d'estimation : Doubles moindres carrés				
Variable dépendante : Décentralisation fiscale				
Variables	(1)	(2)	(3)	(4)
Urbanisation	0.00668***	0.00442***	0.00524***	0.00663***
	(0.00148)	(0.00125)	(0.00115)	(0.00109)
Informalité	-0.00131	-0.0110**	-0.0149***	-0.00390
	(0.00527)	(0.00451)	(0.00420)	(0.00448)
Conso_Ménages	0.00386	0.000594	0.00252	0.00245
	(0.00238)	(0.00200)	(0.00187)	(0.00171)
Éducation	-0.00274	0.00596	0.00731**	0.0159***
	(0.00430)	(0.00371)	(0.00340)	(0.00360)
Démocratie		0.0128***	0.00781***	0.00442**
		(0.00175)	(0.00191)	(0.00189)
Corruption			-0.200***	-0.197***
			(0.0426)	(0.0389)
Emploi_Jeune				0.0102***
				(0.00217)
Constante	-0.277	-0.350	-0.281	-1.098***
	(0.311)	(0.255)	(0.233)	(0.275)
Nombre de pays	14	14	14	14
Observations	111	111	111	111
R^2	0.193	0.465	0.558	0.636

*Notes : * ; ** ; *** significativité aux seuils de 10%, 5% et 1% respectivement et ( ) les écarts-types.*
Source : auteurs.

Comme on pouvait s'y attendre, le niveau de démocratie (colonnes 2, 3, et 4) accroît significativement le niveau de décentralisation fiscale. Ce résultat confirme les conclusions de Alesina et Spolaore (1997) et de Arzaghi et Henderson (2005) montrant une élévation des ressources fiscales locales dans les régimes plus démocratiques. La décentralisation participe à la démocratisation du fait de la possibilité accordée aux populations locales de choisir leurs dirigeants dans un processus électoral libre et transparent, les laissant plus disposées à payer les impôts locaux (Ligthart et Oudhersden, 2015).

La variable corruption, introduite dans les colonnes 3 et 4, affecte négativement et significativement (au seuil de 1%) le degré de décentralisation fiscale et conduit la variable Éducation à devenir significativement positive alors qu'elle était non significative dans les modèles précédents (colonnes 1 et 2). Lorsqu'on considère l'emploi des jeunes (colonne 4), il convient de noter que le secteur informel perd sa significativité et l'éducation gagne en coefficient. Ce résultat est d'autant plus intéressant que dans les pays d'Afrique subsaharienne, le secteur informel est majoritairement constitué de jeunes. Notre étude révèle que la taille de ce secteur peut varier et avoir des effets différents si l'accent est mis sur l'éducation et l'emploi des jeunes.

CONCLUSION ET IMPLICATIONS DE POLITIQUE ÉCONOMIQUE

Cet article a évalué l'effet de l'urbanisation sur l'assiette fiscale locale dans un contexte de décentralisation sur un panel de 14 pays en Afrique subsaharienne sur la période 2002-2017. Le modèle inspiré de la littérature empirique est estimé par la méthode des doubles moindres carrés. Nos résultats économétriques révèlent qu'une plus forte population urbaine tend à entraîner une augmentation du degré de décentralisation fiscale en ASS. Les pays présentant un taux d'urbanisation plus important connaissent en général un niveau plus élevé de décentralisation fiscale en lien avec l'accroissement des activités économiques. La décentralisation fiscale se renforce lorsqu'il existe en parallèle une population jeune active et éduquée et lorsque les pays tendent à appliquer des principes démocratiques. Elle est amoindrie avec la taille de l'économie informelle et la corruption des dirigeants et des administrations. Dans la plupart des pays d'Afrique subsaharienne, les offres de formation spécialisée et la population la plus éduquée sont localisées dans les zones urbaines. La décentralisation fiscale, qui dépend des recettes issues des activités contrôlées par l'administration fiscale centrale ou locale, apparaît difficile à étendre dans le cas d'une informalité croissante ou trop importante.

Trois principales implications de politique économique peuvent se dégager des résultats obtenus pour permettre de renforcer le niveau de recettes fiscales locales et donc de décentralisation fiscale en Afrique subsaharienne : (i) améliorer le cadre institutionnel avec notamment la promotion de la démocratie, d'une meilleure gouvernance et d'un contrôle de la corruption garantissant la confiance dans des élections locales et des financements décentralisés ; (ii) diversifier le niveau d'offre de formation scolaire, académique et professionnelle, au niveau local et favoriser en général le développement de l'éducation ; (iii) développer et promouvoir une bonne politique d'emploi dans les villes en mettant sur pied des conditions favorables à l'insertion professionnelle des jeunes dans les secteurs formels. On peut ajouter que la mobilisation de statistiques plus détaillées sur les niveaux de décentralisation existants et sur les budgets affectés à l'État et aux collectivités locales permettrait, au-delà de cette approche très globale, des prolongements intéressants à l'échelle territoriale.

RÉFÉRENCES

Alesina A., Spolaore E., 1997, On the number and size of nations, *Quarterly Journal of Economics* 112, 4, 1027-1056.

Alesina A., Wacziarg R., 1998, Openness, country size and government, *Journal of Public Economics* 69, 3, 305–321.

Altshuler A., Gomez-Ibanez J.A., ***2000,*** *Regulation for revenue: the political economy of land use exactions*, Brookings Institution press.

Anderson T.W. Hsiao C., 1982, Formulation and estimation of dynamic models using panel data, *Journal of Econometrics,* 18, 1, 47-82.

Atangana Ondoa H., 2013, Gouvernance et Croissance Economique en Afrique, *African Development Review*, Wiley Online Library.

Azarghi J.M., Henderson V., 2005, Why countries are fiscally decentralizing, *Journal of Public Economics 89*, 1157–1189.

Bahl R., Nath S., 1986, Public expenditure decentralization in developing countries, *Environment and Planning C,* 4, 4, 405-418.

Banque mondiale, Agence Française de Développement, 2012, Financer les villes d'Afrique - l'enjeu de l'investissement local, Collection *l'Afrique en Développement.*

Bhatta B., 2010, *Analysis of urban growth and sprawl from remote sensing data,* Springer, Berlin, Heidelberg.

Bird R., Vaillancourt F., 1998, Décentralisation financière et pays en développement : concepts et mesure, *Revue d'Analyse Economique,* 74, 3, 443-462.

Bodman P., Ford K., Gole T., Hodge A., 2009, What Drives Fiscal Decentralization?, Macroeconomics Research Group, School of Economics, The University of Queensland.

Brennan G., Buchanan J., 1980, *The Power to Tax: Analytical Foundations of a Fiscal Constitution,* Cambridge University Press.

Breton A., 1974, The Economic Theory of Representative Government: A Reply, *Public Choice,* 129-133.

Breton A., Scott A., 1978, *The Economic Constitution of Federal States,* Australian National University Press, Canberra.

Caldeira E., 2011, *Essais sur la décentralisation dans les pays en développement,* Thèse de doctorat. Université d'Auvergne, Clermont-Ferrand.

Caldeira E., Rota-Graziosi G., 2015, La décentralisation dans les pays en développement : une revue de la littérature, *Revue d'Economie du Développement,* 22, 5-37.

Canavire-Bacarreza G., Martinez-Vazquez J., Yedgenov B., 2017, Reexamining the determinants of fiscal decentralization: what is the role of geography?, *Journal of Economic Geography,* 17, 6, 1209–1249.

Carruthers J., 2002a, Evaluating the effectiveness of regulatory growth management programs: an analytical framework, *Journal of Planning Education and Research,* 21, 406-420.

Carruthers J., 2002b, The impacts of state growth management programs: a comparative analysis. *Urban Studies,* 39, 1959-1982.

Carruthers J.I., Ulfarsson G.F., 2002, Fragmentation and Sprawl: Evidence from Interregional Analysis, *Growth and Change,* 33, 312-340.

Carruthers J.I., Ulfarsson G.F., 2003, Urban sprawl and the cost of public services, *Environment and Planning B,* 30, 4, 503–522.

Catin M., Hanchane S., Kamal A., 2008, Urbanisation, primate et étapes de développement. *Région et Développement,* 27, 84-108.

CGLU Afrique, 2018, Vers un Fonds de Développement des Villes Africaines, *Revue Africaine de Finance Locale,* 3-58.

CNUCED, 2009, *Trade and Development 2009: Responding to the global crisis Climate change mitigation and development.* United Nations, New York.

Delgado F.J., 2021, On the determinant of fiscal decentralization: Evidence from EU, *Anfiteatru Economic,* 23, 56, 206-2020.

Demante M.J., Tyminsky P., 2008, Décentralisation et Gouvernance Locale en Afrique, *IRAM, Etudes et Méthodes.*

Dodman D., Leck H., Rusca M., Colenbrander S., 2017, African Urbanisation and Urbanism: Implications for risk accumulation and reduction, *International Journal of Disaster Risk Reduction,* 26, 7-15.

Duncan J.B., Nelson A.C., 1995, *Growth management: Principles and practices,* American Planning Association Planners Press, Chicago.

Duranton G., 2008, Viewpoint: From cities to productivity and growth in developing countries, *Canadian Journal of Economics,* 41, 3, 689-736

Ebeke C., Ntsama E.S., 2017, The Effects of Natural Resources on Urbanization, Concentration, and Living Standards in Africa, *World Development,* 96, 408–417.

Elkhdari M., 2019, Déterminants des transferts intergouvernementaux : le cas du Maroc, *Revue Economique,* 70, 1, 67-96.

FIW, 2018, Database of Freedom in the World, https://freedomhouse.org

Fjeldstad O.H., Kolstad I., Lange S., 2003, Autonomy, incentives and patronage. A study of corruption in the Tanzania and Uganda revenue authorities. Chr. Michelsen Institute.

Fregolent F., Tonin S., 2016, Local Public Spending and Urban Sprawl: Analysis of This Relationship in the Veneto Region of Italy, *Journal of Urban Planning and Development,* 142, 3.

Gauthier I., Vaillancourt F., 2002, Déconcentration, délégation et dévolution : nature, choix et mise en place, *World Bank Institute.*

GFS, 2019, Government Finance Statistics, IMF Data.

Gilbert G., 1996, Fédéralisme financier : Perspectives de microéconomie spatiale, *Revue Economique,* 311-363.

Holcombe R.G., Williams D.E.W., 2008, The impact of population density on municipal government expenditures, *Public Finance review,* 36,3.

Huynh C.M., Tran H.N., 2020, Moderating effects of corruption and informality on the fiscal decentralization-economic growth nexus: Insights from OECD countries, *Annals of Public and Cooperative Economics,* 92, 2, 355-373.

Jacobs J., 1961, *The death and life of great American cities.* New York, Random House.

Kaiser E., Godschalk D., Chapin S., 1995, *Urban Land Use Planning,* University of Illinois Press, Urbana.

Kakpo E., Le Gallo J., Breuillé M., Grivault C., 2019, Should French municipalities foster urban densification to reduce their expenditures?, Munich Personal RePEc Archive (MPRA).

Kaufmann D., Kraay A., Mastruzzi M., 2010, Réponse à "Que mesurent les indicateurs de gouvernance mondiale ?", *The European Journal of Development Research,* 22, 1, 55-58.

Kee W., 1977, Fiscal decentralization and economic development, *Public Finance Quarterly,* 5, 1, 79-97.

Khadondi S., 2015, Determinants of Own Source Revenue Mobilisation by Counties in Kenya, *International Journal of Science and Research,* 5, 11, 155-164.

Kortchaguina I., 2006, Les revenus et les dépenses des ménages comme indicateurs de bien-être, *Revue d'études comparatives Est-Ouest,* 37, 2, 59-79.

Letelier L., 2005, Explaining the determinants of fiscal decentralization, *Public Finance Review,* 33, 2, 155-183.

Ligthart J.E., Oudhersden P.V., 2015, In government we trust: the role of fiscal decentralisation, *European Journal of Political Economy,* 37, 116-128.

Lockwood B., 2002, Distributive politics and the benefits of decentralization, *Review of Economic Studies,* 69, 313–337.

Losch B., Freguin-Gresh S., White, E.T. 2012, *Structural transformation and rural change revisited: challenges for late developing countries in globalizing world,* World Bank Publications.

Lundin M., Skedinger P., 2006, Decentralisation of active labour market policy: The case of Swedish local employment service committees, *Journal of Public Economics,* 90, 4-5, 775–798.

Martinez-Vazquez J., McNab R.M., 2003, Fiscal decentralization and economic growth, *World Development* 31, 9, 1597–1616.

Martinez-Vazquez J., Lago-Peñas S., Sacchi A., 2017, The impact of fiscal decentralization: A survey, *Journal of Economic Surveys,* 31, 4, 1095–1129.

Mbassi E.J.P., 2014, Les finances des collectivités locales : Une approche qualitative et La gestion des finances locales en Afrique, *Revue Africaine des Finances Locales,* 3, 5, 35-45.

Medina L., Schneider F., 2018, Shadow economies around the world: What did we learn over the last 20 years?, IMF Working Paper No. 18/17.

Mumford L., 1961, *The city in history: The origins, its transformations, its prospects,* New York, Harcourt Brace and World Inc.

Oates W., 1972, *Fiscal federalism.* New York, Harcourt Brace.

OIT, 2020, Base des données de l'Organisation International du Travail, ONU, New York.

Ongo N.B.E., Song J.S., 2019, Urbanisation et inégalités en Afrique : une étude à partir des indices désagrégés, *Revue d'Économie Régionale & Urbaine,* 3, 447-484.

Onu-Habitat, 2014, *L'état des villes africaines 2014 : Réinventer la transition urbaine,* Nairobi, Kenya, 278 pages.

Panizza U., 1999, On the determinants of fiscal centralization: Theory and evidence, *Journal of Public Economics* 74, 1, 97-139.

Pickard H., 2020, Explaining fiscal decentralization and the role of ethnic diversity, *Scottish Journal of Political Economy,* 1-17.

Qiao M., Ding S., Liu Y., 2019, Fiscal decentralization and government size: The role of democracy, *European Journal of Political Economy,* 59, 316–330.

Rondinelli D.A., Mccullough J.S., Johnson R.W., 1989, Analysing decentralization policies in developing countries: a political-economy framework, *Development and Change,* 20,1, 57-87.

Sacchi A., Salotti S., 2013, The Effects of Fiscal Decentralization on Household Income Inequality: Some Empirical Evidence, *Spatial Economic Analysis,* 9, 2, 202–222.

Seabright P., 1996, Accountability and decentralisation in government: an incomplete contracts model, *European Economic Review,* 40, 61–89.

Shen Q., 1996, Spatial impacts of locally enacted growth controls: The San Francisco Bay region in the 1980s, *Environment and Planning,* 23, 61-91.

Spence M., Annez P., Buckley R., 2009, *Urbanization and Growth,* Commission on Growth and Development, Washington DC, World Bank.

Stegarescu D., 2005, Public sector decentralization: measurement concepts and recent international trends, *Fiscal Studies,* 26, 3, 301–333.

Tanzi V., 2000, On fiscal federalism: issues to worry about.

Tiebout C.M., 1956, A pure theory of local expenditures, *Journal of Political Economy,* 64, 5, 416-424.

Treisman D., 2006, Explaining Fiscal Decentralisation: Geography, Colonial History, Economic Development and Political Institutions, *Commonwealth & Comparative Politics,* 44, 3, 289-325.

Ubogu E.R., 1983, Urbanisation, fiscal decentralisation and economic development: À time series evidence, *Socio-Economic Planning Science,* 17, 4, 191-198.

United Nations, 2018, World Urbanization Prospects: The 2018 Revision, Online Edition.

Wasylenko M., 1987, Fiscal decentralization and economic development, *Public Budgeting and Finance* 7, 57-71.

Yatta P.F., 2009, *La décentralisation fiscale en Afrique : Enjeux et perspectives,* Ed. Karthala, Paris.

Does urbanization increase the local tax base in a context of decentralization in sub-Saharan Africa?

Abstract - We assess the effect of urbanization on the local tax base for 14 sub-Saharan African countries over the period 2002-2017. Africa's increasing urbanization, observed since the early 1980s, has been accompanied by some decentralization and devolution of responsibility for public goods provision. We estimate a panel data model using the two-stage least squares method. Our results show that urbanization increases the level of local revenues in sub-Saharan Africa. Fiscal decentralization is favoured in the case of democratic regimes and good governance, by the development of education and the increase of youths with jobs in urban areas.

Key-words

Sub-Saharan Africa
Fiscal Decentralization
Urbanization
Two-Stage Least Squares

Région et Développement

n° 55-2022

www.regionetdeveloppement.org

Tax mimicking in French counties

Asmae AQZZOUZ*
Michel DIMOU**

Abstract **-** The objective of this paper is to study tax mimicking and its sources in two French regions: Provence-Alpes-Côte d'Azur (PACA) and Rhône-Alpes. One of the most original aspects of this work is that it applies to a very narrow spatial level of analysis, the county level. The results confirm that the counties in the PACA and Rhône-Alpes regions mimic their neighboring counties' policies in terms of property tax rates. Several socio-demographic, fiscal and political variables such as population size, unemployment rate, per capita grants and left-wing incumbents are statistically significant. The results show that yardstick competition is the source of property tax mimicking in counties in the PACA region while spillover effects affect both regions' tax mimicking.

JEL Classification
H2, H3, H73

Key-words
Tax-mimicking
Yardstick competition
Spillover effects
France

* LEAD and University of Strasbourg, France ; asmae.aqzzouz@unistra.fr
** LEAD, University of Toulon, France ; dimou@univ-tln.fr

INTRODUCTION

Tax mimicking strategies have been introduced by Tiebout (1956) in his original "voting with feet" model, which measures the effects of local taxes and local public services on household residential mobility. Following Tiebout, several studies show that local public policy makers take into account the probability of people moving away from a given municipality in the case of a tax raise (Beck, 1983; Wilson, 1986; Zodrow and Mierzkoski, 1986; Oates, 1988; Guengant, 1992; Houdebine and Schneider, 1997; Brueckner and Saavedra, 2001; Feld and Kirchgassner, 2001). These studies demonstrate that there is a competitive model among municipalities, where each jurisdiction takes into consideration the policies adopted by other municipalities to remain attractive fiscally (Mintz and Tulkens, 1986; Wildasin, 1988a; Bucovetsky, 1991).

Some of these studies attempt to analyse the effect tax mimicking among local authorities has on the determination of tax rates. Two important theories explaining local tax mimicking have developed in recent years: yardstick competition (Salmon, 1987; Besley and Case, 1995) and spillover effects (Gordon, 1983; Case et al., 1993).

In France, Jayet et al. (2002) provide evidence that local competition and tax mimicking in a non-cooperative interaction between neighboring decision makers leads to a suboptimal Nash equilibrium. Leprince et al. (2005) detect tax mimicking among French departments that are determining taxes for housing, business, developed property, and undeveloped property. They work at the level of the French departments because they benefit from the data on social assistance, roads, secondary education, and economic development.

The objective of this paper is to study tax mimicking and its sources in two French regions: Provence-Alpes-Côte d'Azur (PACA) and Rhône-Alpes. One of the most original aspects of this work is that it applies to a very narrow spatial level of analysis, the county level. Most studies on the French territories look at a larger level of spatial analysis, such as regions, departments, and commuting zones (zones d'emplois), because of the difficulties in building a solid and reliable database at the county level. A long-term, meticulous collection of data has been performed at a county level to perform this analysis.

This paper is built as follows: Section 2 presents a brief literature review on tax mimicking; Section 3 provides data collection information and addresses methodological issues; Section 4 delivers the results of the study on tax mimicking; Section 5 delivers the results on the sources of tax mimicking; Section 6 concludes with a debate about local policies regarding tax mimicking in France.

1. TAX MIMICKING: A BRIEF LITERATURE REVIEW

A first series of models consider that local fiscal policy interactions could be due to yardstick competition (Downs, 1957; Salmon, 1987; Besley and Case, 1995; Delgado et al., 2015; Vermeir and Heydels, 2006 ; Rathelot and Sillard, 2008), which implies that consumer-voters ignore, to a certain degree, the exact quantity of public goods and services supplied by their own county. To judge the performance of their own local politicians, consumer-voters compare the tax policies of neighboring counties to the tax policies within their own county. If the neighboring counties' tax rates are lower, then the voters "punish" their local politicians by not re-electing them. The politicians maximize their chances of being re-elected by mimicking the most favorable tax strategies of neighboring jurisdictions. In this case, local tax rates are positively related to the tax rates of the neighboring jurisdictions.

Yardstick competition is characterized by the existence of asymmetric information in favor of the elected politicians. Each local government aims to do better than the local governments of neighboring jurisdictions in terms of tax rates and local public goods and services. In a yardstick competition model, incumbents might imitate neighboring tax rates for the sole purpose of being re-elected (Wittman, 1989; Alesina and Rosenthal, 1995).

Besley and Case (1995) estimate the probability of a local government official in the United State to not be re-elected when the state tax increases. They show that consumer-voters accept an increase of state tax rates if they observe that the local governments of neighboring states also increase their tax rates. Revelli (2002) works on the impact of tax policies on local elections for 662 English counties from 1979 to 1990. He finds that an increase in a county's property tax rate by 10% reduces the incumbents' popularity by 4%, while an increase of neighboring property tax rates by 10% increases the popularity of the county's incumbents by 3%. He explains that an increase in both tax rates and in local public goods and services usually decreases the popularity of an incumbent.

Bordignon et al. (2003) study 97 Italian counties between 1998 and 2000 to see if consumer-voters engage in comparative performance evaluation among Italian local governments. Their yardstick competition model shows that only incumbents with a low majority in a municipal council take into consideration the tax policy of their neighbors, as opposed to incumbents who control a large majority and are certain to win the election (Edmark and Agren, 2008).

Allers and Elhorst (2005) provide a spatial econometric analysis of yardstick competition among Dutch counties in 2002. Their results show that a 10% higher tax rate in neighboring counties leads to 3.5% tax rate increase in a given county. They also show that Dutch voters penalize their local elected government when the tax rates in neighboring counties are smaller than the tax rates of their own county. Bosh and Ollé (2007) also show that yardstick competition is the source of property tax mimicking among Spanish counties. They explain that tax rates are greater when left-wing parties control the local government. In general, left-wing parties opt for an increase of local public spending and tax rates as opposed to right-wing parties.

Delgado et al. (2015) consider that yardstick competition models build on the idea that the consumer-voters compare their tax policy to the tax policies of other jurisdictions to assess the attitudes of their own local government. This comparison means that choices adopted by nearby jurisdictions serve as a benchmark. The authors work on 2,713 Spanish counties with population over 1000 people in 2005. They focus on two important Spanish local taxes, the property tax and the motor vehicle tax, because they represent 66% of total tax revenue. To test the strategic interaction hypothesis, they define a tax reaction function. To estimate the tax reaction function, they use structural and socio-demographic variables, fiscal variables, and political variables. They also find that left-wing incumbents opt for greater tax rates, while right-wing incumbents opt for lower tax rates.

In France, different studies examine the presence of yardstick competition using the vote function (Lafay and Jérôme, 1991; Deffains et al., 1996, Jérôme and Jérôme-Speziari, 2002; Leprince et al., 2005; Farvaque et al., 2007; Dubois and Paty, 2010). Most studies find that tax rates are key contributors of electoral outcomes. Jérôme and Jérôme-Speziari (2002) look at 236 French counties and two different elections in 1989 and 1995. They indicate that the property tax rates have a negative impact on the incumbents' voteshare. Leprince et al. (2005) analyze the dilemma of elected local politicians, which consists of increasing the supply of both local public goods and tax rates, while preparing for future elections. Dubois and Paty (2010) test the existence of yardstick competition among 104 French local governments from 1989 to 2001. They estimate a vote function where consumer-voters compare the performance of incumbents to that of the incumbents in neighboring local jurisdictions. Consumer-voters take into consideration the nearby geographical neighbors that are similar in term of socio-economic characteristics. They find that consumer-voters withdraw support from their incumbents if their own tax rates are higher than the tax rates of neighboring jurisdictions.

A second series of models consider that tax mimicking among counties is due to spatial spillover effects. Spillover effect models state that new tax policies or new public equipment in a county generate positive or negative externalities that affect the locational behavior of households in neighboring counties and represent a strategic incentive for the latter to change or adjust their tax policies (Gordon, 1983; Case et al., 1993; Hanes, 2002; Lundberg, 2006; Ollé, 2006).

Gordon (1983) stipulates that one challenge for local governments is how to increase local tax income without decreasing the welfare of the residents. Each local government decides on local taxes and local public spending to maximize the social welfare of its residents, but these decisions may impact the welfare of non-residents living in neighboring territories.

According to Kelejian and Robinson (1993), an increase in public expenditure in a county has a positive and significant influence on public expenditure in neighboring counties. Ollé (2006) also shows that local public spending mimicking occurs among Spanish counties. Spillover effects are the main source of local expenditure mimicking.

Stastna (2009) argues that the creation of cultural goods like cinemas and museums in one jurisdiction increases the welfare of residents of neighboring jurisdictions because they are able to take advantage of these goods and services. The optimal reaction in these neighboring jurisdictions is to decrease expenditures for these types of goods, and to reallocate their resources to different public goods.

Revelli (2010) works on the determination of local public expenditure mimicking and property tax mimicking among 296 English counties. He uses two different reaction functions: a property tax reaction function and a local expenditure reaction function. He confirms the presence of both property tax and local expenditure mimicking among English counties, mainly due to spillover effects.

Ferraresi et al. (2016) consider that the decisions on local public spending depend not only on household income, or on the socio-demographic and political characteristics of each county, but also on the local public spending of neighboring counties. They detect the presence of local expenditure mimicking among 5564 Italian counties from 2001 to 2011, which is due to the presence of spillover effects among Italian counties. Finally, Ramajo et al. (2020) analyze property tax mimicking among 388 Spanish counties from 2006 to 2015. In their reaction function, they include explanatory variables such as the population size, the percentages of elderly and young people in the population, unemployment rate, local public spending per capita, state aid per capita, and the number of left-wing incumbents. They provide evidence for property tax mimicking but show that it is determined only by yardstick competition and not by spillover effects.

Both modalities of tax mimicking, yardstick competition and spillover effects, are considered in this empirical work that is applied to two French regions.

2. DATA ANALYSIS AND METHODOLOGICAL ISSUES

In our empirical analysis, we consider two French regions: Provence-Alpes-Côte-d'Azur and Rhône-Alpes. We work on cross-sectional data from 3865 French counties. The first region contains 978 counties, and the second contains 2887 counties. We focus on the property tax placed on developed properties, which is the primary and most important local tax and accounts for 48% of local tax revenues. We use two different sets of information, nominal tax rate and property tax per receipt amount. The first index is chosen by counties, and the second may be used as a proxy of the effective property tax rate. Property tax income does not depend only on property tax rates, but also on the housing value, which is determined by the cadastral office.

The fiscal variables are provided by the French General Direction of Local Territories dataset. The databases of the French Institute of National Statistics provide information for economic and socio-demographic variables, while political and election variables were collected from the databases of the French Ministry of the Interior. The electoral data and the dependent variables, such as property tax rates and property tax per receipt amount, are collected for 2014, which was an election year. Data concerning all the control variables are available for 2016 to avoid endogeneity issues.

Table 1: Descriptive statistics of variables for PACA

PACA	N	Mean	Std. Dev.	Min	Max
Property tax rates (%)	978	15.57	7.32	0.28	44.42
Property tax per receipt (€)	978	1 332 510	5 765 084	2,348	14 000 000
Population	978	4,715	29,402	7	797,491
Unemployment rate (%)	978	9.3	10.21	0	25.7
Area (km^2)	978	3239	3777	58	75 821
Elderly population (%)	978	29.98	17.28	0.198	1
Central gov. subsidies (€)	978	718,965	460,502	0	3 500 000
Right-wing incumbents	978	0.33	0.47	0	1
Left-wing incumbents	978	0.11	0.31	0	1
Electoral distance	978	31.50	18.35	0	78.77
Littoral	978	0.07	0.26	0	1

Source: Authors, INSEE, French General Direction of Local Authorities, and the Interior Ministry.

Table 2: Descriptive statistics of variables for Rhône-Alpes

Rhône-Alpes	N	Mean	Std. Dev.	Min	Max
Property tax rates (%)	2887	17.08	5.54	0.81	56.28
Property tax per receipt €	2887	553 104	3 615 365	131	14 700 000
Population	2887	1962	10 444	1	445 274
Unemployment rate (%)	2887	5.61	2.93	0	25.3
Area (km^2)	2887	1,546	1,543	39	24 545
Elderly population (%)	2887	23.18	22.05	0	100
Central gov. subsidies (€)	2887	5,051	40,663	0	1 344 949
Right-wing incumbents	2887	0.15	0.35	0	1
Left-wing incumbents	2887	0.23	0.42	0	1
Electoral distance	2887	21.53	36.71	0	1

Source: Authors, INSEE, French General Direction of Local Authorities, and the Interior Ministry.

We use economic and socio-demographic variables, such as population, the area size of each county, the proportion of population over 65 years, unemployment, and dummy variables, such as the presence of a seacoast for PACA counties. We also consider fiscal indicators, such as political variables and the central government subsidies per capita received in each county. One dummy variable takes the value 1 if the county has a right-wing majority local government, and 0 otherwise. Another dummy variable takes the value of 1 if the county has a left-wing local government, and 0 otherwise[1]. Finally, the electoral distance, as defined by Santolini (2008), is the percentage of votes against the actual local government on the previous elections. Tables 1 and 2 deliver descriptive statistics. Concerning the political variables, in Provence-Alpes-Côte-d'Azur 33% of the counties are governed by right-wing parties, whereas 11% of the counties are governed by leftist parties. In Rhône-Alpes, 15% of counties are governed by right-wing parties, and 24% are governed by left-wing parties. The average electoral distance in the Provence-Alpes-Côte-d'Azur region's counties is 31.5%, and 17.59% in Rhône-Alpes' counties.

We focus next on a spatial econometrics methodology to capture tax mimicking among counties, and to determine the sources of these interactions (Brueckner, 2001; Leprince et al., 2005; Delgado et al., 2015; Ramajo et al., 2020). We apply the empirical model of Delgado et al. (2015) using the property tax reaction function, which links the local property tax rate in one county to the different tax rates of competing neighboring counties. The nonspatial models are written as follows:

$$\begin{aligned} \ln\_PT_{it} = \; & \beta_{0it} + \beta_1 \ln\_POP_{it} + \beta_2 \ln\_AREA_{it} + \beta_3 POP65_{it} + \beta_4 UNEMP_{it} + \beta_5 LITT_{it} \\ & + \beta_6 \ln\_GRANT_{it} + \beta_7 RH\_INCU_{it+2} + \beta_8 LEF\_INCU_{it+2} \\ & + \beta_9 ELC\_DIST_{it+2} + \varepsilon_{it} \end{aligned}$$

with t = 2014 and $\forall\, i = 1, \ldots.978$ for PACA and $\forall\, i = 1, \ldots.2887$ for Rhône-Alpes.

$$\begin{aligned} \ln\_TAX\_AMT_{it} = \; & \beta_{0it} + \beta_1 \ln\_POP_{it} + \beta_2 \ln\_AREA_{it} + \beta_3 POP65_{it} + \beta_4 UNEMP_{it} \\ & + \beta_5 LITT_{it} + \beta_6 \ln\_GRANT_{it} + \beta_7 RH\_INCU_{it+2} + \beta_8 LEF\_INCU_{it+2} \\ & + \beta_9 ELC\_DIST_{it+2} + \varepsilon_{it} \end{aligned}$$

with t = 2014 and $\forall\, i = 1, \ldots, 978$, for PACA and $\forall\, i = 1, \ldots, 2887$ for Rhône-Alpes. PT_{it} is the property tax rate, and PT_AMT_{it} is the property tax per receipt amount. POP_{it} designates the population of each county, $AREA_{it}$ is the area of each county, $POP65_{it}$ is the share of the population with more than 65 years, and $UNEMP_{it}$ is the unemployment rate. $LITT_{it}$ is a dummy variable that takes the value 1 if the county is located near the littoral, and 0 otherwise. $GRANT_{it}$ is the central government subsidies received per capita, RH_INCU_{it} is a political variable that designates the right-wing incumbents, and LEF_INCU_{it} is a political variable that indicates the left-wing incumbents. ELC_DIST_{it} is also a political variable that designates the electoral distance.

Table 3: Moran statistics on property tax choices

PACA	Property tax rates	Property tax per receipt amount
First-order Neighbors	0.324***	0.239***
Second-order Neighbors	0.309***	0.168***
Nearest Neighbors, k = 4	0.201	0.205
RHÔNE-ALPES	Property tax rates	Property tax per receipt amount
First-order Neighbors	0.203***	0.139***
Second-order Neighbors	-0.098	0.081
Nearest Neighbors, k = 4	0.135	0.104

*Notes: *, **, *** correspond to a significance at the thresholds of 1%, 5%, 10%, respectively.*

Table 3 presents the Moran statistics on local tax decisions. It confirms the existence of a positive spatial autocorrelation. For both regions, the first-order neighbors indicate a high spatial autocorrelation for dependent variables. The two regions' counties differ when it comes to the second-order neighbors and k-nearest neighbor

[1] All local governments are not right or left wing oriented. Many local governments, especially in small and rural counties, appear as politically neutral.

approximation, with k = 4. To estimate our models, we focus on the first-order neighbors in both regions.

Table 4 presents the general results of the Moran I statistics, revealing neighborhood effects among PACA and Rhône-Alpes counties that influence their socio-demographic, fiscal, and political characteristics. For PACA, the Moran statistics for the population size, unemployment rate, and left-wing incumbents are close to zero. For the Rhône-Alpes, the Moran statistics on property tax income, population size, the proportion of elderly, and the provision central government subsidies are close to zero. Zero means that there is no spatial autocorrelation.

Table 4: Moran I statistics

	PACA	Rhône-Alpes
Property tax rates	0.323***	0.203***
Property tax income	0.239***	0.138***
Population	0.044***	0.050***
Area	0.427***	0.422***
Elderly	0.104***	0.042***
Unemployment rate	0.038***	0.284***
Central gov subsidies	0.758***	0.035***
Rightwing incumbents	0.362***	0.308***
Leftwing incumbents	0.052***	0.202***
Littoral	0.667***	-

Source: Authors, INSEE, French General Direction of Local Authorities and General Direction of Public Finance.

Figures 1 and 2 present the Lisa statistics for the property tax rate and the property tax income for the counties of PACA and Rhône-Alpes. The Lisa statistics are significant at a threshold of 5%. For PACA, when looking at the property tax rate, some High-High clusters appear at the Bouches-du-Rhône and the Var Departments, while Low-Low clusters are mainly found in the far-east Alpes-Maritimes Department. In the Rhône-Alpes, clustering is not so evident. Several small Low-Low clusters appear in the Hautes-Alpes and the Ardèche Departments.

Figure 1: Lisa statistics for property tax rates and property tax income in PACA counties

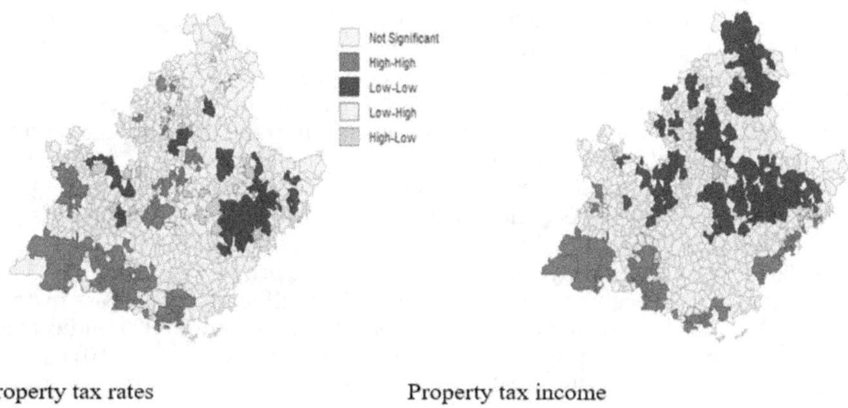

Source: Authors, database of General Direction of Public Finance (DGFIP).

Figure 2: Lisa statistics for property tax rates and property tax income in Rhône-Alpes counties

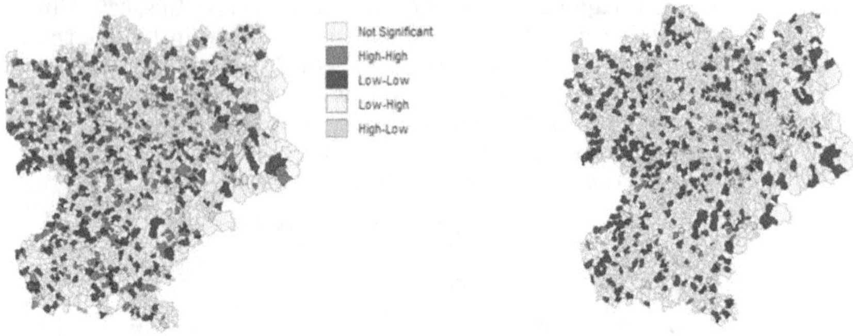

Property tax rates Property tax income

Source: Authors, database of General Direction of Public Finance (DGFIP).

3. RESULTS FROM MODELLING TAX MIMICKING IN FRENCH COUNTIES

Tables 5 and 7 present the results of tax mimicking in counties in the PACA and Rhône-Alpes regions using a spatial econometric model. Two preliminary issues should be discussed: first, the parameter Rho is significant when studying property tax mimicking in counties within the Provence-Alpes-Côte-d'Azur and Rhône-Alpes regions. The coefficients of the parameter Rho are consistent with the Moran I findings and imply that spatial interaction is significant for the property tax rates model and property tax per receipt amount model. Second, Table 8 presents the results of the specifications tests which are based on the recommendations of Lesage and Pace (2009) and Elhorst (2010). Elhorst recommends starting with the SDM model as a general specification. Tables 6 and 9 deliver the results for marginal effects which feature direct, indirect and total effects. The indirect effects exhibit how a change in a variable in one county affects its neighbors.

In both regions, an increase in the property tax rate (or the property tax per receipt amount) in a county has a positive impact on the property tax rates (or the property tax per receipt amounts) of its neighboring counties, which confirms the hypothesis of property tax mimicking.

In both regions, the county's population has a positive effect on the property tax rate and on the property tax income. This could be explained by the fact that an increase in the population size increases local public spending and the local tax base value. Conversely, an increase in the population of a county has a negative effect on the property tax rates and property tax incomes of neighboring counties. This suggests that individuals leave smaller counties for relocation to the most populated ones due to a higher level of local public services. For the PACA region, a 1% increase in a county's population raises its property tax rate by 0.16% and the property tax per receipt amount by 1.11% (direct effects), while a 1% increase in its neighbor's population leads to a 0.07% decrease in its tax rate (indirect effect). For the Rhône-Alpes region, a 1% increase in a county's population raises the property tax rate by 0.11% and the property tax per receipt amount by 0.95% (direct effects). An increase in its neighbor's population leads to a decrease in the property tax rate by 0.03% (indirect effect).

Regarding the demographic composition of the counties, Shan (2010) asserts that high property tax rates push elderly homeowners to move, while Bocci et al. (2019) argue that the proportion of elderly people in the population has a positive impact on the property tax rate due to the higher level of demand for local services.

Table 5: Property tax mimicking in counties in the Provence-Alpes-Côte-d'Azur region

Variables	Property tax rates			Property tax per receipt amount		
	Nonspatial Model	SAR	SDM	Nonspatial model	SAR	SDM
Population	0.1454*** (0.0127)	0.1371*** (0.0123)	0.1303*** (0.0315)	1.1568*** (0.0831)	1.0187*** (0.0633)	1.1136*** (0.0632)
Area	0.02071 (0.0169)	-0.0025 (0.0200)	0.0433** (0.0231)	0.3204* (0.0831)	0.0341 (0.1008)	0.2839** (0.1011)
Population over 65	-0.0031* (0.0012)	-0.0030* (0.0017)	-0.0021 (0.0014)**	-0.0017 (0.0031)	-0.0014 (0.0078)	-0.0002 (0.0063)*
Unemployment rate	0.0721*** (0.0146)	0.0729*** (0.0195)	0.0729*** (0.0179)	0.0386 (0.0283)	0.0432 (0.0977)	0.0246 (0.0789)
Per capita grants	0.0083* (0.0038)	0.0081*** (0.0017)	0.0077*** (0.0016)	0.0331 (0.0211)	0.0306*** (0.0087)	0.0270*** (0.0071)
Left-wing incumbents	0.1152* (0.0357)	0.1054** (0.0504)	0.0908** (0.0465)	0.2268* (0.1118)	0.1655 (2513)**	0.3651** (0.2041)
Right-wing incumbents	0.0554 (0.0335)	0.0540 (0.0415)	0.0588 (0.0386)	-0.2747 (0.1562)	-0.2831 (0.2073)	-0.1499 (0.1694)
Electoral distance	0.0020** (0.0008)	0.0021** (0.0008)	0.0012** (0.0007)	-0.0023 (0.0035)	-0.0071 (0.0041)	-0.0022 (0.0033)
Littoral	0.1880*** (.0482)	0.1425** (0.0666)	0.1662** (0.0871)	3.468** (1.0205)	2.657*** (0.3445)	1.6522*** (0.3819)
Spatial ρ	-	0.0602*** (0.0211)	0.5003*** (0.0418)	-	0.1578*** (0.0235)	0.7725*** (0.0334)
w_x						
Population	-	-	-0.1344*** (0.0248)	-	-	-0.8660*** (0.1118)
Area	-	-	-0.0812*** (0.0221)	-	-	-0.4633*** (0.0929)
Population over 65	-	-	-0.0054 (0.0039)**	-	-	-0.0087 (0.0173)*
Unemployment rate	-	-	-0.0257*** (0.0719)	-	-	-0.1330 (0.3145)
Per capita grants	-	-	-0.0013*** (0.0045)	-	-	0.0107 (0.0197)
Right-wing incumbents	-	-	0.0296 (0.0903)	-	-	0.2659 (0.3961)
Left-wing incumbents	-	-	0.1842** (0.1123)	-	-	-0.2154** (0.4938)
Electoral distance	-	-	0.0015 (0.0020)	-	-	-0.0034 (0.0087)
Littoral	-	-	-0.0233** (0.1686)	-	-	-0.7743 (0.7782)
Intercept	1.3822*** (0.1425)	14747*** (0.1554)	1.2058*** (0.1498)	1.8661** (0.6584)	3.2708*** (0.7867)	2.6094*** (0.6555)
Observations	978	978	978	978	978	978
Log likelihood	-	-649.26	-580.038	-	-2222.57	-2060.17

*Note: *, **, *** correspond to significance at the thresholds of 1%, 5%, 10%, respectively. Source: Authors, (INSEE), French General Direction of Local Authorities (DGCL) and the Ministry of the Interior.*

In PACA, the proportion of elderly people in a county not only negatively affects its property tax rate but also the property tax rates of its neighbors; this parameter is not significant for counties in the Rhône Alpes. This seems to align with the demographics of both regions. The southern PACA region receives a steady influx of elderly people who choose to relocate to the sunny French Riviera. The elderly make up the largest electoral body in the PACA municipalities; these municipalities adapt their fiscal and public goods and services policies to the needs of this population group.

In both regions, a county's unemployment rate has a positive effect on its property tax rate. This may appear to be a controversial result. Bordignon et al. (2003), Gérard et al. (2009) and Cassette et al. (2012) reported a negative effect of unemployment rate on a county's property tax rate. Conversely, Leprince et al. (2005), Edmark and Agren (2008) and Lyytikainen (2012) show that the unemployment rate has a positive effect on the property tax rate. Bastida et al. (2019) stress the fact that residents of counties with a high level of unemployment need more local public services which can only be funded through local taxes. In both French regions' counties, a higher unemployment rate clearly leads to higher property taxes, which confirms the assumption that higher public services are funded by local governments through the taxation of real estate. Unemployment does not affect the tax rates in neighboring counties.

Table 6: Direct and indirect effects of property tax mimicking in counties in the Provence-Alpes-Côte-d'Azur region

Effects	Variables	Property tax rate		Property tax per receipt amount	
		SAR	SDM	SAR	SDM
Direct Effects	Population	0.1372*** (0.0123)	0.1666*** (0.0141)	1.0225*** (0.0632)	1.1126*** (0.0646)
	Area	-0.0025 (0.0200)	0.0384** (0.0231)	0.0342 (0.1011)	0.2381** (0.1076)
	Population over 65	-0.0030* (0.0015)	-0.0026** (0.0015)	-0.0014 (0.078)	-0.0019 (0.0078)
	Unemployment rate	0.0730*** (0.0195)	0.0738*** (0.0198)	0.0433 (0.0980)	0.0031 (0.1082)
	Per capita grants	0.0081*** (0.0017)	0.0080*** (0.0016)	0.0307*** (0.0087)	0.0329*** (0.0083)
	Right-wing incumbents	0.0540 (0.0415)	0.0640 (0.0404)	-0.2841 (0.2080)	-0.1217 (0.2021)
	Left-wing incumbents	0.1054** (0.0504)	0.1108** (0.0488)	0.1661 (0.2522)	0.3776** (0.2454)
	Electoral distance	0.0021** (0.0008)	0.0014* (0.0007)	-0.0007 (0.0041)	-0.0032 (0.0039)
	Littoral	0.1425** (0.0666)	0.1754** (0.0813)	2.666*** (0.344)	2.0372*** (0.3549)
Indirect effects	Population	0.0075** (0.0027)	-0.0786*** (0.0344)	0.1619*** (0.0265)	-0.0189*** (0.3032)
	Area	-0.0001 (0.0011)	-0.0957** (0.0314)	0.0054 (0.0156)	-0.8176** (0.3082)
	Population over 65	-0.0001 (0.0001)	-0.0103 (0.0064)	-0.0002 (0.0012)	-0.0301 (0.0600)
	Unemployment rate	0.0040 (0.0018)	0.0172 (0.1163)	0.0068 (0.0155)	-0.3819 (1.0754)
	Per capita grants	0.0004 (0.0001)	0.0041 (0.0071)	0.0048** (0.0015)	0.1058 (0.0671)
	Right-wing incumbents	0.0029 (0.0025)	0.0951 (0.1464)	-0.0449 (0.0339)	0.5028 (1.3640)
	Left-wing incumbents	0.0058* (0.0034)	0.3692** (0.1842)	0.0263 (0.0400)	0.2232 (0.0296)
	Electoral distance	0.0001* (0.0006)	0.0034 (0.0031)	-0.0001 (0.0006)	-0.1745 (0.02964)
	Littoral	0.0078* (0.0041)	0.1713** (0.2271)	0.4223*** (0.0744)	6.8701*** (1.9428)

Effects	Variables	Property tax rate		Property tax per receipt amount	
		SAR	SDM	SAR	SDM
Total effects	Population	0.1448*** (0.0126)	0.0879*** (0.0357)	1.1842*** (0.0698)	1.0936** (0.3231)
	Area	-0.0026 (0.0211)	-0.0576** (0.0395)	0.0397 (0.1167)	-0.5795 (0.3691)
	Population over 65	-0.0031* (0.0016)	-0.0129** (0.0395)	-0.0016 (0.0090)	-0.0321 (0.0652)
	Unemployment rate	0.0771*** (0.0207)	0.0911*** (0.1262)	0.0502 (0.1135)	-0.3787 (1.1537)
	Per capita grants	0.0085** (0.0018)	0.0121*** (0.0077)	0.0356*** (0.1012)	0.1387 (0.0719)
	Right-wing incumbents	0.0570 (0.0438)	0.1591 (0.1641)	-0.3291 (0.2411)	0.3811 (1.4907)
	Left-wing incumbents	0.1112** (0.0531)	0.4801** (0.2055)	0.1925 (0.2925)	0.6008** (1.8632)
	Electoral distance	0.0022* (0.0008)	0.0049* (0.0035)	-0.0008 (0.0047)	-0.0206 (0.0320)
	Littoral	0.1504** (0.0696)	0.3467*** (0.2075)	3.0890*** (0.3804)	8.9073*** (1.9395)

*Note: *, **, *** correspond to significance at the thresholds of 1%, 5%, 10% respectively.*
Source: Authors, (INSEE), French General Direction of Local Authorities (DGCL) and the Ministry of the Interior.

The fiscal indicator of the subsidies per capita received by the county from the central government has a positive effect on the property tax rate and on the property tax per receipt amount for the counties in both regions. Subsidies per capita can be used as a proxy of the influence of the central government on local governments' expenditure policies (Bastida et al., 2019). Leprince et al. (2005) attribute this positive relation to a fly paper effect[2]. For the counties in the Provence-Alpes-Côte-d'Azur region, a 1% increase in subsidies per capita from the central government, increases the property tax rate by 0.008% and the property tax per receipt amount by 0.032% (direct effect). For the region of the Rhône-Alpes, the property tax rate is increased by 0.00021% and the property tax per receipt amount by 0.0016% (direct effect). The results also show that an increase in subsidies from the central government in a county does not have an effect on the property tax rates of neighboring counties.

Next, it clearly appears that left-wing local governments are correlated with higher property tax rates in the counties of both regions. Tellier (2006) reinforces that left-wing parties increase local public spending and property tax rates while right-wing parties decrease them. For counties in the Provence-Alpes-Côte-d'Azur region, a 1%increase in left-wing incumbent participation in the municipal council increases the property tax rate by 0.11% (direct effect) and the property tax rates of neighboring counties by 0.36% (indirect effect). In counties of the Rhône Alpes, a 1% increase in left-wing incumbents increases the property tax rate by 0.05%, the property tax per receipt amount by 0.201% (direct effect) and the property tax rates

[2] The fly paper effect describes a strategy adopted by low income counties seeking subsidies from the central government. For this, they plan the production of new public goods and services which are financed by local taxes and Central State's funds. Hines and Thaler (1995) and Bailey and Cannolly (1998) show that the central government supports counties which produce public goods when they make an effort to finance a part of their expenses through local funds.

of neighboring counties by 0.25% (indirect effect). The presence of right-wing governments does not affect tax rates in the PACA region while it negatively affects tax rates in the Rhône-Alpes.

Table 7: Property tax mimicking in counties in the Rhône-Alpes region

Variables	Rhône-Alpes					
	Property tax rates			Property tax per receipt amount		
	Nonspatial model	SAR	SDM	Nonspatial model	SAR	SDM
Population	0.136*** (0.008)	0.111*** (0.007)	0.113*** (0.007)	1.043*** (0.0261)	1.011*** (0.017)	0.95*** (0.019)
Area	-0.018* (0.0104)	-0.064*** (0.010)	0.028** (0.011)	0.134*** (0.0269)	0.086*** (0.024)	0.268*** (0.028)
Population over 65	-0.00006 (0.0007)	0.0001 (0.0005)	-0.00001 (0.0005)	0.00062 (0.0022)	0.00075 (0.0014)	0.00027 (0.0012)
Unemployment rates	0.037* (0.014)	0.035* (0.018)	0.0368** (0.0162)	0.0403** (0.0201)	0.0378 (0.0443)	0.0311 (0.0403)
Per capita grants	0.0002*** (0.00004)	0.0001*** (0.00006)	0.0002*** (0.00)	0.0016*** (0.00038)	0.0016*** (0.00016)	0.0016*** (0.00015)
Left-wing incumbents	0.056** (0.0201)	0.0504** (0.022)	0.0384** (0.019)	0.157** (0.0558)	0.154** (0.097)	0.189*** (0.189)
Right-wing incumbents	-0.075*** (0.0183)	-0.071*** (0.019)	-0.0175*** (0.018)	0.1058** (0.0518)	0.0977** (0.0479)	0.11** (0.045)
Electoral distance	-0.0000063 (0.00001)	-0.0000003 (0.00)	0.00000295 (0.0000)	-0.000034* (0.00002)	-0.000032 (0.00008)	-0.0000004 (0.00007)
Spatial ρ	-	0.14*** (0.077)	0.63*** (0.022)	-	0.034*** (0.0065)	0.558*** (0.0252)
w_x						
Population	-	-	-0.088*** (0.0135)	-	-	-0.518*** (0.0438)
Area	-	-	-0.15*** (0.012)	-	-	-0.446*** (0.0314)
Population over 65	-	-	-0.004 (0.0021)	-	-	-0.009* (0.0053)
Unemployment rate	-	-	-0.046*** (0.048)	-	-	-0.0087 (0.121)
Per capita grants	-	-	0.00016*** (0.00017)	-	-	-0.00083** (0.00042)
Left-wing incumbents	-	-	0.11** (0.045)	-	-	0.0189 (0.1131)
Right-wing incumbents	-	-	-0.078** (0.039)	-	-	-0.0075 (0.095)
Electoral distance	-	-	-0.0007 (0.000008)	-	-	-0.00038* (0.00021)
Intercept	1.81*** (0.082)	2.003*** (0.011)	1.66*** (0.071)	3.73*** (0.21)	3.94*** (0.188)	3.505*** (0.177)
Observations	2887	2887	2887	2887	2887	2887
Log likelihood	-1215.32	-941.36	-	-	-3756.75	-3550.81

*Note: *, **, *** correspond to significance at the thresholds of 1%, 5%, 10% respectively. Source: Authors, INSEE, French General Direction of Local Authorities (DGCL) and the Ministry of the Interior.*

Finally, coastal areas exhibit higher property tax rates and property tax income in counties of the PACA region. This is due to the fact that these counties feature higher tax base values because of land competition between primary and secondary residences.

Table 8: Results from the specification tests

	Provence-Alpes-Côte-d'Azur		Rhône-Alpes	
	Property tax rates	Property tax per receipt amount	Property tax rates	Property tax per receipt amount
LM-Lag	302.23***	24.17***	325.43***	29.36***
LM-Error	747.51***	19.53***	801.25***	25.93***
RLM-Lag	1.72	6.59***	0.99	9.28***
RLM-Error	467.24***	0.003	511.36***	0.016
LR $(H_0): \alpha' = \beta' = 0 ; SLM$	413.58***	481.05***	382.78***	414.29***
$LR(H_0): \alpha' + \rho\alpha = 0 ; \beta' + \rho\beta = 0; SEM$	34.25***	43.96***	26.35***	38.81***

*Note: *, **, *** correspond to significance at the thresholds of 1%, 5%, 10% respectively.*

Table 9: Direct and indirect effects of tax mimicking in counties in the Rhône-Alpes

Effects	Variables	Property tax rates		Property tax per receipt amount	
		SAR	SDM	SAR	SDM
Direct effects	Population	0.1116*** (0.0071)	0.1115*** (0.0075)	1.011*** (0.0175)	0.9514*** (0.0187)
	Area	-0.065*** (0.0102)	0.0134 (0.0117)**	0.086** (0.0247)	0.241*** (0.0289)
	Population over 65	0.0001 (0.0005)	-0.0004 (0.0006)	0.00075 (0.0014)	-0.00057 (0.0014)
	Unemployment rate	0.0351* (0.0184)	0.0342** (0.0182)	0.0378 (0.0443)	0.0318 (0.0439)
	Per capita grants	0.00019** (0.00006)	0.00021** (0.0006)	0.0016*** (0.00016)	0.0016*** (0.00016)
	Left-wing incumbents	0.0505** (0.022)	0.0533** (0.021)	0.154** (0.0531)	0.201*** (0.051)
	Right-wing incumbents	-0.0708*** (0.0198)	-0.0275 (0.0189)	0.0977** (0.0479)	0.1155*** (0.0464)
	Electoral distance	-0.000003 (0.0000332)	-0.000005 (0.00)	-0.000032 (0.00008)	-0.00004 (0.000079)
Indirect effects	Population	0.0149*** (0.0014)	-0.0315 (0.0217)	0.0300*** (0.0057)	0.020 (0.0461)
	Area	-0.0087*** (0.0018)	-0.252*** (0.0239)	0.0025*** (0.00071)	-0.489*** (0.049)
	Population over 65	0.000014 (0.00007)	-0.008* (0.0041)	0.0000225 (0.000042)	-0.015* (0.009)
	Unemployment rate	0.0047* (0.024)	-0.045 (0.095)	0.0011 (0.0013)	0.0143 (0.2038)
	Per capita grants	0.00025** (0.000009)	0.00053 (0.0003)	0.00005*** (0.00001)	0.00013 (0.0007)
	Left-wing incumbents	0.0067** (0.003)	0.256** (0.085)	0.0045** (0.00181)	0.2057 (0.1831)
	Right-wing incumbents	-0.0094** (0.0027)	-0.171** (0.071)	0.0028* (0.0015)	0.0897 (0.1531)
	Electoral distance	-0.000 (0.0000037)	-0.0001 (0.00017)	-0.000 (0.00)	-0.00063* (0.00036)

Effects	Variables	Property tax rates		Property tax per receipt amount	
		SAR	SDM	SAR	SDM
Total effects	Population	0.126*** (0.0077)	0.079** (0.0232)	1.041*** (0.0169)	0.971*** (0.049)
	Area	-0.0738*** (0.0119)	-0.239*** (0.027)	0.0887*** (0.0253)	-0.248*** (0.0574)
	Population over 65	0.0001 (0.0006)	-0.0084* (0.0045)	0.00077 (0.0014)	-0.0159 (0.0097)
	Unemployment rate	0.039* (0.0208)	-0.011 (0.105)	0.0389 (0.0456)	0.0461 (0.2261)
	Per capita grants	0.00021** (0.0007)	0.0007** (0.00037)	0.0017*** (0.00017)	0.0017** (0.00079)
	Left-wing incumbents	0.0573** (0.025)	0.31** (0.0932)	0.1593** (0.0547)	0.4064** (0.2007)
	Right-wing incumbents	-0.0803*** (0.0225)	-0.199** (0.0781)	0.101** (0.049)	0.205 (0.1684)
	Electoral distance	-0.000003 (0.00)	-0.00014 (0.00019)	-0.000033 (0.00008)	-0.00067* (0.0004)

*Note: *, **, *** correspond to significance at the thresholds of 1%, 5%, 10% respectively.*
Source: Authors, INSEE, French General Direction of Local Authorities (DGCL) and the Ministry of the Interior.

4. THE SOURCES OF TAX MIMICKING IN FRENCH COUNTIES

The results presented in the previous section confirm the existence of property tax mimicking among the 978 counties in the Provence-Alpes-Côte-d'Azur region and the 2,887 counties in the region of the Rhône-Alpes. Two mechanisms explain the presence of strategic interaction among local governments: yardstick competition and spillover effects. Bordignon et al. (2003) suggest that tax mimicking can be attributed to both phenomena equally. We show that yardstick competition is the main source of tax mimicking in counties in the PACA region, while both yardstick competition and spillover effects determine tax mimicking in the Rhone Alpes region.

In yardstick competition models, consumer-voters compare the tax rate in their county to those of neighboring counties. If property tax rates of neighboring counties are lower than that of their own county for a similar public good endowment, the consumer-voters are not likely to re-elect their local incumbents. To test a yardstick competition model, we follow Ferraresi et al. (2016) and Bocci et al. (2019), but we modify the reaction function by including a specific interaction term between the electoral distance and the average neighboring tax wt as follows:

$$t = \rho wt + X\beta + \delta_1 (electoral_{distance} . wt) + \varepsilon$$

If the coefficient of the interaction term is significant and nonzero, this indicates that counties mimic each other in terms of their fiscal policies. A negative interaction between neighboring property tax policies and the electoral distance shows that incumbents are interested in mimicking the property tax policies of neighboring counties in order to be re-elected. A positive interaction between neighboring property tax policies and electoral distance implies that incumbents from different counties may have common interests and form electoral alliances. Finally, if the coefficient is not significant, then there is no evidence of yardstick competition between counties. In that case, local tax decisions do not interfere with the electoral outcome in neighboring counties.

Table 10: Results from the yardstick competition model

Variables	Provence-Alpes-Côte-d'Azur		Rhône-Alpes	
	Property tax rates	Property tax per receipt amount	Property tax rates	Property tax per receipt amount
ρ	0.104*** (0.029)	0.273*** (0.241)	0.141*** (0.111)	0.0347*** (0.0347)
Population	0.146*** (0.0126)	0.904*** (0.0618)	0.111*** (0.0071)	1.011*** (0.0175)
Area	0.0009 (0.0202)	0.245** (0.0987)	-0.064*** (0.0102)	0.0897*** (0.0248)
Population over 65	-0.0032** (0.0015)	-0.006 (0.0074)	0.0002 (0.005)	0.0007 (0.0014)
Unemployment rate	0.071*** (0.0193)	0.043 (0.0931)	0.0351* (0.0183)	0.0379 (0.0443)
Per capita grants	0.0081*** (0.0017)	0.0284** (0.0083)	0.0002** (0.000068)	0.0016*** (0.00016)
Left-wing incumbents	0.1015** (0.049)	0.301 (0.2400)	0.0504** (0.022)	0.155** (0.0530)
Right-wing incumbents	0.0448 (0.0412)	-0.313 (0.197)	-0.0708*** (0.0198)	0.0967** (0.0478)
Electoral distance	0.0023** (0.0008)	0.0019 (0.004)	-0.000003 (0.0000)	-0.00003 (0.00007)
W*electoral distance	-0.0048** (0.00204)	-0.067*** (0.0089)	-0.00016 (0.00009)	-0.0006 (0.0002)
Littoral	-0.0897 (0.067)	-3.043*** (0.343)	-	-
Intercept	2.652*** (0.381)	6.214*** (1.87)	1.996*** (0.077)	3.927*** (0.188)
Observations	978	978	2887	2887
Log likelihood	-640.02	-2179.43	-1213.98	-3753.53

*Notes: *, **, *** correspond to significance at the thresholds of 1%, 5%, 10% respectively. Source: Authors, INSEE, French General Direction of Local Authorities (DGCL) and the Ministry of the Interior.*

Table 10 presents the estimations from the yardstick competition models in both regions. As expected, for counties in the Provence-Alpes-Côte-d'Azur's region, the interaction coefficients are negative and significant. This implies that the incumbents of counties in this region imitate each other in order to appeal to consumer-voter preferences. Spatial property tax mimicking is responsive to the electoral cycle. This implies that property tax policies are influenced by neighboring property tax policies because of electoral campaigns. This is not the case for counties in the Rhône-Alpes region because the coefficient is not significant. In the Rhône-Alpes, spatial property tax mimicking is nonresponsive to the electoral cycle.

The absence of yardstick competition among counties in the Rhône-Alpes region could indicate that consumer-voters trust their local incumbents to spend the totality of local tax revenues on providing local public goods and services. As stressed previously, average property taxes are lower in the Rhône-Alpes region than in Provence-Alpes-Côte-d'Azur.

We then test if tax mimicking is due to spillover effects. The existence of spillover effects indicates that tax choices and local public expenditures generate positive or negative externalities affecting the welfare of consumers of neighboring local governments. A change in the tax policy of a local government provides a strategic incentive for neighboring local governments to also modify their tax policies. Following Ferraresi et al. (2016) and Bocci et al. (2019), we test the spillover effects model, but we modify the reaction function by including a specific interaction term between the population size and the average neighboring tax wt as follows:

$$t = \rho wt + X\beta + \delta_2(population.wt) + \varepsilon$$

The interaction term is used to verify whether county size influences spatial interdependencies. Table 11 presents the results of spillover effects in the counties of both regions.

Table 11: Results of spillover effects

Variables	Provence-Alpes-Côte-d'Azur		Rhône-Alpes	
	Property tax rates	Property tax per receipt amount	Property tax rates	Property tax per receipt amount
ρ	0.4044*** (0.0384)	0.706*** (0.0322)	0.507*** (0.0201)	0.3442*** (0.0236)
Population	0.2018*** (0.013)	1.265*** (0.0549)	0.1631*** (0.0071)	1.087*** (0.0178)
Area	-0.015 (0.018)	-0.001 (0.082)	-0.0722*** (0.0094)	0.0065 (0.024)
Population over 65	-0.002 (0.0014)	0.0015 (0.0063)	0.00024 (0.0005)	0.001 (0.0013)
Unemployment rate	0.081*** (0.018)	0.0887 (0.0792)	0.0341** (0.017)	0.0295 (0.0427)
Per capita grants	0.0084*** (0.0016)	0.0309*** (0.0070)	0.00021** (0.00006)	0.0017*** (0.0001)
Left-wing incumbents	0.1012** (0.047)	0.405** (0.2041)	0.0451** (0.0204)	0.168** (0.0512)
Right-wing incumbents	0.081** (0.038)	-0.0083 (0.168)	-0.0151 (0.0185)	0.1593** (0.046)
Electoral distance	0.0016** (0.0007)	-0.0024 (0.0033)	0.00001 (0.00003)	0.0000036 (0.00007)
W*population	-0.1638*** (0.015)	-1.219*** (0.0601)	-0.178*** (0.009)	-0.5617*** (0.0414)
Littoral	-0.143** (0.0642)	-2.377*** (0.291)	-	-
Intercept	1.61*** (0.3747)	7.07*** (1.58)	1.897*** (0.0719)	4.081*** (0.181)
Observations	978	978	2887	2887
Log likelihood	-594.12	-2058.48	-1043.74	-3670.81

*Note: *, **, *** correspond to significance at the thresholds of 1%, 5%, 10% respectively. Source: Authors, INSEE, French General Direction of Local Authorities (DGCL) and the Ministry of the Interior.*

The coefficients for the counties in the Rhône-Alpes region are negative and significant, which implies that property tax mimicking between a county and its neighbors is weakened by an increase in population. Counties with a large population guarantee a higher provision of local public goods and services to the entire population even if they are not all taxpayers. Therefore, these counties are less interested in imitating the tax policies of their neighbors because they have higher expenditure needs. Smaller counties mimic tax policies of neighboring jurisdictions because they are more sensitive to the tax choices of their neighbors since they feature similar levels of local revenue and local public expenditures.

In the region of Provence-Alpes-Côte-d'Azur, the coefficient of interaction between the demographic variable and the neighboring property tax is also negative and significant. This result implies that property tax mimicking among the counties of Provence-Alpes-Côte-d'Azur is due to both yardstick competition and to spillover effects. This indicates that small counties in both regions mimic neighboring property tax policies in order to increase their property tax income.

CONCLUSION

The first objective of this paper is to explore the existence of property tax mimicking among French counties in two different regions: Provence-Alpes-Côte-d'Azur and Rhône-Alpes. The second is to detect the source of property tax mimicking among French counties, that is, either yardstick competition or spillover effects. To detect the presence of property tax mimicking among French counties, we use the property tax reaction function.

The paper takes a novel approach in its application to the county, a very narrow level of spatial analysis. Highly consistent data collection has been performed for that purpose. The paper does not focus on fiscal cooperation since tax mimicking models do not build on such hypotheses. In France, each county can determine its own local tax rates but cooperation may also occur within intercounty associations (intercommunalité). Intercounty associations are a unique feature of the French regional and local institutional system. They allow neighboring counties to cooperate in the production of local public goods and services and in the management of public networks such as transport. In many cases, some fiscal homogeneity may also occur. Since we compare the counties in each region, regional differences do not affect our results but differences at the department level may also appear. A portion of property tax income is allocated to the departments[3], which means that departments may also influence the determination of local tax rates.

The results confirm that the counties in the PACA and Rhône-Alpes regions mimic their neighboring counties' policies in terms of property tax rates. Several socio-demographic, fiscal and political variables such as population size, area size, unemployment rate, per capita grants and left-wing incumbents are statistically significant.

To explore if property tax mimicking is due to yardstick competition, we modify the property tax reaction function by introducing an interaction term between the electoral distance and the property tax rates of neighboring counties. The results show that yardstick competition could be a source of property tax mimicking in counties in the PACA region but not in those in the Rhône-Alpes region. To explore if tax mimicking due to spillover effects exists in counties in the Rhône-Alpes and acts as a second source of tax mimicking for counties in the PACA region, we introduce into the property tax reaction function an interaction term between the population size and the property tax rates of neighboring counties. The results show that spillover effects are the source of property tax mimicking in counties in both the Rhône-Alpes and PACA regions.

Future work could cover the whole French territory but this would require a very consistent and long-term data collection. The level and type of local public expenses could also be examined to understand how counties aim to differentiate their local public goods supply compared to neighboring counties.

---

[3] This is no longer the case in 2021. Counties receive almost all income from property taxes – a small portion goes to the Region. However, intercounty associations may also receive a part of these taxes.

REFERENCES

Alesina, A., Rosenthal, H. (1995). *Partisan Politics, Divided Government, and the Economy*. New York: Cambridge University Press.

Allers, M. A., Elhorst, J. P. (2005). Tax mimicking and yardstick competition among local governments in the Netherlands. *International tax and public finance*, 12(4), 493-513.

Bastida, F., Benito, B., Guillamón, M. D., Ríos, A. M. (2019). Tax mimicking in Spanish municipalities: expenditure spillovers, yardstick competition, or tax competition? *Public sector economics*, 43(2), 115-139.

Beck, J. H. (1983). Tax competition, uniform assessment, and the benefit principle. *Journal of urban Economics*, 13(2), 127-146.

Besley, T., Case, A. (1995). Does electoral accountability affect economic policy choices? Evidence from gubernatorial term limits. *The Quarterly Journal of Economics*, 110(3), 769-798.

Bocci, C., Ferretti, C., Lattarulo, P. (2019). Spatial interactions in property tax policies among Italian municipalities. *Papers in Regional Science*, 98(1), 371-391.

Bordignon, M., Cerniglia, F., Revelli, F. (2003). In search of yardstick competition: a spatial analysis of Italian municipality property tax setting. *Journal of Urban Economics*, 54(2), 199-217.

Bosch, N., Solé-Ollé A. (2007). Yardstick competition and the political costs of raising Taxes: An empirical analysis of Spanish municipalities. *International Tax and Public Finance*, 14(1), 71-92.

Brueckner, J. K. (2003). Strategic interaction among governments: An overview of empirical studies. *International Regional Science Review*, 26(2), 175-188.

Brueckner, J. K., Saavedra, L. A. (2001). Do local governments engage in strategic property-tax competition? *National Tax Journal*, 203-229.

Bucovetsky, S. (1991). Asymmetric tax competition. *Journal of Urban Economics*, 30(2), 167-181.

Case, A. C., Rosen, H. S., Hines Jr, J. R. (1993). Budget spillovers and fiscal policy interdependence: Evidence from the states. *Journal of Public Economics*, 52(3), 285-307.

Cassette, A., Di Porto, E., Foremny, D. (2012). Strategic fiscal interaction across borders: Evidence from French and German local governments along the Rhine Valley. *Journal of Urban Economics*, 72(1), 17-30.

Deffains, B., Jérôme, B., Speziari, V. (1996). Décentralisation et compétition fiscale : les limites à la dynamique concurrentielle des territoires, in J. Brot (éd.), *Entreprise, région et développement, mélanges en l'honneur de René Gendarme*, Editions Serpenoise, 155-172.

Delgado, F. J., Lago-Peñas, S., Mayor, M. (2015). On the determinants of local tax rates: new evidence from Spain. *Contemporary Economic Policy*, 33(2), 351-368.

Downs, A. (1957). An Economic Theory of Political Action in Democracy. *Journal of Political Economy*, 65(2), 135-150.

Dubois, E., Paty, S. (2010). Yardstick competition: which neighbours matter? *The Annals of Regional Science*, 44(3), 433-452.

Edmark, K., Ågren, H. (2008). Identifying strategic interactions in Swedish local income tax policies. *Journal of Urban Economics*, 63(3), 849-857.

Elhorst, J. P. (2010). Applied spatial econometrics: raising the bar. *Spatial Economic Analysis*, 5(1), 9-28.

Farvaque, J. Zuindeau, B. (2007). Inégalités écologiques et comportement électoral : le cas des élections municipales françaises de 2001, *Développement durable et territoires. Economie, géographie, politique, droit, sociologie (Dossier 9)*. 16p.

Feld, L. P., Kirchgässner, G. (2001). Income tax competition at the state and local level in Switzerland. *Regional Science and Urban Economics*, 31(2-3), 181-213.

Ferraresi, M., Migali, G., Nordi, F., Rizzo, L. (2016). *Spatial interaction in local expenditures among Italian municipalities: evidence from Italy 2001-2011.*, IEB Working Paper (2016/22), Institut d'Economia de Barcelona.

Gérard, M., Jayet, H., Paty, S. (2009). *Tax interactions among Belgian municipalities: does language matter?* CESifo Working Paper 2558.

Gordon, R. H. (1983). An optimal taxation approach to fiscal federalism. *The Quarterly Journal of Economics*, 98(4), 567-586.

Guengant, A. (1992). *Taxe professionnelle et intercommunalité.* Librairie générale de droit et de jurisprudence.

Hanes, N. (2002). Spatial spillover effects in the Swedish local rescue services. *Regional Studies*, 36(5), 531-539.

Houdebine, M., Schneider, J. L. (1997). Mesurer l'influence de la fiscalité sur la localisation des entreprises. *Économie et Prévision*, 131, 47-64.

Jayet, H., Paty, S., Pentel, A. (2002). Existe-t-il des interactions fiscales stratégiques entre les collectivités locales. *Economie et Prévision*, 3, 95-105.

Jérôme, B., Jérôme-Speziari, V., (2002). Les municipales de mars 2001 : vote récompense ou vote sanction ?, *Revue Française de Science Politique*, 52(2), 251-273.

Kelejian, H., Robinson, D. (1993). A suggested method of estimation for spatial interdependent models with autocorrelated errors, and an application to a county expenditure model. *Papers in Regional Science*, 72(3), 297-312.

Lafay, J.-D., Jérôme, B. (1991). Qualité de la gestion municipale et résultats électoraux des maires sortants : analyse empirique des élections de mars 1989. *Revue Économie*, 35-50.

Leprince, M., Paty, S., Reulier, E. (2005). Choix d'imposition et interactions spatiales entre collectivités locales: un test sur les départements français. *Recherches Économiques de Louvain/Louvain Economic Review*, 71(1), 67-93.

LeSage, J. P., Pace, R. K. (2009). *Introduction to spatial econometrics*. Chapman and Hall/CRC., 340p.

Lundberg, J. (2006). Spatial interaction model of spillovers from locally provided public services. *Regional Studies*, 40(6), 631-644.

Lyytikäinen, T. (2012). Tax competition among local governments: Evidence from a property tax reform in Finland. *Journal of Public Economics*, 96(7-8), 584-595.

Mintz, J., Tulkens, H. (1986). Commodity Tax Competition Between Member States of a Federation: Equilibrium and Efficiency, 29J. *Journal of Public Economics*, 29(3), 133–172.

Oates, W. E., Schwab, R. M. (1988). Economic competition among jurisdictions: efficiency enhancing or distortion inducing? *Journal of Public Economics*, 35(3), 333-354.

Ollé, A.S. (2006). Expenditure spillovers and fiscal interactions: Empirical evidence from local governments in Spain. *Journal of Urban Economics*, 59(1), 32-53.

Ramajo, J., Ricci-Risquete, A., Jerez, L., Hewings, G. J. (2020). Impacts of Neighbors on Local Tax Rates: A Space–Time Dynamic Panel Data Analysis. *International Regional Science Review*, *43*(1-2), 105-127.

Rathelot, R., Sillard, P. (2008). The importance of local corporate taxes in business location decisions. Evidence from French micro data, *Economic Journal*, 118(527), 499-514.

Revelli, F. (2002). Local taxes, national politics and spatial interactions in English district election results. *European Journal of Political Economy*, 18(2), 281-299.

Revelli, F. (2010). Spend more, get more? An inquiry into English local government performance. *Oxford Economic Papers*, 62(1), 185-207.

Salmon, P. (1987). Decentralisation as an incentive scheme. *Oxford Review of Economic Policy*, 3(2), 24-43.

Santolini, R. (2008). A spatial cross-sectional analysis of political trends in Italian municipalities. *Papers in Regional Science*, 87(3), 431-451.

Šťastná, L. (2009). Spatial interdependence of local public expenditures: Selected evidence from the Czech Republic. *Czech Economic Review*, 3(01), 7-25.

Tellier, G. (2006). Public expenditures in Canadian provinces: An empirical study of politico-economic interactions. *Public Choice*, *126*(3-4), 367-385.

Tiebout, C. M. (1956). A pure theory of local expenditures. *Journal of Political Economy*, 64(5), 416-424.

Vermeir, J., Heyndels, B. (2006). Tax policy and yardstick voting in Flemish municipal elections. *Applied Economics*, 38(19), 2285-2298.

Wildasin, D. E. (1988). Nash equilibria in models of fiscal competition. *Journal of Public Economics*, 35(2), 229-240.

Wilson, J. D. (1986). A theory of interregional tax competition. *Journal of Urban Economics*, 19(3), 296-315.

Wittman, D. (1989). Why democracies produce efficient results. *Journal of Political Economy*, 97(6), 1395-1424.

Zodrow, G. R., Mieszkowski, P. (1986). Pigou, Tiebout, property taxation, and the under provision of local public goods. *Journal of Urban Economics*, 19(3), 356-370.

Mimétisme fiscal en France : le cas des communes de PACA et Rhône-Alpes

Résumé – Cet article étudie le mimétisme fiscal dans les communes de deux régions françaises : Provence-Alpes-Côte d'Azur (PACA) et Rhône-Alpes. Cette analyse s'applique à un niveau d'analyse spatial très fin, jamais exploré en France, la commune. Les résultats économétriques montrent l'existence d'un mimétisme fiscal dans les deux régions. En PACA, le mimétisme repose sur la concurrence par comparaison des municipalités entre elles, tandis que dans la région Rhône-Alpes le mimétisme fiscal semble plus lié à la présence d'externalités d'agglomération.

Mots-clés
Mimétisme fiscal
Concurrence fiscale locale
Externalités intercommunales
France

Région et Développement

n° 55-2022

www.regionetdeveloppement.org

Transferts de fonds et effet boomerang : le cas du Liban (1990-2016)

Cynthia TABET*
Michel ROCCA**
Bachir EL MURR***

Résumé - Le Liban figure parmi les vingt premiers pays bénéficiaires des transferts de fonds dans le monde. S'ils constituent la première source de devises du pays, ces transferts sont susceptibles d'avoir aussi des conséquences négatives sur la balance des paiements. Cette recherche s'appuie sur un modèle théorique basé sur l'équilibre de la balance des paiements qui permet notamment d'évaluer l'effet boomerang des transferts de fonds sur les importations. À partir d'un modèle à équations simultanées couvrant la période 1990-2016, il est estimé qu'une hausse de 1% des transferts de fonds augmente les importations de 0,24%. Il se dégage que les transferts de fonds des migrants sont largement utilisés non pour permettre des investissements productifs mais pour augmenter le revenu de leur famille et leur consommation qui est largement satisfaite par des importations.

Classification JEL
F22, F24, C50, O53.

Mots-clés
Transferts de fonds
Liban
Effet boomerang
Modèle à équations simultanées

* Université Grenoble Alpes ; tabetcynthia@hotmail.com
** Université Grenoble Alpes ; rocca@univ-grenoble-alpes.fr
*** Université libanaise, Beyrouth ; bach.mur@hotmail.com

INTRODUCTION

Depuis des décennies, le Liban reçoit régulièrement des transferts de fonds (TDF) d'un grand nombre d'émigrants répartis à travers le monde[1] (Mahmoud, 2016). Cette régularité des envois résiste aux nombreuses périodes de chocs politiques et économiques au Liban comme les vagues d'assassinats, les guerres, le Printemps arabe ou les variations du prix du pétrole. Ces flux ont connu une augmentation sensible passant de 2,54 milliards de dollars en 2002 à 7,95 milliards de dollars en 2017. Par rapport à d'autres pays arabes, le Liban affiche les valeurs les plus élevées de TDF par rapport à la taille de son économie. La part des TDF dans le PIB est de l'ordre de 13,3% en 2002, elle atteint un maximum de 26,7% en 2004, elle représente en moyenne plus de 20% sur la période 2003-2009, puis diminue à partir de 2009 pour progressivement atteindre 15,3% en 2017 (cf. Graphique 1).

Graphique 1. Les transferts de fonds au Liban (2002-2017)

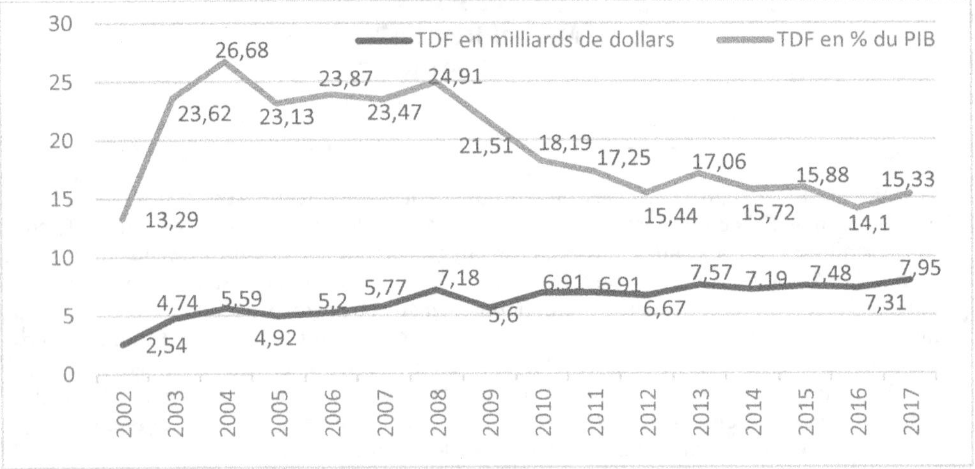

Source : Auteurs à partir des données du FMI (2017).

Plusieurs raisons ont été avancées pour expliquer l'ampleur de ces flux au Liban. À un niveau microéconomique, les migrants opèrent souvent des transferts financiers pour assurer un soutien familial (Hourani, 2005) ou des contributions philanthropiques (Tabar, 2010). À un niveau macroéconomique, il a été avancé que ces transferts s'expliquent par la libéralité des systèmes économiques et financiers au Liban (Ghobril, 2004), la richesse pétrolière régionale (Banque mondiale, 2006), l'attractivité du secteur bancaire et les différentiels de taux d'intérêt (Awdeh, 2014).

L'ampleur des transferts de fonds et leur impact économique potentiel ont attiré l'attention des décideurs politiques et des chercheurs ces dernières années, comme en témoigne de manière générale la littérature. Les recherches ont notamment mis en lumière l'influence des transferts de fonds des migrants sur la croissance économique (Coly, 2017), sur la consommation et les investissements (Kasparian et Mouhoud, 2013) sur le taux de change et la compétitivité (Acosta, Lartey et Mandelman,

---

[1] Les bases statistiques ne donnent pas les valeurs des transferts provenant de chaque pays. Cependant, une étude effectuée par la banque Crédit libanais (2017) a révélé qu'en 2015 l'Arabie Saoudite est apparue comme la principale source de transferts au Liban, totalisant 1 447,36 millions de dollars. Les États-Unis arrivent en deuxième position (149,49 millions de dollars), suivis de l'Australie (848,64 millions de dollars), de l'Allemagne (783,14 millions de dollars) et du Canada (768,64 millions de dollars).

2009), sur l'offre de main-d'œuvre (Chami et al., 2008)... La littérature économique qui étudie l'impact des TDF a évoqué aussi l'existence d'un effet boomerang. Ce phénomène s'explique en prenant en compte la manière dont les transferts sont utilisés dans un pays et l'impact qui en résulte sur les importations et la balance commerciale. Cette recherche se propose justement d'interroger l'existence d'un effet boomerang au Liban.

L'étude de l'effet boomerang paraît intéressante dans un pays structurellement déficitaire comme le Liban : quelle est la place de ces flux dans le compte courant ? Est-ce que les TDF accentuent les importations et peuvent s'interpréter comme un risque pour la balance des paiements ? Si la question est importante pour l'économie du Liban, force est de constater que très peu de travaux ont étudié spécifiquement l'impact des transferts sur les importations et la balance des paiements. Samra (2010) estime que ces transferts peuvent être considérés comme une source de devises pouvant assurer une stabilité de la balance des paiements, en particulier dans un pays qui souffre d'un déficit commercial structurel. L'auteur se pose cependant la question des effets de ces transferts sur les importations libanaises, et l'effet boomerang et de syndrome hollandais qu'ils pourraient générer. Rizk (2007) montre que les TDF compensent 33,5 % du déficit de balance commerciale libanaise durant la période 2004-2006. Une étude menée par la Banque mondiale (2016) montre qu'une chute de 20% des entrées de fonds en 2016 s'est traduite par un ralentissement de la croissance de la consommation privée de 2,4% du PIB et une hausse du déficit de la balance courante de 0,8%. Cependant, ces deux études restent limitées à une période très courte.

Ratha (2004) montre que le Liban paraît vulnérable à une crise de la balance des paiements car sa dette représente près de cinq fois la taille de ses exportations, une telle crise est supposée ne pas se produire du fait des TDF. Cependant cette étude ne teste aucune relation entre les trois variables dettes, exportations et transferts. En revanche, Chami et al. (2008) soulignent que ces flux ne sont ni utilisés dans des activités entrepreneuriales ni pour la création d'emplois, mais plutôt dépensés en biens non échangeables et en importations.

L'article est présenté comme suit. Dans la première section, une revue de littérature sur les relations entre les TDF et l'effet boomerang est proposée. Elle fait apparaître des résultats contrastés. La deuxième section présente la place occupée par les transferts dans la balance des paiements et précise le risque et les symptômes d'un effet boomerang au Liban. La troisième section expose le modèle macroéconomique. La quatrième section présente la modélisation économétrique. La cinquième partie discute les résultats.

1. TRANSFERTS DE FONDS ET EFFET BOOMERANG : DES RECHERCHES EN NOMBRE LIMITÉ

Quelques études empiriques mesurant l'éventualité d'un effet boomerang des TDF peuvent être citées.

Un premier groupe de travaux accrédite la thèse d'un effet boomerang induit par les TDF. En Serbie, à travers un modèle vectoriel autorégressif, Jovicic et Mitrovic (2006) constatent une relation très élevée entre les transferts et les importations. Les TDF ont augmenté le déficit commercial, atteignant 19,4% du PIB en 2001, puis 28,8% en 2004. Au Népal, Bhatta (2013) utilise un modèle vectoriel à correction d'erreur basé sur des données mensuelles de dix ans et montre l'existence d'une causalité unidirectionnelle positive allant des TDF aux importations. Cette causalité implique que les transferts détériorent la balance commerciale à long terme. Sur sept pays d'Amérique latine, Loser et al. (2006) soulignent que les envois de fonds provoquent un élargissement du déficit du compte commercial et un rétrécissement de l'excédent. En Europe du Sud, Glytsos

(1993) et Straubhaar (1986) estiment que les importations induites par les TDF représentent en Espagne et en Italie 1%, en Grèce 4,9% et au Portugal 6,2% des importations totales entre 1960 et 1981.

Okodua et Olayiwola (2013) constatent un effet boomerang en Afrique subsaharienne pour la période 2002-2011 à travers un modèle de données en panel dynamique et estimé à l'aide de la méthode des moments généralisés en système. Olubiyi (2014) trouve que les TDF ont un effet négatif sur les exportations et un effet positif sur les importations, et donc un impact négatif sur la balance commerciale, dans le cas de l'économie nigériane durant la période 1980-2012. Dans le même sens, Nguyen (2017a) montre que les TDF augmentent la demande intérieure au Vietnam en faveur des biens et services importés. Le Thanh (2018) a mené une étude sur 7 pays de la région Asie-Pacifique au cours de la période 1980-2015. Ses résultats estimés à partir des régressions OLS, 2-SLS et PGMM mettent aussi en évidence que les envois de fonds ont un effet négatif sur la balance commerciale des pays considérés. Kurshid et al. (2018) ont mené une étude sur 58 pays à revenu faible et intermédiaire en utilisant notamment les GMM pour la période 1988-2014. Leurs résultats montrent que les transferts de fonds peuvent affecter négativement les exportations et la balance commerciale dans certains pays. Dans le même sens, Maduka et al. (2019) ont trouvé un effet négatif des TDF sur la balance commerciale au Nigéria pour la période 1990-2016. Les auteurs suggèrent en ce sens d'utiliser des TDF dans les industries qui produisent des biens d'exportation. De même, Farzanegan et Hassan (2020), en utilisant des régressions en panel sur 11 pays de la région MENA, indiquent que les TDF creusent le déficit commercial et que leur effet final dépend du niveau de formation du capital national.

Cependant, un second groupe de travaux minimise l'ampleur d'un effet boomerang induit par les TDF. La hausse des importations peut résulter de plusieurs facteurs autres que les transferts de fonds, tels que « le développement de l'économie et le changement structurel dans la production des biens de consommation et des biens manufacturiers » (OCDE, 2006). Certains chercheurs affirment que les TDF « couvrent » le déficit commercial (Bouhga-Hagbe, 2004). Dans ce domaine, les études les plus significatives sont celles de Nguyen (2017b) et Meyer et Shera (2015). La première montre, à travers un modèle de régression par les moindres carrés ordinaires, que les TDF contribuent à l'amélioration de la balance commerciale à long terme en Malaisie durant la période 1990-2015 ; la seconde constate sur un groupe de pays d'Europe de l'Est que les TDF ont couvert plus de 50% du déficit commercial en moyenne durant la période 1992-2013.

Ainsi, la littérature sur les transferts de fonds des migrants et l'effet boomerang est limitée et les résultats restent ambigus. Certaines recherches mettent en exergue l'importance des TDF dans la balance des paiements en compensant le déficit commercial, d'autres études montrent plutôt que les TDF creusent ce déficit.

2. LA BALANCE DES PAIEMENTS ET LES SYMPTÔMES DE L'EFFET BOOMERANG AU LIBAN

Depuis 1990, la balance des transactions courantes a toujours été déficitaire au Liban (graphique 2). Le déficit ne cesse de fluctuer entre 1990 et 2016 atteignant un minimum de 460 millions de dollars en 1994 et un maximum de 12,614 milliards en 2014. Il atteint 10,555 milliards de dollars en 2016.

Cette situation résulte du déficit de la balance commerciale. Le Liban se caractérise par un très faible taux de couverture des importations par les exportations (par exemple 21,5% en 2008) (Samra, 2010). Selon les données de l'Observatoire de la complexité économique, le Liban exporte principalement des métaux précieux et des produits alimentaires. Les exportations au Liban sont peu développées en raison du faible niveau du secteur productif, d'un faible soutien de l'État et des restrictions d'accès aux produits. Le Liban importe largement des biens de consommation, comme des voitures. La position stratégique du Liban dans la région MENA, le système de libre-échange et le marché concurrentiel ont toujours favorisé le négoce et le secteur commercial (Banque Med, 2016). De manière générale, le secteur des services constitue une part très importante du PIB. Le Liban est un pays importateur de marchandises et exportateur de services. Le graphique 3 montre que les importations n'ont cessé de dépasser les exportations entre 1990 et 2016. Le développement du secteur des biens non échangeables au détriment du secteur des biens échangeables traduit la faible compétitivité du pays. Selon l'indicateur de compétitivité mondiale de 2017, le Liban est placé au 103e rang de 127 pays en termes de compétitivité (Forum Économique Mondial, 2017) et au 81e rang en termes d'innovation (Indice Mondial d'Innovation, 2017). La compétitivité est inférieure à la moyenne mondiale et les performances économiques du Liban sont médiocres par rapport aux normes internationales. Ce faible niveau de compétitivité fait que le Liban est marqué par un déficit chronique de la balance commerciale.

Graphique 2. La balance des transactions courantes au Liban (1990-2016)

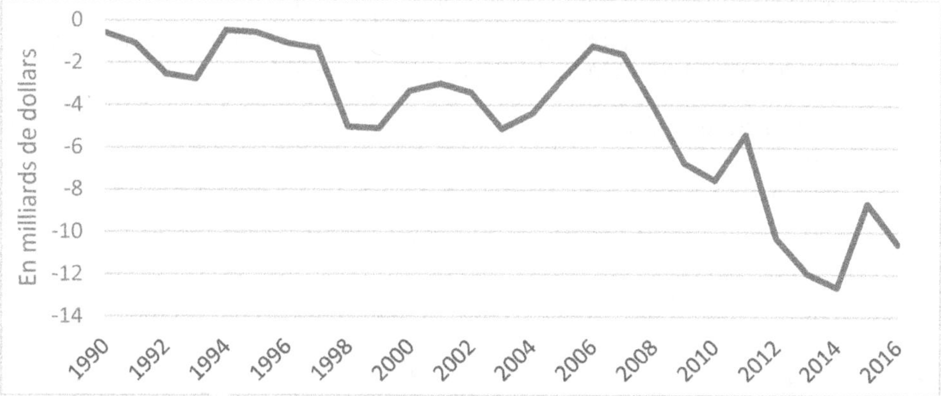

Source : Auteurs à partir des données du FMI (2017).

S'agissant de la balance des revenus, celle-ci est constituée par le revenu primaire et le revenu secondaire. Les transferts présentent une part importante dans le total de cette balance au Liban durant la période 2002-2016. Les TDF ont enregistré une valeur de 2,60 milliards de dollars en 2002 atteignant 85,5% du total des revenus primaire et secondaire. En 2003, la part des transferts dans le total des revenus a affiché un pic de 93% puis tend à fluctuer entre 60% et 87% du total des revenus primaires et secondaires durant la période 2004-2016. L'évolution croissante des TDF a contribué à un solde positif important des transferts nets. Ces derniers sont passés de 818 millions de dollars en 1990 à 4 milliards dollars en 2016.

Le compte de capital montre les écritures de crédit et de débit pour les actifs non financiers non produits et les transferts de capital entre résidents et non-résidents. Ce compte a connu plusieurs fluctuations durant la période 2013-2016 avec des valeurs supérieures à 1,3 milliard de dollars. Le compte financier comprend trois postes principaux : l'investissement direct, l'investissement de portefeuille, et d'autres investissements. Depuis 2003, le solde du compte financier tend à augmenter pour atteindre en 2016 les 11 milliards de dollars. Cela est dû principalement aux IDE dans le secteur de l'immobilier en provenance en majorité des pays du Golfe. Selon l'association des Banques au Liban, la stabilité du régime de change et la hausse du prix du pétrole durant la période 2007-2010 expliquent que la part des IDE dans le PIB dépasse 11% avec un pic de 14,8% en 2008.

Graphique 3 : Les exportations et les importations des biens et services en $ au Liban (1990-2016)

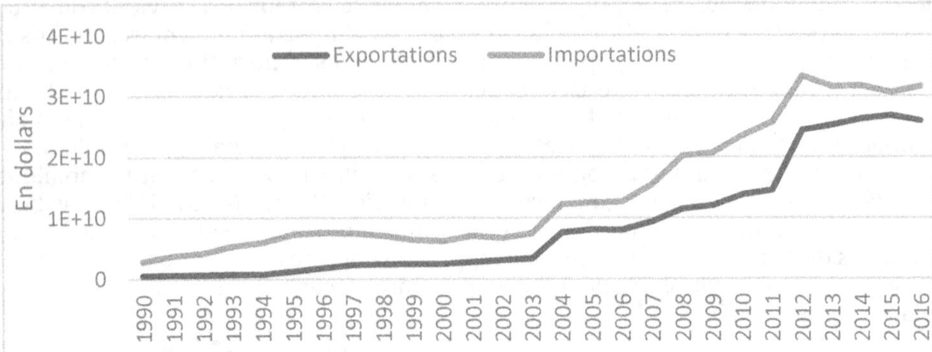

Source : Auteurs à partir des données de la Banque mondiale (2017).

Il en résulte en fin de compte que les transferts de fonds tendent à constituer une ressource importante pour atténuer le déficit du solde de la balance commerciale. Cependant, la comparaison des graphiques 3 et 4 semble montrer une certaine corrélation entre les transferts de fonds entrants et les importations pouvant laisser supposer un effet boomerang.

Graphique 4. Les transferts de fonds au Liban (1990-2016)

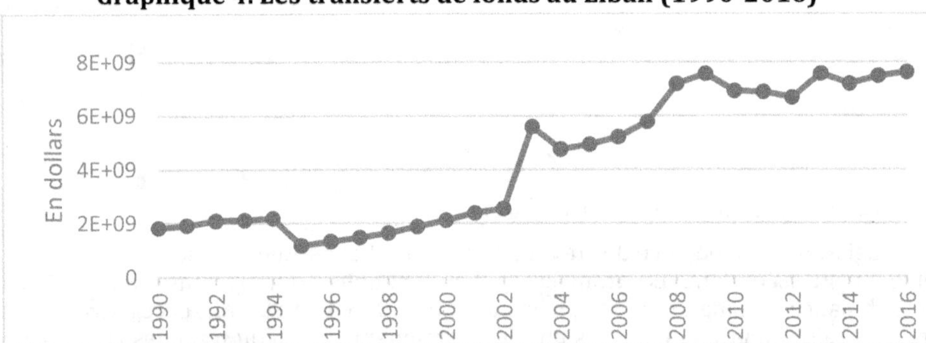

Source : Auteurs à partir des données de la Banque mondiale (2017).

3. LE MODÈLE D'ÉQUILIBRE DE LA BALANCE DES PAIEMENTS

Dans cette section, nous tentons de situer la place occupée par les transferts dans la balance des paiements en se focalisant sur leurs principaux déterminants et leur impact sur les importations. Le modèle est construit dans le cadre théorique de l'équilibre de la balance des paiements. Nous présentons d'abord la balance des paiements à partir du modèle d'El Murr (1998) en combinant le modèle d'équilibre commercial et le modèle d'équilibre de la balance des capitaux dans un seul modèle incluant les transferts. De la sorte, la présentation générale de la balance des paiements suit assez fidèlement l'idée de l'équilibre présenté dans les travaux de Thirlwall et Hussein (1982), de Loser et al. (2006) et de Pradhan et al. (2012). Si l'exposition de chaque variable des comptes de la balance des paiements en fonction de ses principaux déterminants a déjà été proposée par Farzanegan et Hassan (2016), nous nous en distinguons par l'introduction des déterminants des transferts dans les paramètres de l'équilibre.

3.1. Les équations du compte courant

Le compte courant ici est composé de la balance des biens et services et des deux principales composantes incluant les transferts de fonds formés de la rémunération des salariés et des transferts personnels.

3.1.1. Les équations de la balance commerciale

L'équation des importations

On peut considérer que les importations dépendent du PIB local, des transferts de fonds entrants et du taux de change effectif réel :

$$M = M\left[Y, C = \frac{EP^*}{P}, TE\right] \quad \text{avec } \frac{\partial \mathrm{M}}{\partial \mathrm{TE}} > 0,\ \frac{\partial \mathrm{M}}{\partial \mathrm{C}} > 0,\ \frac{\partial \mathrm{M}}{\partial \mathrm{Y}} > 0$$

avec M les importations ; Y le revenu national ou PIB ; C le taux de change effectif réel ; TE les transferts de fonds des migrants entrants.

L'équation des exportations

Les exportations sont fonction du PIB étranger et du taux de change effectif réel :

$$X = X\left[Y^*, C = \frac{EP^*}{P}\right] \quad \text{avec } \frac{\partial \mathrm{X}}{\partial \mathrm{Y}^*} > 0 \qquad \frac{\partial \mathrm{X}}{\partial \mathrm{C}} < 0$$

où X représente les exportations, Y* le revenu étranger ou le PIB des principaux pays importateurs, C le taux de change effectif réel.

3.1.2. Les équations des transferts de fonds

L'équation des transferts de fonds entrants

Les transferts de fonds entrants sont fonction du PIB étranger et du prix de pétrole. Ils peuvent être fonction aussi du taux de change effectif réel et du différentiel des taux d'intérêt :

$$TE = TE\left[Y^{**}, P_e, C = \frac{EP^*}{P}, C_i = \frac{e\,i}{i^*}\right] \quad \text{avec } \frac{\partial \mathrm{TE}}{\partial \mathrm{Y}^*} > 0,\ \frac{\partial \mathrm{TE}}{\partial \mathrm{P_e}} > 0,\ \frac{\partial \mathrm{TE}}{\partial \mathrm{C}} < 0,\ \frac{\partial \mathrm{TE}}{\partial \mathrm{C_i}} < 0$$

avec TE les transferts de fonds entrants ; Y** le revenu étranger ou le PIB des principaux pays originaires des TDF ; C le taux de change effectif réel ; C_i le différentiel des taux d'intérêt ; Pe le prix du pétrole.

L'équation des transferts de fonds sortants

Les transferts de fonds sortants sont fonction du PIB local, de la parité de change dollar/devise étrangère et dollar/monnaie locale et du différentiel des taux d'intérêt :

$$TS = TS\left[Y, C^* = \frac{e^*P^*}{e}, C_i = \frac{e\,i^*}{i}\right] \quad \text{avec } \frac{\partial \mathrm{TS}}{\partial \mathrm{Y}} > 0,\ \frac{\partial \mathrm{TS}}{\partial C^*} > 0,\ \frac{\partial \mathrm{TS}}{\partial \mathrm{C_i}} > 0$$

où TS représente les transferts de fonds sortants, Y le revenu national, C la parité de change dollar/devise étrangère et dollar/monnaie locale, C_i le différentiel des taux d'intérêt.

3.2. Les équations de la balance des capitaux

L'équation des capitaux entrants

Les capitaux entrants sont fonction du différentiel des taux d'intérêt :

$$KE = KE\left[C_i = \frac{e\,i^*}{i}\right] \quad \text{avec} \frac{\partial \mathrm{KE}}{\partial \mathrm{C_i}} < 0$$

où KE représente les capitaux entrants, C_i le différentiel des taux d'intérêt.

L'équation des capitaux sortants

Les capitaux sortants sont fonction du différentiel des taux d'intérêt :

$$KS = KS\left[C_i = \frac{e\,i^*}{i}\right] \quad \text{avec } \frac{\partial \mathrm{KS}}{\partial \mathrm{C_i}} > 0$$

avec KS les capitaux sortants ; C_i le différentiel des taux d'intérêt.

3.3. L'équilibre de la balance des paiements

La balance commerciale (BC) est égale à la différence entre les exportations et les importations de marchandises et des services. BC peut être représentée à la manière de Thirlwall (1979) et de Carton, Hervé et Terfous (2007) comme suit :

$$BC = PX - eP^*M$$

avec BC la balance commerciale ; P les prix des exportations ; X les exportations ; *e* le taux de change nominal de la livre libanaise ; P* les prix des importations ; M les importations.

La balance des revenus et des transferts personnels (TN) est égale à la différence entre les entrées et les sorties de revenus du travail et du capital exprimées en monnaie locale :

$$TN = eTE - TS$$

avec TN le revenu et les transferts personnels nets ; *e* le taux de change nominal de la livre libanaise ; TE le revenu et les transferts personnels entrants ; TS le revenu et les transferts personnels sortants.

Dans le but d'atteindre l'équilibre externe au Liban, il faut essentiellement considérer le résultat affiché par le compte courant (CC), somme de la balance commerciale (BC) et de la balance des revenus et des transferts (TN) :

$$CC = BC + TN$$

$$CC = PX - eP^*M + eTE - TS$$

La balance des capitaux (BK) représente le solde des mouvements de capitaux en termes de titres nationaux détenus par l'extérieur et de titres étrangers détenus par les agents locaux. Elle peut être présentée comme suit :

$$BK = eKE - KS$$

avec BK la balance des capitaux ; *e* le taux de change nominal de la livre libanaise ; KE les capitaux entrants ; KS les capitaux sortants.

La balance des paiements est la somme du compte courant et de la balance de capitaux :

$$BP = CC + BK$$

À l'équilibre, le solde de la balance des paiements est nul : $BP = 0 \Rightarrow CC = -BK$.

Ainsi, le compte courant est généralement compensé par le compte du capital et financier.

Enfin, en remplaçant les variables par leurs valeurs et en isolant les termes exprimant les entrées de fonds, donc de devises, de ceux reflétant les sorties de fonds, nous obtenons l'équation de l'équilibre de la balance des paiements :

$$\underbrace{PX + eTE + eKE}_{\text{Entrées de devises}} = \underbrace{eP^{*}M + TS + KS}_{\text{Sorties de devises}}$$

4. MODÈLE EMPIRIQUE ET APPLICATION ÉCONOMÉTRIQUE

4.1. Modèle empirique

Afin de mener l'application économétrique, nous pouvons présenter le modèle en exprimant les six fonctions retenues, examinées à la section précédente, sous forme logarithmique :

Les importations : $m = \eta\,(p^{*} - e - p) + \theta\, y + \varphi\, te$
Les exportations : $x = \mu\,(p + e - p^{*}) + \vartheta\, y^{*}$
Les transferts de fonds entrants : $te = \alpha\,(p^{*} - e - p) + \gamma\,(i^{*} - e - i) + \beta\, y^{**} + \delta\, p_{e}$
Les transferts de fonds sortants : $ts = \varepsilon\,(e^{*} + p^{*} - e) + \zeta\,(i + e - i^{*}) + \xi\, y$
Les capitaux entrants : $ke = \Upsilon\,(i^{*} - e - i)$
Les capitaux sortants : $ks = f\,(i + e - i^{*})$

4.2. Variables et sources

Les données proviennent de plusieurs sources et couvrent la période 1990-2016. De manière à prendre en compte les divergences en termes de pouvoir d'achat, nous avons converti les données en dollar américain. Les exportations (X), les importations (M) de biens et services et la balance commerciale sont toutes extraites des données de la Banque mondiale. Les informations sur la balance courante proviennent du FMI.

Les transferts de fonds entrants (TE) et sortants (TS) sont extraits de la Banque centrale du Liban (BDL) et sont calculés par la somme des rémunérations des travailleurs et des transferts personnels. En outre, deux variables de PIB étranger ont été utilisées dans notre étude. (i) Le *PIB considéré comme déterminant des transferts de fonds entrants* (Y_2etoile). Pour toute la période considérée, nous avons remarqué, en faisant référence à la BDL, que 50% des transferts proviennent de l'Arabie Saoudite, 30% des États-Unis et 20% de l'Australie, de l'Allemagne, du Canada, de la France et des Émirats arabes unis. Ce PIB est ainsi calculé en appliquant une moyenne pondérée des PIB des principaux pays qui sont la source de ces transferts. (ii) Le *PIB considéré comme déterminant des exportations* (Y_etoile). Nous nous sommes basés ici sur les données du ministère de l'Économie et des Finances pour connaître le pourcentage des importations de chaque pays vers lesquels le Liban exporte. Une moyenne pondérée des PIB des principaux pays est alors calculée pour chaque année. Les données des PIB étrangers déterminants des transferts et des exportations sont toutes extraites de la Banque mondiale (2017). Par ailleurs, le prix du pétrole (Pe) représente le prix annuel moyen du pétrole brut de l'OPEP exprimé en dollar par baril et est extrait de la base Statista[2].

Une méthode particulière est utilisée pour le calcul du différentiel des taux d'intérêt local et international (Ci). La principale source des taux locaux est la Banque Centrale du Liban et celle des taux internationaux est la base macrotrends (2017). En fait, nous avons

[2] Disponible sur le site : https://fr.statista.com/statistiques/564926/prix-annuel-du-petrole-de-l-opep-1960.

calculé l'écart entre le taux d'intérêt libanais sur les dépôts et le Libor 3 mois sur le dollar – le Libor 3 mois est choisi étant donné que la maturité moyenne des dépôts au Liban est de 45 jours. Ce Libor est calculé en moyenne pour chaque année. En outre, le taux de change nominal du Liban est recueilli auprès de la Banque mondiale. Enfin, le taux de change effectif réel du Liban (C) en valeur annuelle est disponible sur la base Brugel (2017). Cette dernière source de données a permis aussi de recueillir le taux de change effectif réel étranger des pays bénéficiaires des transferts du Liban (C_etoile). En se basant sur les données de la Banque centrale du Liban, nous avons adopté pour chaque année de la période considérée la pondération du taux de change effectif réel par rapport à la livre libanaise des cinq principaux pays qui reçoivent des transferts envoyés du Liban : la Sri Lanka, les Philippines, l'Éthiopie, l'Égypte et la Syrie.

Les capitaux entrants (KE) et sortants (KS) au Liban sont extraits de la Banque centrale du Liban. Afin d'éviter un biais dans l'estimation de la place des transferts dans la balance commerciale, plusieurs variables de contrôle ont été retenues qui sont toutes extraites de la Banque mondiale (2017). Nous prenons en considération des variables comme les investissements étrangers (IE) et l'aide publique au développement (APD), qui peuvent d'autant encourager les gouvernements à améliorer la qualité des infrastructures et à adopter des stratégies de croissance basées sur l'ouverture économique (Pfaffermayr, 1996). Le taux d'inflation (TI) est utilisé comme indicateur de l'instabilité macroéconomique (Barro et Sala-i-Martin, 2004). De plus, nous retenons les investissements domestiques (ID) qui peuvent avoir une influence importante sur la balance commerciale.

Les statistiques descriptives sont présentées dans le tableau 1.

Tableau 1. Statistiques descriptives des variables

Variable	Moyenne	Écart-type	Minimum	Maximum
X	$8,83 \times 10^{9}$	$9,24 \times 10^{9}$	$5,11 \times 10^{8}$	$2,68 \times 10^{10}$
M	$1,43 \times 10^{10}$	$1,047 \times 10^{10}$	$2,84 \times 10^{9}$	$3,32 \times 10^{10}$
TE	$4,29 \times 10^{9}$	$2,48 \times 10^{9}$	$1,17 \times 10^{9}$	$7,617 \times 10^{9}$
Y	$2,47 \times 10^{10}$	$1,47 \times 10^{10}$	$2,847 \times 10^{9}$	$4,967 \times 10^{10}$
Y_etoile	$3,127 \times 10^{12}$	$1,08 \times 10^{12}$	$1,67 \times 10^{12}$	$4,817 \times 10^{12}$
Pe	45,86	32,87	12,28	109,45
Ci	6,85	11,12	−36,27	21,16
C	105,27	23,78	51,32	134,29
Y_2etoile	$4,52 \times 10^{14}$	$1,68 \times 10^{14}$	$2,497 \times 10^{14}$	$7,057 \times 10^{14}$
TS	$2,72 \times 10^{9}$	$1,67 \times 10^{9}$	$1,247 \times 10^{9}$	$5,757 \times 10^{9}$
C_etoile	1,49	1,13	0,78	5,09
APD	$4,58 \times 10^{8}$	$3,2 \times 10^{8}$	$1,17 \times 10^{8}$	$1,137 \times 10^{9}$
IE	$1,897 \times 10^{9}$	$1,48 \times 10^{9}$	$1,637 \times 10^{6}$	$4,87 \times 10^{9}$
TI	9,73	20,27	−2,09	97,43
ID	$6,057 \times 10^{9}$	$3,55 \times 10^{9}$	$8,897 \times 10^{8}$	$1,277 \times 10^{10}$
KE	−355,1	3314,89	−8629,1	7324,3
KS	4327	3392,55	1910	14837

Source : Auteurs à partir du logiciel R.

Pour chaque variable dépendante, nous avons choisi des instruments spécifiques. Pour les exportations, les instruments pris en compte sont le PIB étranger déterminant des transferts de fonds, le différentiel des taux d'intérêt local et international, le prix du pétrole, l'aide publique au développement, les investissements étrangers et le taux d'inflation. Pour les importations, nous avons considéré le taux de change effectif réel étranger des pays bénéficiaires des transferts du Liban. Concernant les transferts entrants et sortants, les instruments utilisés sont le PIB national, le taux de change effectif réel étranger des pays bénéficiaires des transferts du

Liban, l'aide publique au développement, les investissements étrangers et le taux d'inflation. D'autres instruments pour les transferts de fonds sont couramment utilisés dans la littérature comme l'écart salarial ou les différences de taux de chômage entre les pays d'accueil et de destination des migrants (Imai et al., 2014). Cependant, notre analyse qui retient les transferts de fonds des émigrants du monde entier et la rareté des données nous empêchent l'utilisation de tels instruments. Enfin, les instruments choisis pour les capitaux entrants et sortants sont le PIB étranger des exportations, le prix du pétrole, le PIB national, le PIB étranger des transferts, le taux de change effectif réel étranger des pays bénéficiaires des transferts du Liban, l'aide publique au développement, les investissements étrangers et le taux d'inflation.

4.3. Méthodologie économétrique

Sur le plan méthodologique, nous utilisons un modèle à équations simultanées (SEM). Dans un modèle à équation unique, des changements dans la variable de réponse (Y) se produisent en raison de changements dans la variable explicative (X) ; dans un modèle SEM, d'autres variables Y figurent parmi les variables explicatives de chaque équation. Notre système est représenté sous la forme suivante :

$$[\boldsymbol{E_1}]\ M_t = a_0 + a_1 Y_t + a_2 C_t + a_3 TE_t + e_{1t}$$
$$[\boldsymbol{E_2}]\ X_t = b_0 + b_1 Y_t^* + b_2 C_t + e_{2t}$$
$$[\boldsymbol{E_3}]\ TE_t = c_0 + c_1 Y_t^* + c_2 C_t + c_3 Ci_t + c_4 Pe_t + e_{3t}$$
$$[\boldsymbol{E_4}]\ TS_t = d_0 + d_1 Y_t + d_2 C_t^* + d_3 Ci_t + e_{4t}$$
$$[\boldsymbol{E_5}]\ Ke_t = e_0 + e_1 Ci + e_{5t}$$
$$[\boldsymbol{E_6}]\ Ks_t = f_0 + f_1 Ci + e_{6t}$$

La première étape de ce modèle est l'identification de chaque équation. Il s'agit de trouver si l'équation possède une solution unique (juste identifiée), des solutions multiples (sur-identifiée) ou pas de solution (sous-identifiée). Pour procéder ainsi, il faut définir les quatre nombres suivants :

K : nombre de variables exogènes dans le système,
K' : nombre de variables exogènes dans l'équation,
G : nombre des variables endogènes dans le système,
G' : nombre des variables endogènes dans l'équation.

Ensuite il faut savoir s'il y a des restrictions sur les paramètres structurels. La restriction d'exclusion est utilisée lorsqu'une variable endogène ou exogène n'apparaît pas dans l'équation structurelle choisie. La restriction linéaire est utilisée lorsqu'il y a des variables affectées d'un coefficient identique. Puisque dans notre cas, il n'y a que des restrictions d'exclusion, les conditions d'ordre d'identifiabilité s'énoncent ainsi :

$G - 1 > G - G' + K - K'$ → l'équation est sous-identifiée,
$G - 1 = G - G' + K - K'$ → l'équation est juste identifiée,
$G - 1 < G - G' + K - K'$ → l'équation est sur-identifiée.

La deuxième étape est la méthode d'estimation. Nous envisageons la méthode des doubles ou triples moindres carrés si l'équation est sur-identifiée, la méthode des moindres carrés indirects ou les doubles moindres carrés si l'équation est juste identifiée, et il n'y a pas de méthode d'estimation possible si le modèle est sous-identifié.

Notre système contient six variables endogènes ($X, M, TE, TS, KE\ et\ KS$) et cinq variables exogènes ($Y^*, C, Y, Ci\ et\ Pe$). Le tableau 2 représente les conditions d'identification de chaque équation.

Tableau 2. Conditions d'identification des équations

Équation	Nombre de variables exogènes (K')	Nombre de variables endogènes (G')	Conditions d'identification
E_1	2	2	Sur-identifiée
E_2	2	1	Sur-identifiée
E_3	4	1	Sur-identifiée
E_4	3	1	Sur-identifiée
E_5	1	1	Sur-identifiée
E_6	1	1	Sur-identifiée

Source : Auteurs à partir du logiciel R.

Selon le tableau 2, nous pouvons conclure que la méthode d'estimation est celle des doubles ou triples moindres carrés. Afin d'éviter les problèmes d'autocorrélation des erreurs, nous avons choisi la méthode des triples moindres carrés.

L'analyse de régression par les triples moindres carrés (3SLS) est une technique qui combine la méthode des doubles moindres carrés avec la méthode SURE (Seemingly unrelated regression equation). Lorsque les termes d'erreur sont autocorrélés et/ou hétéroscédastiques, la méthode des triples moindres carrés permet d'estimer un ensemble d'équations avec des contraintes des équations croisées imposées, mais avec une matrice de covariance diagonale des perturbations entre les équations. Il s'agit de la contrainte de l'estimateur des doubles moindres carrés. Les paramètres ainsi obtenus sont utilisés pour une estimation de la matrice de covariance des perturbations, qui est ensuite utilisée comme matrice de pondération pour évaluer les nouvelles valeurs des paramètres. Le test de Kleibergen-Paap rk Wald F examine si les instruments sont corrélés avec les variables exogènes. Les résultats du test, pour chaque équation, montrent que l'ensemble des instruments utilisés répond à la fois aux conditions de pertinence et de validité[3].

5. DISCUSSION DES RÉSULTATS

Les résultats du modèle obtenus à partir des triples moindres carrés sont présentés dans le tableau 3. Plusieurs éléments peuvent être mis en évidence.

Tableau 3. Équations estimées à partir des triples moindres carrés

$$[E_1]\ logM_t = -3,13 + 1,15logY_t + 0,24logTE_t - 1,32logC_t + e_{1t}$$
[-8,46]*** [12,69]*** [2,32]** [-7,88]***

$$[E_2]\ logX_t = -80,66 + 3,56logY_t^{*} + 0,13logC_t + e_{2t}$$
[-52]*** [30,52]*** [0,92]

$$[E_3]\ logTE_t = -24,65 + 1,4logY_t^{**} + 0.09logC_t - 0,05logCi_t + 0,03logPe_t + e_{3t}$$
[-3,23]*** [6,36]*** [1,23] [-1,6] [1,81]*

$$[E_4]\ logTS_t = 1,16 + 0,86logY_t - 0.28logC_t^{*} - 0,06logCi_t + e_{4t}$$
[3,58]*** [3,44]*** [-1,02] [-0,98]

$$[E_5]\ logKe_t = 7,36 + 0,17logCi_t + e_{5t}$$
[26,75]*** [3,21]***

$$[E_6]\ logKs_t = 8,74 - 0,31logCi_t + e_{6t}$$
[32,11]*** [-6,7]***

*Nombre d'observations : 27. Les valeurs entre crochets représentent les t-stat. *** significatif à 1%, ** significatif à 5%, * significatif à 10%.*
Source : Auteurs à partir du logiciel R.

[3] Les résultats obtenus à partir du logiciel R sont disponibles auprès des auteurs.

D'après l'équation [E2], l'amélioration de la situation économique des pays étrangers augmente la demande d'exportations. Ainsi, une hausse de 1% du revenu étranger entraîne une hausse des exportations libanaises de 3,56%. Une appréciation du taux de change effectif réel n'a pas d'effet significatif sur les exportations.

D'après l'équation [E1], le revenu national influence positivement les importations de sorte qu'une hausse du PIB libanais de 1% augmente les importations de 1,15%. Une augmentation de 1% du taux de change effectif réel implique une baisse des importations de 1,32%. Surtout, une hausse de 1% des transferts de fonds engendre une augmentation des importations de 0,24%. Cela apporte une réponse à la question majeure posée dans ce travail : les transferts sont effectivement utilisés en partie pour la consommation de biens importés, avec un risque de creuser le déficit commercial du Liban, rejoignant d'une certaine manière Chami et al. (2008).

Selon l'équation [E3], il apparaît que les transferts entrants sont significativement influencés par le revenu étranger de sorte qu'une hausse de 1% du PIB étranger augmente les TDF entrants de 1,40%. En revanche, les transferts ne sont pas impactés significativement par le différentiel de taux d'intérêt ni par le taux de change effectif réel. Cela reflète que les transferts de fonds des migrants ne s'effectuent pas dans un but d'investissement ou de profit. On peut constater en suivant l'équation [E4] que les transferts sortants du Liban sont dépendants du PIB national. Ainsi, assez naturellement, chaque fois que le revenu des travailleurs étrangers augmente, ceux-ci vont envoyer plus d'argent à leurs familles dans leur pays d'origine. De même que TE, les transferts sortants ne sont influencés ni par le taux d'intérêt ni par le taux de change réel. D'après les équations [E5] et [E6], le différentiel de taux d'intérêt influe positivement sur les capitaux entrants et négativement sur les capitaux sortants du pays, montrant l'existence d'une comparaison entre les taux par les investisseurs.

CONCLUSION

Au Liban, les transferts de fonds des migrants représentent entre 15 et 20% du PIB entre 2010 et 2017, et plus encore avant. Dans ce travail, nous nous sommes interrogés sur l'impact que peuvent avoir ces transferts sur la balance des paiements à travers l'effet boomerang qu'ils peuvent occasionner en accroissant les importations. Pour cela, nous avons notamment mobilisé un modèle d'équilibre de la balance des paiements et introduit les déterminants des transferts de fonds des migrants au Liban et leurs effets dans la fonction d'importation. À l'aide d'un modèle à équations simultanées, nous avons estimé pour la période 1990-2016 que les importations présentent une relation importante avec ces transferts de sorte qu'une hausse des transferts de fonds des migrants de 1% augmente dans le pays la consommation des biens en provenance de l'étranger de 0,24%. De ce fait, l'impact des transferts sur la balance des paiements est révélateur : les transferts peuvent creuser le déficit de la balance commerciale à long terme, engendrant dès lors un effet boomerang.

Ainsi, le Liban doit financer le fardeau croissant des importations qui est alimenté en partie par l'augmentation des transferts de fonds dépensés dans l'économie locale en empruntant sur les marchés internationaux. Le fait de supporter un fardeau de la dette plus élevé alors que le secteur exportateur est sous-développé augmente le risque d'instabilité et de crise économiques et politiques. De plus, le Liban est un des pays qui n'a pas réussi à accroître sa capacité d'investissement intérieur et sa compétitivité, ce qui renforce les effets négatifs des transferts de fonds sur la balance commerciale.

Nous avons montré que les transferts de fonds entrants au Liban sont certes sensibles à la situation économique des pays où résident les migrants, mais que leurs envois ne sont pas liés à l'évolution de la monnaie libanaise ni au différentiel des taux d'intérêt, leur principale motivation étant essentiellement l'aide de leur famille.

Les résultats de cette recherche suggèrent l'adoption de politiques qui permettraient au Liban de bénéficier de ces transferts tout en évitant leurs effets négatifs sur la balance des paiements. Une des plus importantes mesures serait une meilleure orientation des transferts de fonds vers un usage productif. L'accent doit être mis notamment sur des mesures favorisant les intentions d'entreprendre et la réalisation d'investissements commercial et industriel.

Dans le cas d'un déficit budgétaire chronique comme au Liban, l'État peut, à cet effet, appliquer une taxation des transferts non productifs ou des transferts en général, à l'instar de nombreux pays tels que l'Arabie Saoudite et le Koweït (Ratha, 2017).

Plus globalement, il serait judicieux d'organiser, en pratique, un bureau centralisé des transferts qui aurait la possibilité de promouvoir et d'orienter des transferts en faveur du développement économique. La réussite d'une telle politique nécessite, il est vrai, des institutions économiques adaptées et une capacité de gouvernance qui soutiennent un environnement économique sain et un secteur financier sécurisé.

RÉFÉRENCES

Acosta P., Lartey E., Mandelman F., 2009, Remittances and the Dutch disease, *Journal of International Economics,* 79, 1, 102-116.

Awdeh A., 2014, Remittances to Lebanon: Economic Impact and the Role of Banks, United Nations Economic and Social Commission for Western Asia.

Banque mondiale, 2016, Lebanon Economic Monitor, A Geo-Economy of Risks and Reward.

Banque mondiale, 2017, Migration and Remittances: Recent Developments and Outlook, Migration and Development Brief 27.

Barro R., Sala-i-Martin X., 2004, *Economic growth,* deuxième édition, Cambridge, MIT Press.

Bhatta G., 2013, Remittance and Trade Deficit Nexus in Nepal: A VECM Approach, NRB Working Paper, 14.

Bouhga-Hagbe J., 2004, Altruism and Workers' Remittances: Evidence from Selected Countries in the Middle East and Central Asia, *International Monetary Fund Working Paper,* 06/130.

Carton B., Hervé K., Terfous N., 2007, Méthode d'estimation des taux de change d'équilibre fondamentaux dans un modèle de commerce bouclé, *Les Documents de Travail de la DGTPE.*

Chami R., Barajas A., Cosimano T., Fullenkamp C., Gapen M., Montiel Peter., 2008, Macroeconomic Consequences of Remittances, FMI, Washington, DC.

Coly S., 2017, Analyse de l'impact des transferts de fonds des migrants sur la croissance économique de deux pays cibles de la zone UEMOA : le Burkina Faso et le Sénégal, Working Paper.

El Murr B., 1998, Harmonisation fiscale et développement économique au Proche-Orient, Thèse de doctorat, Université de Montpellier.

Farzanegan M., Hassan S., 2020, How Does the Flow of Remittances Affect the Trade Balance of the Middle East and North Africa?, *Journal of Economic Policy Reform,* 23, 248-266.

FMI, 2017, Lebanon, Selected Issues, country report, 17/20, Washington, D.C.

Forum Économique Mondial, 2017, Données. http://reports.weforum.org/global-competitiveness-index-2017-2018/competitiveness-rankings/#series=GCI.A.01.01.02

Ghobril N., 2004, Expatriates' Remittances & the Lebanese Economy : Brain Drain or Economic Gain?, Document présenté au Centre de Recherche de l'Emigration Libanaise, NDU.

Glytsos N., 1993, Measuring the income effects of migrant remittances: An empirical analysis for Greece, *Economic Development and Cultural Change,* 42, 1, 131-168.

Hourani G., 2005, Emigration, Transnational Family Networks, and Remittances : Overview of the Situation in Lebanon, Document présenté au Centre de Recherche de l'Emigration Libanaise, NDU.

Indice Mondial d'Innovation, 2017, Données.
http://www.wipo.int/edocs/pubdocs/en/wipo_pub_gii_2017-intro5.pdf

Imai K., Gaiha R., Ali A., Kaicker N., 2014, Remittances, growth and poverty: New evidence from Asian countries, *Journal of Policy Modeling*, 36, 3, 524-538.

Jovicic M, Mitrovic R., 2006, Macroeconomic Analysis of Causes and Effects of Remittances: A Panel Model of the SEE Countries and a Case Study of Serbia, *The wiiw Balkan Observatory Working Papers* 063, The Vienna Institute for International Economic Studies.

Kasparian C, Mouhoud E.M., 2013, L'impact des transferts des émigrés sur le niveau de vie des ménages : étude comparative entre le Liban, le Maroc et l'Algérie, FEMISE.

Kurshid A., Kedong Y., Calin A., Meng Z., Nazir N., 2018, Remittances inflows, gain of foreign exchange or trade loss? New evidence from low, lower-middle, and middle-income groups, *Romanian Journal of Economic Forecasting*, 11, 1, 20-42.

Le Thanh T., 2018, Impact of remittance inflows on trade balance in developing countries, *Economics and Sociology*, 11, 4, 80-95.

Loser C., Lockwood C., Minson A., Balcazar L. 2006, The Macro-Economic Impact of Remittances in Latin America- Dutch Disease or Latin Cure?, Presented at the G-24 Technical Group meeting in Singapore.

Maduka A., Madiche C., Ekesiobi C., 2019, Impact of International Remittance Inflows on Nigeria's Trade Balances, *Timisoara Journal of Economics and Business*, 12, 1, 1-16.

Mahmoud H., 2016, Lebanon: remittances in decline but holding steady this year, *AlArabiya*. http://english.alarabiya.net/en/business/economy/2016/08/29/Lebanon-Remittances-in-decline-but-holding-steady-this-year.html.

Meyer D., Shera A., 2015, Remittances' impact on the labor supply and on the deficit of current account, BERG Working Paper Series 97, Bamberg University.

Nefzi N., Oudinet J., Soussi M., 2020, Transferts de fonds des migrants et mésalignement du change réel, *Région et Développement*, 51, 87-114.

Nguyen P., 2017a, Remittance and Competitiveness: A Case Study of Vietnam, *Journal of Economics, Business and Management*, 5, 2, 79-83.

Nguyen P., 2017b, The Impact of Remittance on Trade Balance: The Case of Malaysia, *Journal of Economics and Public Finance*, 3, 4, 1-30.

OCDE, 2006, L'investissement direct étranger au service du développement : Optimiser les avantages, minimiser les coûts.

Olubiyi A., 2014, Trade, Remittances and Economic growth in Nigeria: Any causal relationship?, *African Development Review*, 26, 2, 274-285.

Okodua H., Olayiwola W., 2013, Migrant Workers' Remittances and External Trade Balance in Sub-Sahara African Countries, *International Journal of Economics and Finance*, 5, 3, 1-20.

Pfaffermayr M., 1996, Foreign outward direct investment and exports in Austrian manufacturing: substitutes or complements?, *Weltwirtschaftliches Archiv*, 132, 501-522.

Pradhan A., Afrin S., Islam R., 2012, Contribution of Remittance on Current Account of Balance of Payments in Bangladesh: VECM Estimation, *IJAR-BAE*, 1, 1, 70-77.

Ratha D., 2004, Why Should We Care About Worker's Remittances? And What Should We Do, Presented at the Expert Meeting of the Global Commission on International Migration, Geneva. http://www.dilipratha.com/index_files/whyshouldwecareaboutremittances.pdf.

Rizk S., 2007, Comment valoriser une source majeure de devises, *Le Commerce du Levant*. https://www.lecommercedulevant.com/article/11703-comment-valoriser-une-source-majeure-de-devises.

Samra M.A., 2010, L'Émigration libanaise et son impact sur l'économie et le développement, *Cahiers des migrations internationales*, n°105, Organisation Internationale du Travail.

Straubhaar T., 1986, The Determinants of Workers' Remittances: The Case of Turkey, *Weltwirts chafliches Archiv*, 122, 728-740.

Tabar P., 2010, Lebanon: A country of Emigration and Immigration, Institute for Migration Studies, Lebanese American University Press.

Thirwall A., Hussein N., 1982, The Balance of Payments Constraint, Capital Flows and Growth Rate Differences between Developing Countries , *Oxford Economic Papers*, 34, 3, 498-510.

Remittances and the boomerang effect: the case of Lebanon (1990-2016)

Abstract - Lebanon is among the top twenty countries remittances recipient in the world. Although they are the country's main source of foreign currency, these transfers are also likely to have negative consequences on the balance of payments. This research is based on a theoretical model based on the equilibrium of the balance of payments which notably makes it possible to evaluate the boomerang effect of remittances on imports. From a simultaneous equation model covering the period 1990-2016, it is estimated that a 1% increase in remittances increases imports by 0.24%. It emerges that remittances from migrants are widely used not to allow productive investments but to increase the income of their families and their consumption, which is largely satisfied by imports.

Key-words
Remittances
Lebanon
Boomerang effect
Simultaneous equation model

COMPTES RENDUS

Ho Hai Quang, *L'Île de la Réunion (1961-2020), de la plantation au capitalisme dépendant*, Éditions Poisson Rouge.oi, 2021, 540 p.

Ho Hai Quang nous donne ici le quatrième volume de son histoire économique de la Réunion[1], depuis son peuplement au XVIIe siècle jusqu'à aujourd'hui. Ce dernier volume porte sur la période contemporaine et la départementalisation.

Chacune des cinq parties du livre aborde un thème différent, selon un ordre chronologique à l'intérieur de chacune d'elles, mais sans lien chronologique d'une partie à l'autre. Les parties sont de plus en plus importantes en volume, allant de 30 pages pour la première sur le contexte international, 50 pour la deuxième sur la fin de l'économie de plantation, à 100, 150 et 110 pages pour les troisième, quatrième, et dernière, respectivement consacrées aux bases de la nouvelle structure économique, à l'extension d'un système capitaliste, et enfin aux déséquilibres actuels.

Département depuis 1946, la position de la Réunion se voit renforcée par les Indépendances africaines en 1960, elle devient selon Michel Debré « le pilier de la présence de la France dans la région ». Le lancement du Marché Commun au même moment, devenu ensuite la CEE puis l'UE, permettra toute une série d'aides aux DOM, décrites dans le premier chapitre. La création de l'OMC en 1995 favorise une extension du libre-échange en réduisant les avantages spécifiques accordés aux DOM et pays africains liés à l'UE.

Les années de Gaulle après 1958 voient le retour de la stabilité politique et le triomphe de Michel Debré, député de la Réunion de 1963 à 1988. Plus de compétences locales avec la décentralisation sont mises en place dans les années 1970. Le nombre de fonctionnaires dans l'île est passé de 4% du total des emplois en 1967 à 8% en 2011. Le nombre d'emplois publics (pour 1000 hab.) n'est pas très éloigné de la situation en métropole : 80 contre 72. Pour l'auteur, la Réunion n'est pas suradministrée. Mais comme la France l'est par rapport à ses voisins (plus de 500 000 fonctionnaires en France de plus qu'en Allemagne pour 15 millions d'habitants en moins), cette affirmation doit être sérieusement relativisée. Ces fonctionnaires réunionnais sont en outre surpayés, avec un traitement majoré de 54% depuis 1979.

La deuxième partie commence par une analyse très claire de l'économie de plantation au début des années 1960 (ch. 3). Les tentatives successives de cultures annexes, par rapport à la canne à sucre, thé, tabac, géranium, vétiver, échouent successivement, du fait principalement de la concurrence de pays à coût de main-d'œuvre plus faible, seule la vanille tire son épingle du jeu et continue à être exportée. Quant à la canne, sa production locale entre en crise dans les années 1970, du fait également de coûts salariaux non concurrentiels. Le secteur, largement aidé par l'État, subsiste et continue à raffiner pour exporter du sucre, mais représente une part marginale du PIB de l'île. Dans ces conditions, quelles peuvent être les nouveaux axes de l'économie réunionnaise ? C'est ce que la troisième partie cherche à analyser.

---

[1] On trouvera dans la revue Région et Développement les comptes rendus des tomes précédemment publiés, tous disponibles en ligne : tome 1, 1998, portant sur la période *1642-1848* (dans le n° 11, 2000) ; tome 2, 2004, *1849-1881* (dans le n° 23, 2006) ; tome 3, 2008, *1882-1960* (dans le n° 29, 2009). Trois de ces ouvrages ont été publiés à L'Harmattan, le dernier par une entreprise basée sur l'île : editionspoissonrouge.com.

L'auteur nous rappelle une expression d'après-guerre, *la diagonale du vide*, désignant cette France peu peuplée, comprenant des départements allant « des Ardennes aux Pyrénées en passant par le Massif central », objet de nombreux débats à l'époque. L'explosion démographique à la Réunion, dès les années 1950, contraste avec ce vide et explique les migrations, notamment d'enfants, organisées dès 1963 par les pouvoirs publics et pendant une vingtaine d'années, depuis les familles de petits Blancs pauvres des Hauts de l'île. Plus de 2000 mineurs ont été ainsi transférés. Ces déplacements ont fait l'objet, bien après, de critiques impitoyables en France, mais notre auteur reste très modéré dans son évaluation et se garde bien d'aller dans ce sens. La politique de migration vers la métropole a concerné aussi des adultes, dont le nombre est d'environ 70 000 entre 1960 et 1980. Il s'agissait à la fois de réduire la pression démographique sur place et d'augmenter l'offre de main d'œuvre en France dans la période de croissance des Trente glorieuses. La fécondité dans l'île a baissé rapidement après 1970, rejoignant le niveau moyen français.

Suit un chapitre également instructif sur les infrastructures. La Réunion doit importer 86% de son énergie. Le pétrole arrive au port, dans la ville du même nom, et y est stocké. L'électricité vient de centrales thermiques au fuel et au charbon, également importé, mais aussi plus récemment des résidus de la canne (bagasse), produits sur place. Il s'agit d'une innovation unique au monde, réduisant la dépendance énergétique de l'île (12% de la consommation venant de la bagasse).

Vient ensuite le grand débat sur les routes. Le chemin de fer disparaît complètement en 1976 sur la partie la plus difficile de l'île, la fameuse corniche entre St Denis et La Possession. Une route du littoral à deux voies, dangereuse et souvent fermée par mauvais temps du fait des risques d'éboulement, relie les deux villes. Le nombre de voitures dans l'île explose, plus de 400 000 actuellement pour une population de moins de 900 000. La route du littoral devrait être doublée par une route à deux voies en mer, plus sûre (NRL, Nouvelle route du littoral), commencée en 2014 et loin d'être achevée, et d'un coût exorbitant[2]. Elle devait être accompagnée d'un tram, mais le projet a été finalement abandonné. Au sud de la corniche par contre, la route des Tamarins, une double voie de 34km à mi-pente, a été terminée en 2009, permettant d'améliorer le trafic et de désengorger les villes à proximité.

À la suite, sont présentées les autres infrastructures et leur évolution, dans le domaine portuaire, aéroportuaire, les télécommunications, avec des progrès spectaculaires, puisque par exemple 80% des Réunionnais ont accès à Internet. D'autres aspects sont la création de zones industrielles, favorisant l'implantation d'entreprises et l'industrialisation, le développement de l'irrigation pour remédier aux périodes en déficit de pluies, le développement des Hauts, dans les cirques, longtemps délaissés, avec l'agriculture et surtout le tourisme de nature.

Le chapitre 9 décrit la situation de pauvreté dans l'île en 1960, puis les améliorations enregistrées, notamment par l'extension des prestations et allocations sociales diverses, jusqu'à atteindre la parité avec la métropole. Des investissements massifs dans la santé, le logement et l'éducation accompagnèrent également cette évolution jusqu'à aujourd'hui. L'université, créée en 1982 à St Denis, est un des éléments importants de cette modernisation. La troisième partie du livre se termine sur les questions monétaires, avec les changements successifs de dénomination, du franc CFA au FF puis à l'euro.

Dans la quatrième partie consacrée au nouveau système productif, l'auteur explique d'abord comment la norme de consommation s'aligne peu à peu sur celle des pays développés, la métropole en premier lieu, nécessitant la croissance rapide des

[2] La construction d'un second viaduc à une trentaine de mètres au-dessus de l'océan Indien et suffisamment éloigné de la falaise devrait terminer l'ouvrage, dont le Conseil Régional a pris la décision en février 2022, mais ne sera pas achevée avant 2029 ou 2030.

importations, et permise par l'augmentation des transferts sociaux et des salaires, notamment des fonctionnaires, métros ou locaux, bénéficiant d'un sursalaire. Le réseau de distribution est aussi modernisé avec le développement des grandes surfaces permettant de baisser les prix (ch. 13). Dans le dédale des lois et régimes fiscaux propres aux DOM, l'auteur entreprend une présentation détaillée, permettant de clarifier le système en place. Sa maîtrise de ces sujets très techniques ne laisse pas d'impressionner.

Le secteur agricole a connu des progrès remarquables, à partir de la monoculture de la canne vers 1960, la production a augmenté et s'est diversifiée, une progression parsemée de nombreux échecs, bien présentée dans le chapitre 15. La couverture des besoins locaux par les fermes réunionnaises a augmenté, mais reste inférieure en moyenne à 50 % du fait de l'augmentation de la population et des revenus. Le problème de surface disponible, avec l'urbanisation croissante, sur une petite île, condamne à long terme à dépendre des importations. Un début de développement industriel diversifié caractérise aussi les années 1970, favorisé par l'instabilité à Madagascar en comparaison de l'île voisine (ch. 16). Le BTP et les agro-industries, ayant su s'adapter à la demande locale, en constituent les fleurons, mais le secteur ne représente que 8% de la production totale et 12% des emplois. Le secteur tertiaire, les services, représente au contraire environ 80% de l'emploi et de la production.

Le chapitre 18, très intéressant, porte sur la pêche qui s'est développée depuis les années 1980, les différentes formes et réglementations sont abordées dans le détail, depuis les petites embarcations partant pour la journée jusqu'à la pêche industrielle sur des bateaux de 60m allant jusqu'aux Kerguelen pour des mois.

Le tourisme (ch. 19) est devenu un secteur important, dépassant de loin par ses recettes les produits d'exportation comme le sucre, la pêche ou le rhum. La quatrième partie se termine sur les transformations du système productif et les groupes dominant l'économie locale. Jusque-là l'auteur s'est borné à une présentation d'économie descriptive, minutieuse, précise et claire. Dans le chapitre 20 il passe à l'analyse économique, d'inspiration marxiste. La définition du capitalisme donnée dans le livre est la suivante : « Une organisation sociale de l'activité économique fondée sur le travail salarié, la propriété privée des moyens de production, et dont le fonctionnement est régulé par le marché » (p. 326). On pourrait se contenter du deuxième aspect, puisque la propriété privée des moyens de production implique le travail salarié. Ajouter qu'on a aussi un travail salarié dans une économie du socialisme réel (propriété collective des moyens de production), et qu'on peut avoir du capitalisme sans économie de marché, dans une économie capitaliste dirigée ou planifiée[3] (propriété privée des moyens de production + plan central impératif remplaçant la régulation par le marché).

À la Réunion, les entreprises individuelles dominent, micro-entreprises, comptant moins de dix salariés, formant ce que l'auteur appelle un « nano-capitalisme », elles constituent 95% du nombre des entreprises de l'île et presque un tiers des salariés. Mais les plus grandes entreprises, capitalistes, produisent et représentent plus de 60% de la valeur ajoutée et du nombre de salariés. Une vingtaine de groupes dominent l'économie de l'île, d'origine extra-insulaire pour la plupart : Casino, Leclerc, Carrefour, Leader Price, Colas, Bourbon, Bouygues, Vinci, etc. (ch. 21). Rappelons que l'auteur est un spécialiste de l'entreprise à la Réunion, pour avoir publié un ouvrage original sur la question[4].

---

[3] Quoiqu'évidemment ce soit un *rara avis*, puisque le capitalisme va de pair en règle générale avec une économie de marché. Mais il s'agit d'une possibilité, dont l'Allemagne nazie, avec ses plans impératifs donne un exemple.

[4] Ho Hai Quang, *38 chefs d'entreprise témoignent, Île de la Réunion 1960-2000, Destins de famille, interculturalité et économie*, Azalées éditions, 2001.

L'analyse de l'auteur est claire, il est apparu sur les dernières décennies un changement de mode de production, on est passé d'une économie de plantation, étudiée dans ses précédents tomes, à une économie intégrée au capitalisme commercial mondial et dominée par de grands groupes, un système oligopolistique.

Dans la cinquième et dernière partie, la croissance et ses déséquilibres sont étudiés. La croissance économique a été forte, plus forte qu'en métropole, portée par la demande globale[5], si bien que les écarts ont été réduits : à peine 29% du PIB par habitant de la métropole en 1970 pour passer à 66% en 2015. Les aides venues de Paris et de l'UE ont joué un rôle important, représentant ainsi près de la moitié du PIB de l'île en 2010. Le déficit commercial correspond aussi à un transfert de richesses vers l'île puisque les importations ne sont pas financées par des exportations. L'indicateur du développement humain (IDH) s'est également rapproché de celui en Europe, et est beaucoup plus élevé qu'à Madagascar ou aux Comores.

Le chômage à la Réunion est analysé au chapitre 24. Il s'élève à environ un tiers de la population active, soit quelque 200 000 personnes. L'auteur voit dans les investissements trop capitalistiques une des principales causes du chômage. Il aborde aussi la question d'une politique sociale généreuse comme facteur de sous-emploi (page 408), peut-être aurait-il fallu insister et creuser cette relation. Peut-on dire que sous un climat clément les allocations diverses - versées par « la grosse mère poule », la métropole - incitent peu à chercher du travail ? Ainsi « un tiers des ménages de la Réunion n'a comme ressources que ces minima sociaux » (page 460). Comme le disait Milton Friedman, la meilleure façon de réduire le chômage n'est sans doute pas de le subventionner... Le taux de chômage à l'île Maurice voisine est ainsi trois fois plus faible, de l'ordre de 6 à 9%.

Les inégalités ont été réduites dans les années 1970 à 1990, avec la création du RMI, et la tendance se poursuit après 2000 (ch. 25), mais elles restent plus importantes qu'en métropole. Il s'agirait même « du département français le plus inégalitaire » selon l'INSEE. Et la pauvreté est étendue[6], « environ 40% de la population vit avec de très bas revenus » (page 437), alors même que les prix sont plus élevés qu'en France continentale, ce qui n'est guère étonnant pour une île éloignée devant importer massivement et constituée d'oligopoles (ch. 26, « La vie chère »). Mais les écarts sont excessifs, ce qui suscite des revendications populaires et des explosions sociales (ch. 27).

La conclusion générale résume les différentes parties, une analyse éclairante est celle des théories économiques, autour de la grande poussée (*Big Push*) de Paul Rosenstein-Rodan, pionnier de l'économie du développement dans les années 1940, combinée avec la recherche de la satisfaction des besoins essentiels. Ce qui frappe le plus tout au long du livre, et rappelé ici, est que l'État a joué un rôle central et moteur dans ces stratégies, avec les transferts massifs versés depuis plus d'un demi-siècle, la *rente de développement* dont parle l'auteur.

---

[5] De l'ordre de 5% par an dans les années 1970 par exemple, 7% même au tournant des années 1980 et 1990, et à nouveau 4 à 5% dans les années 2000, mais la Réunion n'échappe pas à la crise mondiale après 2008, pour repartir après 2014 et ralentir à nouveau avec la pandémie.

[6] On apprend également que presque un quart de la population est encore illettrée, et plus de la moitié parle uniquement le créole. Pour l'auteur, « le créole n'est pas une langue "inférieure" au français, qui n'est, après tout, que du latin "créolisé" ». Certes. Mais il y a un effet de temps et un effet de masse. Le latin a été « créolisé » en français depuis 2000 ans, avec beaucoup plus tard les règles fixées par Malherbe (« Enfin Malherbe vint », Boileau), et le français s'est étendu sur un pays bien plus vaste qu'une petite île de l'océan Indien, et parlé par des millions de locuteurs. Il est douteux que le créole réunionnais s'étende largement et donne sur quelques siècles la profusion de grands auteurs qui illustrent la langue française.

Il termine en s'interrogeant sur l'avenir et sur la poursuite du soutien apporté par la métropole : que se passerait-il s'il cessait ? Il est certain que le niveau de vie s'effondrerait et rejoindrait celui des îles voisines, comme Maurice, mais sans doute pas la grande pauvreté de Madagascar. Il n'est pas étonnant que les indépendantistes soient marginaux, d'ailleurs la question n'est pas abordée dans le livre tellement il s'agit d'un non-sujet. Sur quelles ressources la Réunion pourrait alors compter, coupée des apports massifs de l'extérieur, essentiellement le tourisme, mais elle ne dispose pas des atouts de sa voisine, le tourisme à la Réunion est surtout de type sportif et de nature (montagne, randonnées, volcan, courses, etc.) du fait de la beauté spectaculaire de l'île mais de la quasi-absence de plages paradisiaques, peu susceptible de créer des emplois et des revenus suffisants.

En conclusion, on ne peut qu'admirer la somme de travail fournie par Ho Hai Quang. L'auteur boucle avec ce dernier ouvrage une fresque historique majeure consacrée à l'économie de la Réunion, devenue une référence.

Jacques Brasseul

Franck Temporal, *Migrations, emplois et inégalités à l'île de La Réunion (1946-1999). Quel apport pour la compréhension du développement ?* L'Harmattan, collection *Populations*, 2021, 298 p.

Le livre de Franck Temporal, démographe et sociologue, complète celui de Ho Hai Quang, bien qu'il couvre essentiellement la période 1946-1999 contre 1961-2020 pour Ho. Publiés la même année, les deux auteurs n'ont pas eu connaissance de l'autre ouvrage. F. Temporal s'attelle à étudier les migrations et leur rôle dans le développement de l'île.

L'auteur rappelle dans le premier chapitre l'évolution économique, démographique et sociale à la Réunion depuis l'après-guerre et la départementalisation. On retrouve les mêmes analyses que chez Poirine (1993) ou chez Ho Hai Quang sur l'économie de rente administrative, l'île dépendant des transferts extérieurs. Dans le chapitre 2, on trouve la description des données macroéconomiques et sociales, comme le PIB/hab comparé, l'IDH, les indicateurs d'inégalité, de chômage, les aides diverses, etc., qui permettent de conclure sur un succès global du développement, au milieu de flagrantes inégalités.

Le chapitre 3 aborde la question au cœur du livre, le rôle des migrations. D'abord l'émigration vers la métropole est poussée par l'État pour des raisons démographiques, diminuer le trop-plein de population dans l'île, et frappée par le chômage, puis après 1981 et le changement de pouvoir à Paris, le choix libre de migrer est favorisé, on parle dès lors plutôt de « mobilité ». Les flux en sens inverse, de la métropole vers la Réunion, une immigration dans l'île donc, augmentent avec les besoins du développement, dans l'éducation, la santé, l'administration, les techniciens, les cadres et ingénieurs, etc.

Les départs atteignent leur sommet entre 1974 et 1982, avec un solde migratoire négatif de 33 480 personnes, soit un déficit de plus de 4000 personnes par an entre les départs et les arrivées. Cela s'inverse dans les années 1990 avec plus d'arrivées que de départs, et +1800 personnes par an lors de la décennie. L'île attire aussi parmi les autres îles environnantes (Mayotte, Comores, Maurice, Madagascar), plus pauvres, par son niveau d'aides et d'infrastructures, médicales et autres.

La population de la Réunion a été multipliée par trois depuis 1946, nous précise l'auteur dans le chapitre 4, alors que les immigrants dans l'île, « métros » principalement ont vu leur nombre multiplié par 18, d'environ 5000 après la guerre à environ 100 000 en 2000. De 2% de la population née à l'extérieur au départ on est passé à 14% un demi-siècle après. Après une analyse fouillée de tous les aspects des migrations vers et hors de l'île, il conclut qu'elles contribuent à élever la qualification de la main-d'œuvre et ont donc un effet positif sur le développement réunionnais, même si elles accentuent la pression sur l'emploi, dans une situation de chômage massif.

Les chapitres 4 et 5 analysent comment les individus profitent de la migration pour trouver du travail et s'insérer dans la vie économique. Les natifs migrants ont des taux d'emploi plus élevés que les natifs non-migrants, surtout avant 1990. Les immigrants à la Réunion nés en métropole ont des taux d'emploi plus élevés que les Réunionnais, de même que les Réunionnais de retour au pays.

Le sixième et dernier chapitre s'interroge sur l'effet de la migration sur la promotion sociale des individus. Les Réunionnais en métropole ont des emplois moins qualifiés que la moyenne des Français, surtout parmi les dernières vagues d'émigration. Le contraire est vrai pour les immigrants dans l'île venus de la métropole, surtout pour ceux qui n'en sont pas originaires. Mais les Réunionnais de retour ont des emplois plus qualifiés que ceux n'ayant jamais quitté l'île, ils ont ainsi bénéficié de leur expérience hors de l'île.

Dans sa conclusion l'auteur rappelle le rattrapage historique de l'île par rapport à la métropole, en termes de niveaux de vie et d'indicateurs divers comme la santé et l'éducation, tout cela permis par un effort considérable de l'État français, aidé des facilités européennes. Ainsi que les effets pervers d'une telle économie de rente, l'hypertrophie du secteur tertiaire, le coût du travail élevé et l'éviction des activités de production, devenues non concurrentielles dans l'environnement régional, et donc le chômage de masse, la pauvreté résiduelle et les inégalités. Problèmes communs aux autres DOM. Une enclave développée, mais segmentée, soutenue à bout de bras par un pays riche, dans un contexte environnant en développement. Les migrations sont, nous rappelle-t-on, bipolarisées, c'est-à-dire essentiellement entre l'île et sa métropole, accessoirement avec le monde extérieur. L'auteur juge les effets des migrations sur le développement local positifs, en élevant le niveau de qualification, par l'apport dans l'île de gens déjà formés et par la formation des émigrés en métropole lorsqu'ils reviennent, et en poussant la demande de consommation du fait des surrémunérations, et donc la croissance d'activités essentiellement présentielles (de biens et services non échangeables avec l'extérieur).

Au total, un ouvrage très complet sur les migrations et leurs effets, hors et vers l'île, avec un appareillage statistique impressionnant. Franck Temporal nous offre une étude extrêmement utile pour tous ceux qui s'intéressent à cette île française si attachante de l'océan Indien.

Jacques Brasseul

REVUE RÉGION ET DÉVELOPPEMENT

Site Web : www.regionetdeveloppement.org

Recommandations aux auteurs

La Revue Région et Développement publie en français ou en anglais des articles originaux, des notes et documents et des comptes rendus de lecture. Pour soumission à publication, l'auteur doit adresser à la direction de la revue le texte par courrier électronique. La présentation des chapitres, des références bibliographiques et des notes de bas de page doit être conforme à celle de la revue. Les articles doivent être accompagnés d'un résumé en français et en anglais d'une dizaine de lignes, des mots-clés correspondants et de la classification du JEL. Le nom de l'auteur, l'institution à laquelle il appartient et l'adresse complète doivent être indiqués sur une page de garde envoyée à part.
Les articles proposés à la revue Région et Développement sont évalués par le Comité de rédaction et soumis de manière anonyme à un ou deux referees. L'auteur reçoit un rapport d'évaluation, lui aussi anonyme, concluant à publication, révision ou refus.
Après avis favorable à la publication dans la revue, il sera demandé à l'auteur un envoi par mail du texte en Word.

Les propositions d'articles doivent être adressées à :

Professeur Maurice Catin
Revue Région et Développement

Mail : maurice.catin@univ-tln.fr

BULLETIN D'ABONNEMENT

Revue Région et Développement

• **Je désire souscrire un abonnement pour l'année 2022 (deux numéros) :**

☐ France, DOM-TOM : 44 € ☐ Étranger : 47 €

• **Règlement :**

Pour la France

- Chèque bancaire
- Virement sur le compte *CCP 23 625 44 N Paris*
- Paypal sur le lien *paiement.harmattan.fr*
- Carte Bancaire sur le lien *paiement.harmattan.fr*

Pour l'étranger

- Virement (en euros uniquement) sur le compte *CCP 23 625 44 N Paris*
- Paypal sur le lien *paiement.harmattan.fr*
- Carte Internationale Visa/Mastercard sur le lien *paiement.harmattan.fr*

Nom et Prénom : ....
Adresse :...
....
Code Postal : .... Ville : ....
Pays : ....

Date : Signature :

Ce bulletin d'abonnement à la revue Région et Développement et votre règlement sont à retourner à :

Éditions L'HARMATTAN - 7, rue de l'École-Polytechnique, 75005 PARIS
Tél. : 01 40 46 79 14 - fax : 01 43 29 86 20 - site web : www.editions-harmattan.fr

Abonnement annuel : 2 numéros
France, DOM-TOM : 44 € ; Étranger : 47 €

Structures éditoriales du groupe L'Harmattan

L'Harmattan Italie
Via degli Artisti, 15
10124 Torino
harmattan.italia@gmail.com

L'Harmattan Hongrie
Kossuth l. u. 14-16.
1053 Budapest
harmattan@harmattan.hu

L'Harmattan Sénégal
10 VDN en face Mermoz
BP 45034 Dakar-Fann
senharmattan@gmail.com

L'Harmattan Cameroun
TSINGA/FECAFOOT
BP 11486 Yaoundé
inkoukam@gmail.com

L'Harmattan Burkina Faso
Achille Somé – tengnule@hotmail.fr

L'Harmattan Guinée
Almamya, rue KA 028 OKB Agency
BP 3470 Conakry
harmattanguinee@yahoo.fr

L'Harmattan RDC
185, avenue Nyangwe
Commune de Lingwala – Kinshasa
matangilamusadila@yahoo.fr

L'Harmattan Congo
67, boulevard Denis-Sassou-N'Guesso
BP 2874 Brazzaville
harmattan.congo@yahoo.fr

L'Harmattan Mali
ACI 2000 - Immeuble Mgr Jean Marie Cisse
Bureau 10
BP 145 Bamako-Mali
mali@harmattan.fr

L'Harmattan Togo
Djidjole – Lomé
Maison Amela
face EPP BATOME
ddamela@aol.com

L'Harmattan Côte d'Ivoire
Résidence Karl – Cité des Arts
Abidjan-Cocody
03 BP 1588 Abidjan
espace_harmattan.ci@hotmail.fr

Nos librairies en France

Librairie internationale
16, rue des Écoles
75005 Paris
librairie.internationale@harmattan.fr
01 40 46 79 11
www.librairieharmattan.com

Librairie des savoirs
21, rue des Écoles
75005 Paris
librairie.sh@harmattan.fr
01 46 34 13 71
www.librairieharmattansh.com

Librairie Le Lucernaire
53, rue Notre-Dame-des-Champs
75006 Paris
librairie@lucernaire.fr
01 42 22 67 13

www.ingramcontent.com/pod-product-compliance
Lightning Source LLC
LaVergne TN
LVHW021227061026
849535LV00008B/2950